MARIE NADEAU • SOPHIE TRUDEAU

Grammaire

du troisième cycle

•

Pour apprendre, s'exercer et consulter

GRAFICOR
CHENELIÈRE ÉDUCATION

Grammaire du troisième cycle
Pour apprendre, s'exercer et consulter

Marie Nadeau et Sophie Trudeau

Supervision du projet et révision linguistique : Monique Daigle
Correction d'épreuves : Mireille Côté
Recherche linguistique : (p. 2-3, 60-61, 106-107 et 168-169) Carmen Fontaine
Conception graphique et réalisation : diabolo-menthe
Illustrations : Michel Grant
Coloration : Raymond Lafontaine
Couverture : François Dubeau
Illustrations de la couverture : Robert Dolbec

Catalogage avant publication de Bibliothèque nationale et Archives Canada

Nadeau, Marie, 1958-

Vedette principale au titre :
Grammaire du troisième cycle : pour apprendre, s'exercer et consulter.
Pour les élèves du troisième cycle du primaire.

ISBN 2-89242-891-2

1. Français (Langue) – Grammaire – Ouvrages pour la jeunesse. 2. Français (Langue) – Composition et exercices – Ouvrages pour la jeunesse. 3. Vocabulaire – Ouvrages pour la jeunesse. 4. Français (Langue) – Accord – Ouvrages pour la jeunesse. 5. Français (Langue) – Grammaire – Problèmes et exercices – Ouvrages pour la jeunesse. I. Trudeau, Sophie. II. Titre. III. Titre : Grammaire du troisième cycle.

PC2112.N33 2003 448.2 C2003-940390-4

GRAFICOR
CHENELIÈRE ÉDUCATION

7001, boul. Saint-Laurent
Montréal (Québec)
Canada H2S 3E3
Téléphone : (514) 273-1066
Télécopieur : (514) 276-0324
info@cheneliere-education.ca

ISBN 2-89242-891-2

Dépôt légal : 2e trimestre 2003
Bibliothèque nationale du Québec
Bibliothèque nationale du Canada

Imprimé au Canada

3 4 5 6 ITIB 08 07 06

Nous reconnaissons l'aide financière du gouvernement du Canada par l'entremise du Programme d'aide au développement de l'industrie de l'édition (PADIÉ) pour nos activités d'édition.

Gouvernement du Québec — Programme de crédit d'impôt pour l'édition de livres — Gestion SODEC

Avant-propos

Pour l'élève qui n'aime peut-être pas la grammaire

Nous avons écrit ce livre en pensant à toi. Nous savons bien que beaucoup d'élèves trouvent la grammaire ennuyeuse et compliquée… À ton âge, nous étions comme toi ! Cela te surprend ? Évidemment, nous avons changé d'avis depuis !

Avons-nous rendu la grammaire plus facile ? Pas du tout ! En fait, on te demandera de travailler très fort. Ce n'est pas ton enseignant ou ton enseignante qui t'expliquera tout, c'est toi ! Tu en es capable.

Dans des **activités d'observation**, on te demandera de réfléchir beaucoup, d'**expliquer** ce que tu observes. Tu découvriras toi-même les règles de la grammaire nouvelle et les manipulations à appliquer. Tu pourras **discuter** de tes trouvailles **en équipe**. À plusieurs têtes, ça aide !

Nous t'avons aussi préparé des **exercices**. Ils sont peu nombreux, mais musclés... et impossibles à faire sans réfléchir ! Mini-textes, dictées à composer et à donner à tes camarades, erreurs à repérer et à corriger... Si tu y mets du tien, ils t'aideront vraiment à mieux lire et écrire. **Promis !** Pour t'aider, tu auras à ta disposition tous les moyens nécessaires. Les exercices t'amèneront à utiliser une **démarche** qui te servira aussi à **réviser tes propres textes**.

Les activités d'observation et leurs exercices sont divisés en **quatre parties** : **les textes**, **les phrases**, **les accords** et **les mots**. Mais avant de commencer une partie, tu pourras **raviver ta mémoire** grâce à des exercices de révision des apprentissages du 2e cycle.

La **cinquième partie**, **Tes connaissances à ton service**, est une grammaire à **consulter** souvent, à la suite d'une activité d'observation ou comme aide-mémoire quand tu écris et révises tes textes.

Observer, classer, décrire, expliquer, vérifier… Voilà toute une démarche qui ne sera pas de tout repos ! Mais **si tu joues le jeu**, tu te surprendras peut-être à aimer un peu plus la grammaire. Chose certaine, tu la **comprendras mieux** et tu **écriras mieux**.

Marie

Sophie

P.-S. Un grand merci à tous ceux et à toutes celles qui ont contribué à la réalisation de ce livre.

Table des matières

Abréviations, légendes et pictos

ABRÉVIATIONS

Les classes de mots

A	adjectif
Adv.	adverbe
D	déterminant
N	nom
PP	participe passé
Prép.	préposition
Pron.	pronom
V	verbe
Vattr.	verbe attributif
Vaux	verbe auxiliaire
Vc	verbe conjugué
Vinf	verbe à l'infinitif

Les groupes

GN	groupe du nom
GPrép	groupe prépositionnel
GV	groupe du verbe
GVinf	groupe du verbe à l'infinitif

Les fonctions

Attr.	attribut
CdeP	complément de phrase
CD	complément direct
CI	complément indirect
S	sujet

La phrase de base et ses constituants

PdeB	phrase de base
GN-S	groupe du nom en fonction sujet
GV	groupe du verbe
G-CdeP	groupe complément de phrase

Le genre, le nombre et la personne

f.	féminin
m.	masculin
s.	singulier
pl.	pluriel
invar.	invariable
pers.	personne

LÉGENDE

A 1	Activité d'apprentissage ou exercice, 5e année (couleur selon la partie de la *Grammaire*).
A 1	Activité d'apprentissage ou exercice, 6e année (couleur selon la partie de la *Grammaire*).
A 1	Activité ou exercice d'enrichissement, 5e année.
A 1	Activité ou exercice d'enrichissement, 6e année.

SIGNIFICATION DES PICTOS

	Recherche et correction d'erreurs dans un texte
	Travail de recherche et de correction d'erreurs à faire sur document reproductible
	Renvoi à un document reproductible
	Phrases ou mini-texte à composer
➡ p. ...	Renvoi aux pages des parties 1 à 4 (couleur selon la partie de la *Grammaire*)
➡ p. ...	Renvoi aux pages de la partie ***Tes connaissances à ton service***

PARTIE

1 Les textes

Écrire à l'école... quelle histoire !

Écrire une histoire, faire une affiche, ce sont aujourd'hui des activités normales à l'école. Pourtant, il n'en a pas toujours été ainsi…

Lire… et plus tard, écrire

Jusqu'au XIXe siècle, on commençait l'apprentissage de l'écrit seulement à la fin du primaire, et non dès le début, comme aujourd'hui. Pourquoi cela ?

À cette époque, pour écrire, on utilisait une plume d'oie et de l'encre. C'était salissant. Pour écrire sans tache, il fallait une plume bien taillée. Le maître n'avait pas le temps de tailler toutes les plumes au couteau avant chaque leçon…

Aussi, le papier était très cher. On le fabriquait à partir de chiffons. Lorsqu'il était temps de passer de la lecture à l'écriture, seulement les enfants des familles les plus riches pouvaient continuer l'école.

Les ardoises et la craie étaient pratiques, mais on ne pouvait y écrire plus d'un mot ou deux…

Quand le papier deviendra moins cher, et les plumes de métal plus répandues, les élèves écriront de plus en plus à l'école… mais pas des textes.

Calligraphie, dictée, grammaire… et copie

Vers 1830, apprendre à écrire, c'est surtout apprendre à calligraphier.

Dans les cours de français, on apprend des textes par cœur, on les récite et on les copie.

Dans le règlement modèle pour les écoles publiques de 1851, en France, on suggère ceci, à la section sur l'écriture :

L'instituteur exercera les élèves à imiter les modèles d'écriture qu'il mettra sous leurs yeux ; il veillera à ce qu'ils se conforment exactement aux principes qu'il leur a donnés sur la position du corps, sur la tenue de la plume, sur la formation et la proportion des lettres.

Il n'est pas beaucoup question d'écrire des textes avec ses propres idées !

Quand exactement l'écriture de textes est-elle devenue une pratique courante à l'école ? Difficile à dire. Au Québec, on trouve des sujets de « composition » (situation d'écriture) dans un manuel de 1937, *Le cours élémentaire de langue française des Frères de l'instruction chrétienne*. Par exemple : « décrire son ou sa camarade ». Pour qui ? dans quel but ? On ne le dit pas.

L'école a bien changé depuis !

Qu'en sais-tu, qu'en penses-tu ?

- **Que préfères-tu : écrire tes propres textes ou faire d'autres sortes d'exercices ? Pourquoi ?**
- **Lorsque tu écris un texte, qu'est-ce que tu trouves difficile ? facile ?**
- **Comment procèdes-tu quand tu écris ? Qu'est-ce que tu aimerais améliorer ?**

Dans les chapitres qui suivent, tu apprendras à écrire divers genres d'histoires. Tu approfondiras tes connaissances sur les textes qui décrivent ou expliquent un phénomène. Tu développeras ton style pour écrire des poèmes et tu verras comment rédiger une lettre pour convaincre.

CHAPITRE 1

Raconter

Il y a des histoires drôles, des histoires tristes, certaines font peur, d'autres nous font rêver. Toutes ces histoires ont, à la base, les mêmes parties. Dans ce chapitre, tu vas apprendre comment on peut jouer avec ces parties pour écrire divers genres d'histoires. Mais avant de commencer…

Ravive ta mémoire

→ p. 188 à 190

1 Lis cet extrait de l'histoire de Carla et d'Ariane. Tu devras le transformer.

Soudain, il se met à pleuvoir. Ma jeune sœur Carla et moi cherchons un abri. Nous apercevons une maison au loin. Ma sœur y court. Pour ma part, je suis trop blessée pour courir. Dès que ma sœur et moi sommes à l'intérieur, je tends la main pour fermer la porte. Je n'en ai pas le temps : la porte claque violemment. Ma sœur pense que c'est une bourrasque. Elle cherche son téléphone cellulaire pour appeler les secours. Zut ! Il ne fonctionne pas à l'intérieur. Ma sœur veut sortir, mais je suis incapable d'ouvrir la porte… Nous sommes prisonnières !

Récris le texte pour en faire une histoire racontée à la 3e personne. Dans ton texte, varie les façons de désigner Carla. Varie aussi les façons de désigner Carla et Ariane.

2 Lis l'histoire ci-dessous. Tu devras la compléter.

Camil attend ce grand jour depuis des semaines. Il y pense tout le temps. Jamais il n'a eu si hâte ! Vendredi prochain, il y a une danse à l'école du quartier. Tous ses amis y vont. Toutes ses amies aussi.

Camil voudrait bien que ses parents changent d'idée. Toute la semaine, il est gentil avec eux. Il sourit tout le temps, a de bonnes manières à table, sort les ordures et le chien, rentre le journal, lave la vaisselle et balaie le plancher de la cuisine.

Pauvre Camil ! Il a fait tout cela pour rien. Ses parents s'obstinent…

Étape 1 **Quelle partie manque-t-il à ce récit ? Invente-la.**

Étape 2 **Ajoute un épisode à cette histoire pour qu'elle se termine de façon heureuse pour Camil.**

3 **Lis l'histoire ci-dessous. Tu devras la compléter.**

En descendant pour le petit déjeuner, Marlène est de mauvaise humeur. Son père lui demande ce qui ne va pas :

(Invente et insère ici les paroles qu'échangent Marlène et son père.)

Ce matin, Marlène a remarqué que quelqu'un avait lu son journal intime. Qui ? Elle soupçonne son frère, mais elle n'a encore aucune preuve. Sur le chemin de l'école, elle ne parle à personne. Elle n'a qu'une idée en tête : démasquer le curieux ! En entrant dans la cour d'école, elle voit deux filles qui se disent un secret. Cela lui donne une bonne idée :

(Invente et insère ici les paroles que se dit Marlène.)

Complète l'histoire en y insérant des paroles de personnages aux endroits indiqués. Pour cela, mets des tirets aux bons endroits, puis ajoute des verbes qui indiquent qui parle. Pense à varier ces verbes (exemples : *dit Marlène, s'exclame-t-elle, répond-il, demande son père, hurle-t-il, pleurniche-t-elle*).

4 **Lis le récit suivant. Tu devras le compléter.**

(1) une princesse qui voulait épouser un prince, un «faux» prince qui ne passerait pas son temps à combattre les dragons. (2), les soixante-quatre princes du royaume défilèrent devant la princesse, mais aucun ne fut assez pantouflard pour lui plaire. (3), elle partit visiter les royaumes du voisinage. (4), elle revint au château sans fiancé. Elle était découragée. Ses parents aussi ! (5), un orage s'abattit sur le royaume. (6), on entendit frapper à la porte du château. On ouvrit (7). Un homme mouillé et en piteux état demanda l'hospitalité. Il prétendait être un faux prince égaré. Le roi l'invita à passer la nuit au château. Pour vérifier qu'il disait vrai, le roi glissa un demi-poil de dragon sous le matelas du faux prince. (8), le roi demanda au prince s'il avait bien dormi. Le prince lui répondit qu'il avait passé la nuit à se gratter et à éternuer. (9) la princesse avait trouvé sa perle rare ! Seul un faux prince pouvait être aussi allergique aux dragons !

À chaque «trou» numéroté, ajoute une indication de temps. Tu ne dois pas utiliser deux fois la même expression.

1. Un conte classique

TEXTE 1

La musique de Quatre-Mains

1 Au temps des métronomes, dans un village lointain vivaient les Orchestrins, des petites créatures débordantes d'énergie. Cette vivacité leur venait de la musique d'un piano dont seule une personne à quatre mains pouvait jouer. Quand cette personne mourait, une autre naissait pour la remplacer. Sans cette musique, les Orchestrins se seraient endormis pour toujours. Mais par un beau matin ensoleillé, un drame survint: les partitions de Quatre-Mains avaient disparu. Tous étaient affolés, tous, sauf le terrible Velmer qui riait dans sa barbe…

2 Le sage du village rassembla les Orchestrins et leur annonça, un bémol dans la voix:

3 «Mes amis, l'heure est grave. Maestro, je te confie la mission de retrouver nos partitions. Cherche-les partout, de la Terre de Feu au Glacier des Mers Profondes.» C'est ainsi que Maestro partit en se rappelant qu'il ne devait pas s'endormir en chemin.

4 Au début, Maestro chercha en vain, s'épuisa et s'assoupit. Le maléfique Velmer n'attendait que cela! Il aspira les dernières énergies de Maestro. Acapella passait par là. Quand elle vit Maestro endormi, elle chanta pour lui. Il se réveilla, tout ragaillardi, puis il pria Acapella de lui apprendre ce fabuleux chant qui fortifie.

5 Fredonnant le chant merveilleux, Maestro repartit en direction de la Terre de Feu. Sur place, il courait pour ne pas se brûler les pieds! Mais l'ignoble Velmer lui réservait un terrible accueil: il lui jeta un sort paralysant. Le pauvre Maestro ne pouvait plus parler ni avancer. Soudain, Flammèche jaillit du sol. Elle tendit à Maestro une pierre de magma magique. Lancée trois fois dans les airs, cette pierre pouvait conjurer tous les sorts. Sa pierre dans son sac, Maestro reprit sa route en direction du Marais de la Solitude.

6 Là-bas, un dénommé Solus lui demanda de résoudre quelques énigmes. Grâce à sa grande intelligence, Maestro répondit parfaitement. À chaque énigme qu'il résolvait, un nénuphar apparaissait pour lui permettre de traverser le marais.

7 De l'autre côté du marais, aucune trace de Velmer ni des partitions. Maestro décida de descendre le Glacier des Mers Profondes. Il enleva sa cape, s'assit dessus et glissa jusqu'au pied du glacier. Là, il aperçut une silhouette, celle de Velmer. Un combat s'engagea et Velmer lui lança un autre sort: «Do-ré-mi-fa-sol-la-si-danse, Maestro, danse!» Les pieds de Maestro se mirent à sauter comme des puces, il ne pouvait plus arrêter de danser.

8 Maestro chanta pour se donner de l'énergie. Surprise! Son chant déstabilisait l'ennemi! Alors Maestro chanta de plus belle. En s'écroulant par terre, Velmer lâcha les partitions. Maestro s'en empara, puis il récita une formule magique qui transforma Velmer en livre de musique.

9 Maestro rentra au village, les partitions en main. Immédiatement, il enterra le livre *Velmer* au milieu du village.

10 «Maestro, tu mérites une récompense à la hauteur de ton exploit, proclama le sage. Toi seul auras le privilège de chanter la note UT.»

11 Et Maestro vécut dans l'honneur et la fierté pour le reste de sa vie.

Élisabeth Côté, Marie-Andrée Gauvin,
Stéphanie Turcot et Karine Laverdière
(élèves de 3e secondaire).

Lis le texte *La musique de Quatre-Mains*, aux pages 6 et 7.

Par l'observation de ce texte, les activités suivantes te feront mieux comprendre comment écrire un conte.

A L'univers imaginaire du conte

Décris le monde imaginaire dans le conte *La musique de Quatre-Mains* : les lieux, les personnages, ce qu'ils ressentent, leur façon d'agir…

- **Quels sont les éléments qui te font comprendre que l'histoire se déroule dans un monde imaginaire ?**
- **Quelles ressemblances vois-tu entre le monde de ce conte et le nôtre, celui des humains ?**

Explique comment tu peux inventer un monde imaginaire.

B Le narrateur, la narratrice de l'histoire

> **Le mot juste**
>
> Le narrateur ou la narratrice est le personnage qui raconte l'histoire. Souviens-toi qu'un auteur ou une auteure peut choisir plusieurs manières de raconter une histoire. → p. 188

Trouve le narrateur ou la narratrice de ce conte.

Explique pourquoi l'histoire est racontée à la 3e personne.

C La structure de ce conte

Résume le conte sur le document qu'on te remettra, en suivant sa structure. Voici les étapes à suivre pour chaque partie du conte :

a) lis la description d'une partie dans le tableau qui suit, en commençant par la situation initiale;

b) trouve les phrases du conte qui y correspondent;

c) écris une phrase qui résume cette partie à l'endroit approprié sur ton document.

Structure du conte *La musique de Quatre-Mains*	
Partie du conte	**Contenu de la partie**
1. La situation initiale	C'est le début de l'histoire. On dit où et quand l'histoire se déroule, on explique ce qui se passe.
2. L'élément déclencheur	C'est le problème principal qui survient dans l'histoire. Toute la suite en découle.
3. Quatre épisodes *Structure de chaque épisode :* *a*) un nouveau problème dans un nouveau lieu; *b*) une ou des actions; *c*) la résolution de ce nouveau problème.	Dans ce conte, chaque épisode se passe dans un nouveau lieu. Le personnage fait face à un nouveau problème qu'il réussira à résoudre... seul ou avec de l'aide.
4. Le dénouement (ou la résolution du problème principal)	C'est dans cette partie que le lecteur ou la lectrice sait si le problème principal est résolu ou non.
5. La situation finale	C'est ce qui se passe après la résolution du problème, à long terme.

Que remarques-tu à propos de la précision du temps dans ce conte ?

Quel est le rôle de la magie dans ce conte ?

Compare la structure de ce conte à celle que tu connaissais.
➞ p. 189

Explique en quoi la structure de ce conte est différente ou plus complexe.

D Les temps de verbes dans le conte

Trouve les deux temps de verbes les plus utilisés dans l'ensemble du conte (sans tenir compte des paroles de personnages).

Montre comment chaque temps du passé est utilisé en donnant des exemples du texte. → p. 268

E Faire parler un personnage

Repère dans le texte des paroles dites par un personnage du conte.

- **Quels signes de ponctuation te permettent de reconnaître ces paroles d'un personnage ?**
- **Quels temps de verbes observes-tu dans ces phrases ? Pourquoi ?**
- **Comment ces paroles sont-elles introduites dans le texte ?**

Compare ce procédé avec l'utilisation de tirets. → p. 190

- **Quelles sont les ressemblances et les différences entre ces deux façons de faire parler des personnages ?**

Tire tes conclusions. Selon ce que tu as appris dans cette section, quels conseils donnerais-tu à quelqu'un qui voudrait écrire un conte classique ? Écris-les sur une feuille aide-mémoire.

2. Un récit historique

TEXTE 2

Pompéi

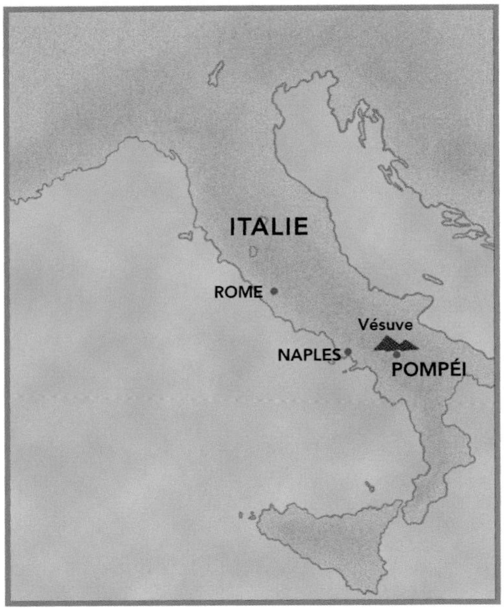

24 août de l'an 79 apr. J.-C.
10 heures du matin

1 Un beau jour d'été s'est levé sur Pompéi. La ville bruisse de son activité coutumière. Sur la place du temple, **les gens** achètent des fruits et des légumes. Tout n'est pourtant pas comme d'habitude : le sol tremble légèrement, les chiens tirent sur leur laisse en aboyant, les ânes font preuve d'une agitation anormale, les oiseaux volent en tous sens...

2 Un paysan dont les champs s'étendent sur les flancs du Vésuve a ressenti une nette secousse, entendu comme un grondement ; il se précipite dans les rues de Pompéi pour raconter son histoire à qui veut bien l'entendre.

Deux heures plus tard...

3 Soudain, une explosion, dans un vacarme assourdissant... En ville, **chacun** se détourne de ses activités, sort de chez lui ou de sa boutique, cherche ce qui a pu provoquer un tel bruit... C'est le Vésuve ! Tournés vers la montagne, **les Pompéiens** sont stupéfiés par le spectacle qui s'offre à leurs yeux.

4 Comme propulsée au-dessus du cratère, une colonne de feu s'élève dans le ciel, bientôt coiffée par un épais nuage noir. Aucune panique, pourtant, dans les rues de la ville. **Les gens** contemplent le volcan, comme incrédules. **Personne** n'a vraiment conscience du danger, **nul** ne cherche à fuir ou à trouver refuge en lieu sûr. **Les plus anciens** se souviennent du tremblement de terre, seize ans auparavant : c'était nettement plus effrayant !

Une heure plus tard…

5 Une pluie fine de pierres ponces s'abat sur Pompéi. Ces petits fragments de roche volcanique sont très légers et ne peuvent blesser personne. **Les enfants** s'en amusent, car ils peuvent glisser sur le sol; **les adultes** trouvent cela moins drôle : **certains** commencent à s'inquiéter. **Les plus avisés** décident même de fuir.

6 […] Chaque minute qui passe voit le ciel se voiler davantage, tandis que des éclairs crépitent dans l'obscurité. Poussées par le vent, les cendres tombent et commencent à s'accumuler sur le sol.

Ce même après-midi…

7 La couche de lave et de cendres atteint maintenant près d'un mètre d'épaisseur, les projections redoublent d'intensité. Sous un tel poids, certains toits commencent à s'effondrer et plus **personne** ne se sent en sécurité. La panique gagne la ville. En toute hâte, **les gens** rassemblent quelques biens, se fixent des coussins sur la tête pour se protéger, courent dans les rues… Impossible de monter à bord d'un char ou d'une charrette : les roues s'enfoncent trop profondément, immobilisant le véhicule.

8 En plein après-midi, il fait comme nuit sur Pompéi. Un chien enchaîné, oublié par son maître, aboie désespérément. Au pied du temple, le soldat de garde demeure à son poste, comme on le lui a ordonné; mais tout autour de lui, on tente de fuir les cendres qui emplissent les yeux, la bouche, les poumons… Rares sont **ceux qui décident de rester**: ils prient les dieux pour que ce cauchemar prenne fin.

Le lendemain matin…

9 L'aube est là, mais Pompéi demeure dans l'obscurité et le silence. **Deux mille personnes** sont mortes, asphyxiées par les gaz et par la pluie de cendres. Mais un grondement retentit au loin. Un nuage rougeoyant apparaît sur les flancs du Vésuve et descend rapidement vers la ville. **Quelques survivants** écarquillent les yeux: quelle est cette nouvelle catastrophe? La réponse ne tarde pas, sous la forme d'une effrayante explosion. **Hommes**, bêtes et constructions: en un instant, tout est mis bas et s'effondre. Puis c'est une avalanche de cendres brûlantes qui déferle, emportant tout sur son passage. Pompéi n'existe plus!

Nicholas Harris, *Volcano*, traduit par Jean-Michel Coblence, © Orpheus Books Ltd, 2001.

Lis le texte *Pompéi*, aux pages 11 à 13.

Par l'observation de ce texte, les activités suivantes te donneront des pistes pour écrire un récit historique.

A Un récit historique

Décris l'univers du texte *Pompéi*.

- **À quoi vois-tu que l'histoire de Pompéi est réelle et non imaginaire ?**
- **Comment peux-tu le vérifier ?**

Observe les détails qui rendent ce fait historique intéressant.

- **Lesquels montrent que les gens n'ont pas peur ?**
- **Lesquels montrent ensuite que la réaction des gens change ?**
- **Quels détails te donnent froid dans le dos ? Pourquoi ?**

B Les marques de temps

Repère les expressions qui situent les évènements sur la ligne du temps.

- **Où se trouvent-elles dans le texte ?**

Compare ces marques de temps avec celles du conte classique.

➟ p. 6-7, et p. 192

- **Que constates-tu ?**
- **Comment expliques-tu ces différences ?**

C La structure du texte

Décris la structure de ce récit.

1. Quelle est la situation initiale ?
2. Quel problème déclenche la suite de l'histoire ?
3. Qu'arrive-t-il dans les épisodes ?
   - Les personnages agissent-ils pour résoudre le problème ?
   - En quoi ces épisodes sont-ils différents des épisodes habituels ?

     ➟ p. 189
4. Quel est le dénouement de cette histoire ?
5. Quelle est la situation finale ?

Repère les intertitres.

- **Selon quel ordre organisent-ils le texte ?**
- **À quelle structure de texte informatif ce récit historique ressemble-t-il ?**

➟ p. 200-201 ou p. 204-205

Explique en quoi ce récit historique s'éloigne de la structure habituelle du récit.

D Diverses façons de nommer les habitants de Pompéi

Repère dans le texte les mots en couleur.

Classe-les dans un tableau comme celui-ci :

Réfère à **l'ensemble** des habitants de Pompéi		Réfère à **une partie** des habitants de Pompéi	Réfère à **aucun** habitant de Pompéi
GN au pluriel	Pronom singulier		

Explique la variété des moyens utilisés par l'auteur pour désigner les habitants de Pompéi ou une partie de ses habitants.

E L'usage du présent

Décris l'effet que produit l'usage du présent dans le texte *Pompéi*.

- **À quelle époque l'histoire se déroule-t-elle ?**
- **Pourquoi l'auteur a-t-il utilisé le présent ?**

Compare l'usage du présent dans ce texte aux usages décrits à la page 265.

- **En quoi l'usage du présent dans le texte *Pompéi* est-il différent des autres usages ?**

> **Le mot juste**
>
> On utilise souvent le présent pour raconter une histoire qui se déroule dans le passé; cela rend l'histoire plus vivante. Cet usage du présent s'appelle **présent narratif**.

Tire tes conclusions. Selon ce que tu as appris dans cette section, quels conseils donnerais-tu à quelqu'un qui voudrait écrire un récit historique ? Écris-les sur une feuille aide-mémoire.

3. Une histoire de peur

TEXTE 3

Les esprits du lac

1 Il y a plusieurs années, ma sœur Chantale, mes parents et moi sommes allés passer la semaine de relâche scolaire au chalet de ma grand-mère, avec nos cousins Martin, Mathieu et Judith. Ce vieux chalet de bois est situé en pleine forêt, dans la région du Saguenay.

2 Nous avions tous entre 13 et 15 ans, et nos parents avaient bien confiance en nous. Aussi, un soir qu'ils devaient assister à un spectacle à Jonquière, ils nous ont laissés seuls pour la nuit. D'autant plus que M. Gilbert, un vieil ami de la famille, habitait le chalet voisin et pourrait nous aider si nécessaire. De plus, nous étions reliés par un intercom grâce à un fil tendu entre les deux chalets. Sécurité totale !

3 Vers 11 heures, il faisait –26 °C et la météo annonçait –35. Nous étions installés près du feu et Chantale s'apprêtait à faire son numéro de voyante.

4 Moi, je connaissais son truc : elle s'était d'abord informée auprès de nos tantes sur les nouveaux amis de nos cousins. Ainsi, elle pourrait leur «révéler» des détails étonnants qu'elle n'était pas supposée savoir…

[…]

5 Ma sœur n'avait cependant pas prévu que cette nuit-là ne serait pas comme les autres…

6 C'est vers 11 h 15 que nous avons entendu le premier bruit inexplicable. TAC ! Un coup sec mais fort a résonné en provenance du mur de la chambre de grand-maman, comme si quelqu'un avait donné un coup de poing.

7 — Hein ? Qu'est-ce que c'est ? a crié Judith, qui était toujours la première à s'inquiéter.

8 — Quelque chose doit être tombé. Je vais aller voir, dit Martin, qui sortait des toilettes, juste à côté.

9 Mais pendant qu'il était dans la chambre, nous avons aussitôt entendu un autre TAC !

10 — Hein ? Encore ? s'est étonné Martin, de l'autre côté du mur.

11 — Ah ! ah ! Essaye pas ! c'est toi qui frappes sur les murs, a répliqué Chantale.

12 — Non, je vous jure que c'est pas moi, a dit Martin en sortant de la chambre.

13 — Ah oui ? Reste près de nous, je gage qu'on n'entendra plus rien.

14 Trois minutes plus tard, un nouveau TAC !, encore plus fort, prouva l'innocence de Martin.

15 — Hiiiiiiii, a crié Judith.

16 Cette fois, nous étions tous dans la même pièce. Qui pouvait bien nous jouer ce mauvais tour ?

17 Chantale a froncé les sourcils, soudainement très inquiète.

18 — Ça me fait penser à quelque chose, murmura-t-elle. La semaine dernière, le prof d'anglais nous a raconté la légende des Tommy Knockers. Ce sont de petits esprits qui se tiennent dans les murs et parfois, ils se mettent à cogner.

19 — Ça m'étonnerait, ai-je protesté. Ce n'est qu'une légende.

20 — Eh bien vérifions ! a proposé Mathieu, amusé, en marchant vers le mur de la chambre. Je vais essayer de communiquer avec eux. Toc, toc, toc, a-t-il fait en se collant l'oreille sur le mur.

21 La réponse a été immédiate : TAC ! et encore TAC ! quelques secondes plus tard.

22 Nous sommes restés muets.

23 — Ma foi, j'ai l'impression qu'on a affaire à quelque chose de sérieux, a tranché Chantale en baissant les yeux.

24 Mathieu ne riait plus, Martin était figé et Judith avait la gorge serrée. NOUS VENIONS DE COMMUNIQUER AVEC DES ESPRITS.

25 Nous étions tous pris d'effroi et personne ne voulait dormir là avec ces esprits. Mais que faire ?

26 — Katou ! Appelle M. Gilbert et on verra ce qu'il en pense, m'a lancé Chantale.

27 — Tout de suite, ai-je répondu en posant le doigt sur le bouton de l'intercom.

28 — Allô M. Gilbert ? M. Gilbert ?

29 Il n'a jamais répondu. L'intercom n'émettait aucun grincement. Tout était mort.

[…]

Éric Bernatchez, «Les esprits du lac» (extrait), *Les Débrouillards*, nº 202, mars 2001.

Lis le début de l'histoire *Les esprits du lac*, aux pages 16 et 17.

Par l'observation de ce texte, les activités suivantes te feront mieux comprendre comment écrire une histoire qui fait peur.

A Le narrateur, la narratrice

Trouve le narrateur ou la narratrice de l'histoire.

- **À quelle personne l'histoire est-elle racontée ?**
- **Quel rôle joue le narrateur ou la narratrice parmi l'ensemble des personnages ?**

B Une histoire qui fait peur

Explique ce qui fait peur dans cette histoire.

- **Quels éléments du texte transmettent une ambiance de peur ?**
- **Comment la peur progresse-t-elle pour atteindre tous les jeunes ?**

C La structure de l'histoire

Montre que ce début d'histoire suit la structure habituelle.

1. Quelle est la situation initiale ?
2. Quel est l'élément déclencheur ?
3. *a*) Dans chaque épisode, que font les personnages ? Cela règle-t-il le problème ?
   b) Quel nouveau problème survient ?
4. Cette histoire n'est pas terminée. Quelles parties manquent pour qu'elle soit complète ?

Tu sais bien que les esprits n'existent pas; alors, imagine la fin de cette histoire !

D Les temps de verbes

Trouve quel temps de verbes est principalement utilisé dans les dialogues.

Trouve les deux temps de verbes les plus utilisés par le narrateur ou la narratrice dans l'ensemble de l'histoire.

Montre comment chaque temps du passé est utilisé en donnant des exemples du texte. ➡ p. 268

E Le contraste entre la langue écrite et la langue orale

Relis le texte, du paragraphe 5 (p. 16) au paragraphe 20 (p. 17).

Décris les différences de style entre les paroles des personnages et les phrases du narrateur ou de la narratrice.

- **Quels mots familiers de la langue orale trouves-tu dans les paroles de personnages ? Conviennent-ils au style de la langue écrite ?**
- **Quels mots ou expressions du narrateur ou de la narratrice entends-tu rarement à l'oral ?**
- **Quelle phrase dite par un personnage présente une construction familière à l'oral mais qui est jugée comme une erreur à l'écrit ?**
- **Quel effet ces paroles de la langue orale produisent-elles dans le texte ?**

Explique ce qui distingue la langue orale de la langue écrite.

Tire tes conclusions. Selon ce que tu as appris dans cette section, quels conseils donnerais-tu à quelqu'un qui voudrait écrire une histoire de peur ? Écris-les sur une feuille aide-mémoire.

4. Une histoire où les problèmes s'enchaînent

TEXTE 4

Un jour comme les autres

1 Robin rentre de l'école en donnant des coups de pied dans son nouveau ballon de soccer. Il rêve d'être un champion, celui qui marque le dernier but du match et qui sauve son équipe. Pris dans sa rêverie, il frappe le ballon un peu trop fort.

2 Le ballon survole la rue et atterrit dans la vitrine de la marchande de bonbons. Le verre se brise et s'effondre juste à côté d'un chien, qui dormait au soleil. Il se réveille en sursaut et détale à la vitesse d'un éclair.

3 Au coin de la rue, le chien bouscule le vieux chat du charcutier, qui se léchait tranquillement la patte, assis sur le trottoir. Le chat est pris de panique. Il traverse la rue à toute allure, sans regarder.

4 À ce moment précis, la maîtresse, mademoiselle Chicosse, arrive à bicyclette. [...] Elle freine de toutes ses forces pour ne pas écraser le chat et fait un superbe vol plané par-dessus son guidon. Elle atterrit à plat ventre dans la rue.

5 Aïe, voilà une voiture ! C'est le docteur Bonsoin appelé pour une urgence. Quand il voit la maîtresse étalée par terre, il fait un beau zigzag. Il réussit à l'éviter mais rentre dans un des camions du Grand Cirque Spaghetti. Le camion transporte la cage du fameux lion mangeur d'hommes. Sous le choc, la porte de la cage s'ouvre…

6 Le lion, affamé par son long voyage, s'échappe d'un bond. Il se lèche les babines en voyant le facteur qui fait sa tournée, le long du trottoir. À la vue du fauve, le facteur s'enfuit à toutes jambes. Il ouvre la première porte qu'il rencontre, le lion sur les talons. C'est un restaurant. Le facteur saute sur une des tables et se cramponne au lustre.

7 Quelle panique ! En voyant le lion, les clients se bousculent pour sortir par la porte ou par les fenêtres du restaurant.

[...]

8 Sur la place du marché, c'est un concert de klaxons, de grincements de freins, de tôles froissées et de cris de panique. Les bus, les voitures, les camions se percutent en essayant d'éviter les piétons sur la chaussée. Au beau milieu, le lion bondit dans tous les sens.

9 Pendant ce temps, Robin est rentré chez lui. Sa mère l'attend pour le goûter avec un plat de biscuits encore chauds.

10 — Quoi de neuf, mon chéri ? Comment s'est passée ta journée ? demande-t-elle.

11 — Oh, comme tous les jours. Sauf que… dit Robin d'un air triste.

12 — Oui, mon chéri ?

13 — Sauf que j'ai perdu mon ballon…

Texte de Nigel Gray, © Astrapi, Bayard Jeunesse 1999.

Par l'observation de ce texte, les activités suivantes te feront mieux comprendre comment écrire une histoire où les problèmes s'enchaînent...

Lis le texte *Un jour comme les autres*, aux pages 20 et 21.

A Le narrateur, la narratrice de l'histoire

Trouve le narrateur ou la narratrice de l'histoire.

- **Robin pourrait-il raconter cette histoire lui-même, à la 1re personne ? Pourquoi ?**

B La structure de l'histoire

Décris la structure de cette histoire.

1. La situation initiale
   - Comment cette histoire débute-t-elle ?
2. L'évènement déclencheur
   - Quel problème survient ?
   - Pour quel personnage est-ce un problème ?
3. Les épisodes

   a) Trouve la structure des épisodes :
   - Quels nouveaux problèmes surviennent ?
   - Quel personnage est affecté par chaque nouveau problème ?
   - Que fait chaque personnage ?
   - Quel est l'effet de ses actions ?

   b) Comment les épisodes s'enchaînent-ils ?
4. Le dénouement (ou la résolution) de l'histoire
   - Qu'arrive-t-il au problème qui a tout déclenché ?
   - Les autres problèmes se règlent-ils ?
5. La situation finale
   - Qu'arrive-t-il au personnage du début ?
   - En lisant le texte, avais-tu prévu cette fin ?

Explique ce qui rend drôle cette histoire.

Compare la structure de ce texte à l'organisation habituelle des parties d'une histoire → p. 189.

- **Quelles sont les différences ? les ressemblances ?**

C Les temps de verbes

Explique l'usage du présent dans ce texte. ➟ p. 265

- **Dans quel autre texte de ce chapitre trouves-tu ce même usage ?**

Tire tes conclusions. Selon ce que tu as appris dans cette section, quels conseils donnerais-tu à quelqu'un qui voudrait écrire une histoire où les problèmes s'enchaînent ? Écris-les sur une feuille aide-mémoire.

Récapitule

- Compare la structure des textes de ce chapitre. Explique comment on peut varier la structure d'une histoire par un agencement différent de ses parties.
➟ p. 189, 192-193, 195, 197 et 199
- Quels autres éléments permettent aussi de varier les histoires qu'on raconte ?

Exercices

→ p. 191 à 199

Dans les exercices 1 à 5, tu t'exerceras à écrire un conte pas à pas.

1 **Commence par inventer un univers imaginaire dans lequel tout va bien. Décris-le en quatre ou cinq lignes, ce sera la situation initiale de ton conte. Pour faire comme dans un conte classique, écris ton texte à l'imparfait et à la 3e personne.**

2 **Prépare le plan de ton conte sur le document qu'on te remettra.**

3 **Exerce-toi à utiliser les temps du conte. Transforme l'épisode suivant en utilisant l'imparfait et le passé simple.**

Après une longue chevauchée, Alex aperçoit enfin le château. Il est sombre et délabré. Il semble abandonné. Des corbeaux, noirs comme la mort, volent en cercle au-dessus de la cour. Le courageux chevalier approche lentement. Il fait le tour des fortifications, mais ne rencontre personne. Le pont-levis est trop ruiné pour s'y risquer. Tandis qu'il rebrousse chemin pour se trouver un endroit où passer la nuit, Alex voit une fillette fuir en direction de la mer.

4 **Lis le passage suivant. Tu y inséreras des paroles de personnage.**

Alex rattrapa la fillette. Rendu près d'elle, il descendit de cheval. La petite, affolée et terrifiée, se jeta aux pieds d'Alex.

Complète ce passage en imaginant ce qu'Alex dit à la petite. Utilise le deux-points (:) et les guillemets (« »).

5 **Écris ton conte à partir de la situation initiale que tu as composée au numéro 1 et du plan que tu as fait au numéro 2. Utilise l'imparfait et le passé simple. Insère des paroles à un endroit. Pour cela, utilise le deux-points et les guillemets.**

6 **En janvier 1998, dans la vallée du Richelieu, c'est la catastrophe ! Près de 80 mm de glace recouvrent le paysage. Prends connaissance des évènements sur la ligne du temps ci-dessous.**

1. De la pluie verglaçante tombe sur une bonne partie du Québec. On en avait annoncé 20 mm. À la fin de la journée, il en est tombé plus de 30. Le paysage est féerique.

2. La couche de verglas mesure maintenant plus de 40 mm. La féerie fait place au cauchemar… La glace fait des ravages : des branches d'arbres tombent et sectionnent les fils électriques; des pylônes électriques s'effondrent. Vers 22 h, c'est la panne d'électricité générale dans la vallée du Richelieu.

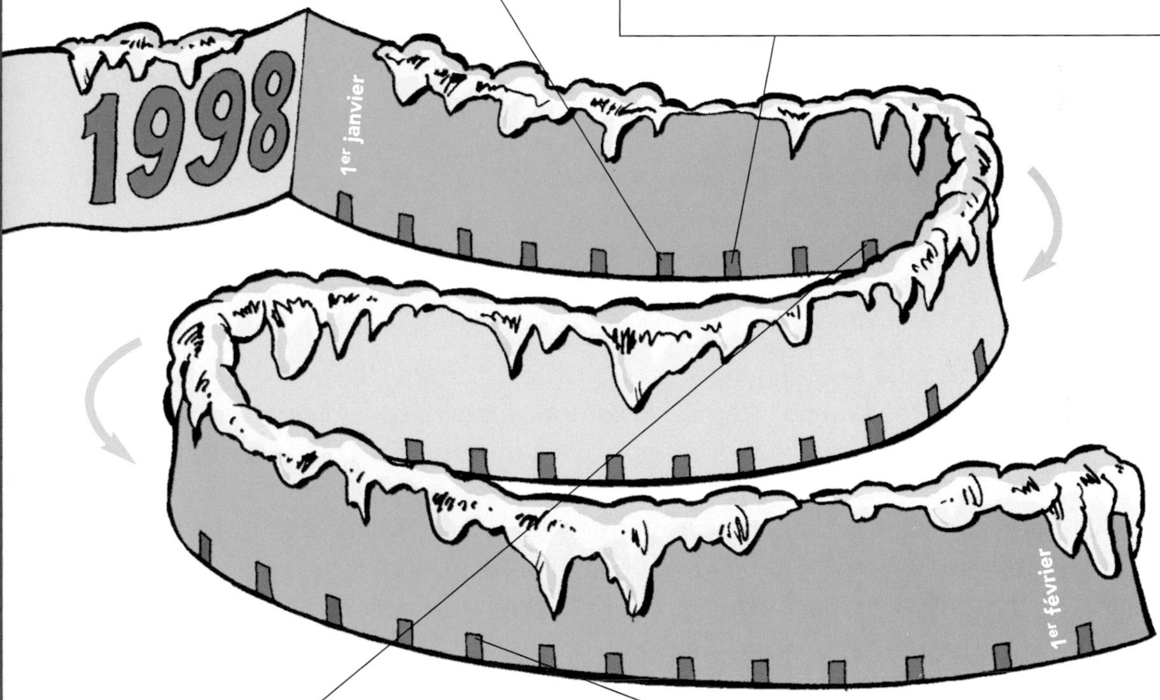

3. La pluie verglaçante cesse enfin. Il en est tombé près de 80 mm. La glace paralyse tout. Des rues sont barrées. Des millions de Québécois et de Québécoises sont privés d'électricité. La vallée du Richelieu est l'endroit le plus durement touché par le drame. Dans les maisons, il fait de plus en plus froid. Les secours s'organisent. Les gens quittent leur domicile pour trouver refuge là où il y a du chauffage.

4. Une ligne de courant temporaire est établie. L'électricité revient enfin dans plusieurs maisons de la vallée du Richelieu.

Pour chaque évènement de la ligne du temps, compose un intertitre faisant référence au temps.

© J. Pharand/Megapress Images.

7 **Lis le texte ci-dessous. Tu devras l'améliorer.**

Quand la pluie verglaçante cesse, il en est tombé près de 80 mm. La glace paralyse tout. Les gens sont inquiets. Des rues sont barrées. ***Les gens*** ont du mal à se déplacer. Des millions de Québécois et de Québécoises sont privés d'électricité. ***Les gens*** veulent savoir quand le courant sera rétabli, mais personne ne le sait. Malgré tout, ***les gens*** demeurent calmes. La vallée du Richelieu est l'endroit le plus durement touché par le drame. ***Une partie des gens*** font des provisions d'eau, d'argent comptant, de chandelles et de piles. Dans les maisons, il fait de plus en plus froid. Les secours s'organisent. ***Une partie des habitants*** sont hébergés par des parents ou des amis qui ont encore de l'électricité. ***Une partie des habitants*** vont dans des refuges mis sur pied par les autorités. ***Une petite partie des habitants*** veulent rester chez eux à tout prix.

Récris le texte en variant les expressions en gras italique. Choisis les bons substituts parmi la liste. Tu ne dois pas utiliser deux fois le même.

Attention à l'accord des verbes !

certains
ceux qui…
chacun
d'autres
la population
les plus…
plusieurs
tous

8 Une équipe d'élèves a inventé une fin à l'histoire *Les esprits du lac* (p. 16 et 17). Prends-en connaissance sur le document qu'on te remettra. Tu devras l'améliorer.

9 Voici le début et la fin d'une histoire où les problèmes s'enchaînent. Lis-les.

Début

Juliette a 11 ans aujourd'hui. Sur le chemin de l'école, elle déguste une banane, son fruit préféré. Elle rêve au gâteau d'anniversaire aux bananes qu'on lui a promis. Pour se débarrasser de sa pelure de banane, Juliette vise une poubelle sur le trottoir et lance son déchet. Oups! La pelure atterrit sur le trottoir. On dirait une grande étoile jaune. Juliette, trop gênée pour la ramasser, accélère le pas et tourne le coin.

Fin

Quand elle rentre chez elle, Juliette a une belle fête, un beau cadeau et un gâteau… aux carottes! Elle se demande bien pourquoi.

Écris le milieu de cette histoire en lui inventant trois épisodes.

CHAPITRE

2 Informer

Les textes informatifs sont de plusieurs genres. Dans ce chapitre, tu verras des exemples de textes descriptifs et explicatifs. Mais avant de commencer…

Ravive ta mémoire

→ p. 200 et 201

1 Lis le texte ci-dessous.

Des explorateurs qui ne sont jamais revenus

1. Les explorateurs vivent dangereusement. [...] 2. Il n'est donc pas étonnant que certains ne soient jamais revenus. 3. D'autres ont disparu sans laisser de trace, et nul ne sait aujourd'hui ce qu'ils sont devenus. 4. En 1498, l'Italien Jean Cabot quitte l'Angleterre à la tête d'une flottille de quatre navires. 5. Il part à la découverte du Japon. 6. Nul n'entendra jamais plus parler de lui ni de son équipage. 7. Dans ses livres, l'aviateur et écrivain Antoine de Saint-Exupéry relate souvent ses aventures au-dessus du désert. 8. *Le Petit Prince*, son œuvre la plus célèbre, est l'histoire d'un garçon qui habite une minuscule planète. 9. En 1944, Saint-Exupéry part en mission de guerre en Méditerranée, mais nul ne l'a jamais revu. 10. L'Américaine Amelia Earhart est une grande pionnière de l'aviation. 11. Elle est la première femme à traverser l'Atlantique et la première pilote seule à bord à relier Hawaï et la Californie. 12. Le 2 juillet 1937, elle disparaît au-dessus du Pacifique, alors qu'elle tente de faire le tour du monde. 13. Nul ne sait ce qui lui est arrivé.

Les explorateurs et les aventuriers, traduit par Daphné Halin, *Time Life*, 1996.

Étape 1 Reconstitue les parties du texte. Pour cela, note le numéro des phrases qui correspondent à l'introduction, puis le numéro des phrases qui correspondent à chaque aspect développé.

Étape 2 Fais le schéma en marguerite de ce texte. Pour chaque aspect, écris un intertitre et note les informations importantes.

Étape 3 **Parmi les images suivantes, lesquelles sont les plus intéressantes pour accompagner le texte ? les moins intéressantes ? Explique tes choix.**

Le Petit Prince.

La pilote Amelia Earhart.

Bien des équipages ont disparu.

Est-ce que des «disparus» auraient vécu dans la jungle ?

→ p. 204 et 205

2 Prends connaissance du schéma suivant.

Le calendrier de l'ourse polaire en gestation

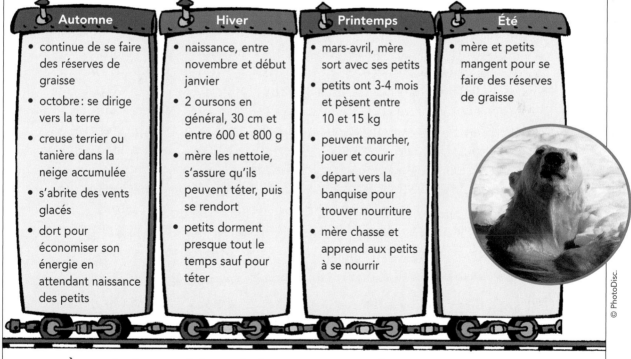

Automne	Hiver	Printemps	Été
• continue de se faire des réserves de graisse • octobre : se dirige vers la terre • creuse terrier ou tanière dans la neige accumulée • s'abrite des vents glacés • dort pour économiser son énergie en attendant naissance des petits	• naissance, entre novembre et début janvier • 2 oursons en général, 30 cm et entre 600 et 800 g • mère les nettoie, s'assure qu'ils peuvent téter, puis se rendort • petits dorment presque tout le temps sauf pour téter	• mars-avril, mère sort avec ses petits • petits ont 3-4 mois et pèsent entre 10 et 15 kg • peuvent marcher, jouer et courir • départ vers la banquise pour trouver nourriture • mère chasse et apprend aux petits à se nourrir	• mère et petits mangent pour se faire des réserves de graisse

À partir de ce schéma, écris un texte complet.

– N'oublie pas le titre, l'introduction et les intertitres.
– Utilise des expressions qui précisent le temps (souligne-les) et au moins un mot substitut (entoure-le) pour désigner l'ourse polaire.

→ p. 205 et 278B

1. Décrire

TEXTE 1

Rire c'est sérieux !

1 On aime tous rire de temps en temps… le plus souvent possible, pour dire vrai ! Mais qu'est-ce que le rire ? [...] Les scientifiques ont identifié 187 sortes de rires différents, allant du rire jaune au rire gras. Le rire n'est pas un phénomène simple !

2 Fais rire un de tes amis, et observe-le «scientifiquement». D'abord, l'expression de son visage change. Une douzaine de muscles se contractent. Même son nez se plisse et ses narines s'agrandissent ! Les petits vaisseaux sanguins de son visage se dilatent, sa figure devient plus rouge.

3 Ses yeux brillent-ils ? Oui, parce qu'en riant, ton ami sécrète une petite quantité de larmes. S'il se bidonne beaucoup, il rit littéralement aux larmes !

4 Rigoler modifie beaucoup la respiration. Remarque comment ton sujet respire : il inspire profondément, retient sa respiration un moment, puis fait une série d'expirations saccadées. Durant ces expirations, l'air est expulsé des poumons à presque 100 km/h ! En touchant les cordes vocales, l'air produit des sons propres à chacun. Ton cobaye rit-il comme le père Noël ? comme Dracula ?

5 Si ton ami est secoué d'un rire convulsif, il rejette sa tête vers l'arrière. L'onde de rire se propage rapidement : ses épaules et son ventre se mettent à tressauter. Son diaphragme et ses muscles abdominaux sont si tendus qu'ils deviennent douloureux. Pour soulager la douleur, il doit se «plier en deux». S'il rit encore plus, il sera incapable de tenir un objet, et sentira ses jambes devenir molles. Il sera alors forcé de s'asseoir ou de se rouler par terre.

[...]

6 Rendu à ce point, si tu ne ris pas toi aussi, tu es un champion. Le rire est vraiment contagieux !

Marie-Claude Ouellet, «Rire c'est sérieux !» (extrait), *Les Débrouillards*, n° 140, janvier 1995.

Lis le texte *Rire c'est sérieux !*, à la page précédente.

A L'organisation des idées

Repère l'introduction.

- **En quoi cette introduction a-t-elle capté ton attention ?**

Décris le développement.

- **Quels paragraphes forment le développement du texte ?**
- **De quelle partie du corps parle-t-on dans chaque paragraphe ?**
- **Ces paragraphes suivent un ordre logique. Lequel ?**

Observe le dernier paragraphe du texte.

> **Le mot juste**
>
> La **conclusion** est la partie qui termine le texte, après son développement.

- **De quoi parle-t-on dans la conclusion du texte ?**

Explique la différence entre le contenu de l'introduction, le contenu d'un paragraphe du développement et le contenu de la conclusion.

- **À quoi chaque partie sert-elle ?**

B Ce qui peut rendre un texte vivant

Repère les phrases qui contiennent des marques de la 2e personne.

- **Quel effet produit l'usage de la 2e personne dans le texte ?**

Observe les types de phrases.

- **Quelles phrases sont de type interrogatif ? de type impératif ?**
- **Quel usage l'auteure fait-elle des points d'exclamation dans le texte ?**
- **Quel effet cette variété de phrases produit-elle dans le texte ?**

Explique comment rendre un texte descriptif plus vivant.

> **Récapitule**
>
> Sur une affiche ou une feuille aide-mémoire, écris des conseils pour qu'un texte descriptif soit clair, intéressant, vivant.

2. Expliquer

TEXTE 2

La désertification

1 *De nombreux pays sont aux prises avec un terrible fléau: la désertification. Elle appauvrit les sols, fait disparaître la végétation et menace d'affamer des millions de gens. Quelle est la cause de cette catastrophe? Comment l'arrêter? Lors d'un long séjour en Afrique, notre reporter Michel Groulx a fait enquête.*

L'Afrique du Nord.

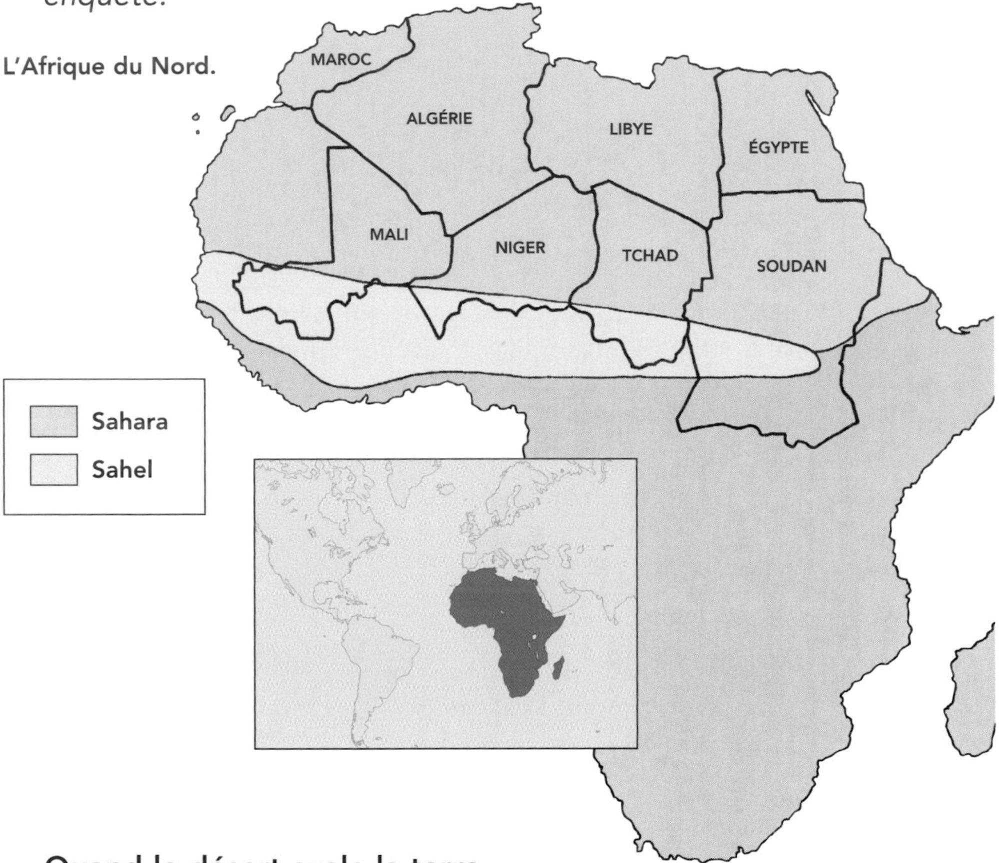

Quand le désert avale la terre

2 Le soleil. La chaleur. Le vent. Pas de doute: c'est bien le Sahel. Cette grande région semi-désertique s'étend au sud du désert du Sahara et traverse plusieurs pays d'Afrique.

3 [...] J'y ai rencontré Normand Bouthot. Ce Québécois vit et travaille ici depuis quatre ans.

4 Normand me fait monter en voiture et nous quittons la ville. Nous arrivons très vite dans ce qu'on appelle ici «la brousse», ou «le désert». À ma grande surprise, il y a des gens partout! La région est parsemée de villages, d'arbres et d'arbustes, et envahie d'animaux domestiques. Pas très désert, ce désert!

5 Nous arrivons ensuite sur une vaste plaine dénudée. Quel contraste : pas le moindre brin d'herbe, et le sol est **aussi *dur* que** du béton ! «Avant, c'était peut-être un champ fertile. Le sol s'est transformé, explique Normand. Il est devenu de la latérite, un sol stérile où plus rien ne pousse.»

[...]

6 Au Sahel, il y a de moins en moins de terres fertiles.

[...]

Quatre mois sous la douche...

7 Une question me brûle les lèvres : la désertification est-elle provoquée par la sécheresse ? «Non. De l'eau, il y en a ici !» répond Normand tout en me servant... un grand verre d'eau, comme le veut la coutume africaine ! Il explique qu'au Sahel, il pleut pendant une courte période, de juin à septembre. «Mais quelles averses ! dit-il. L'herbe pousse soudainement et peut recouvrir le sol en une seule nuit !»

8 Mais les pluies n'empêchent pas la désertification. Au contraire, elles y contribuent ! «Lorsqu'il pleut, l'eau ne peut pénétrer dans le sol, **car** celui-ci est presque imperméable, dit Normand. **Alors,** elle ruisselle à la surface, et emporte la mince couche de terre fertile qui recouvrait le sol. C'est ce qu'on appelle l'érosion.»

...et huit mois sous le séchoir

9 Pendant la longue saison sèche, il ne tombe pas une goutte d'eau. Le vent provoque alors l'érosion. Comme ce matin : le soleil est voilé et une sorte de brouillard flotte dans l'air. «C'est l'harmattan, précise Normand. Ce vent très sec vient du Sahara. Il arrache au sol de la terre fertile et la soulève pour l'emporter très loin.»

© Michel Fréchette.

Une terre épuisée

10 Le vent et la pluie ne sont pas les seules causes de la désertification. Il y a aussi l'augmentation très rapide de la population du Sahel.

[...]

11 Les Sahéliens sont fiers de leurs familles nombreuses. Mais cela fait bien des bouches à nourrir. **Or**, les terres ne produisent pas beaucoup d'aliments. Et les paysans ont rarement les moyens d'acheter des engrais.

12 **Alors** certains agriculteurs font d'immenses feux de brousse. Avec les cendres, ils peuvent fertiliser la terre pendant un certain temps. Mais ce déboisement a de graves conséquences. Sans la protection des plantes et des arbres, le sol ne peut résister à l'érosion. Bien malgré elle, la population provoque donc la désertification. Et elle en subit malheureusement les conséquences.

La revanche des baobabs

13 On cherche des remèdes contre la désertification. Les arbres pourraient être d'un grand secours **car** ils protègent le sol de l'érosion. Mais plusieurs espèces, comme le baobab, risquent de disparaître. Les gens les coupent et en font des bûches pour cuire leurs aliments.

14 On essaie **donc** de replanter les baobabs le plus vite possible. Pas facile : les graines peuvent prendre plus d'un an à germer ! Mais grâce à un nouveau traitement, des scientifiques ont réussi à les faire germer en une semaine seulement ! On espère ainsi replanter les arbres disparus, et faire reverdir le Sahel.

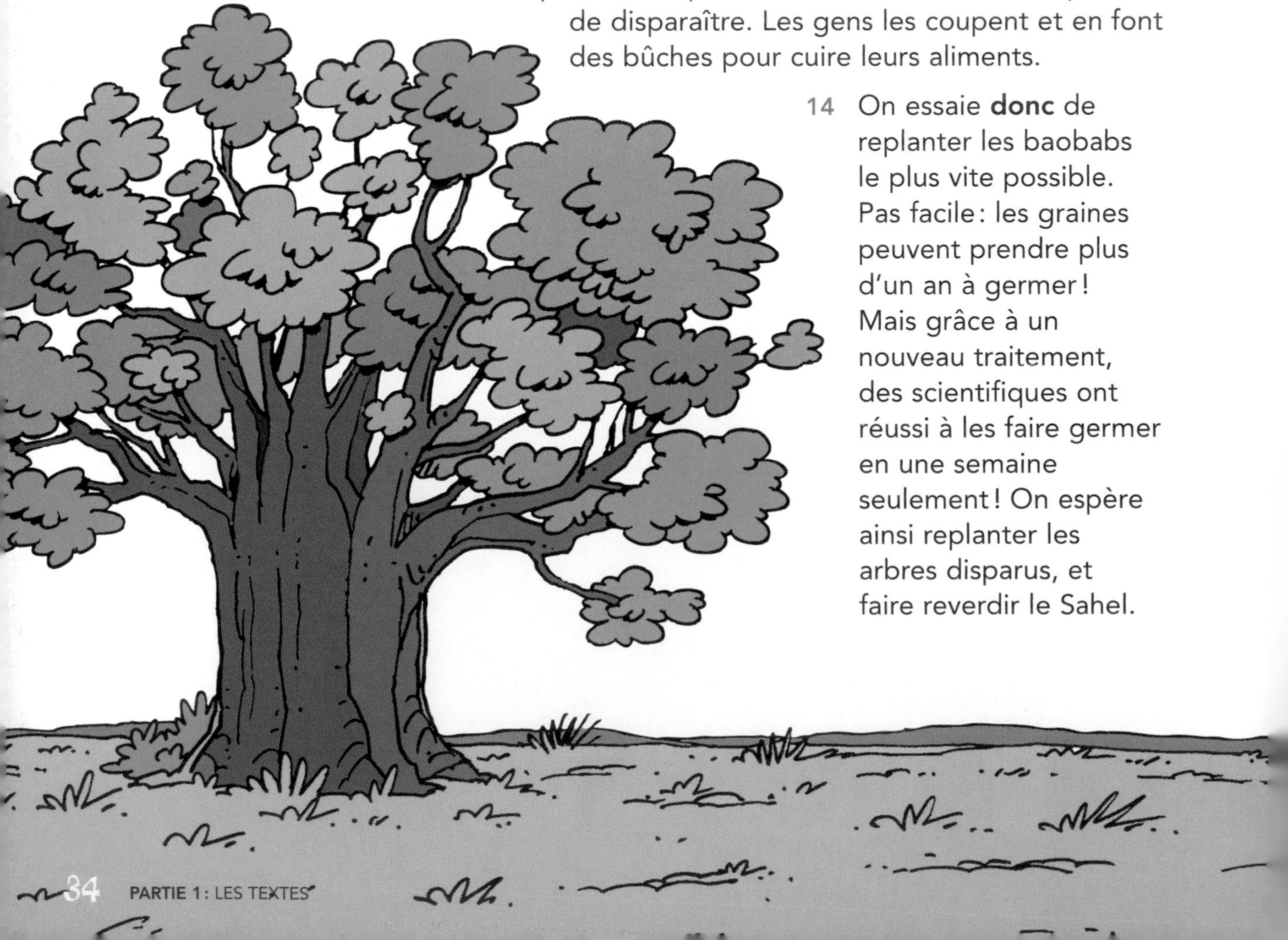

© Les Débrouillards.

Le bouli : avant et après la pluie. Les parois du bouli sont sculptées en gradins, ce qui les empêche de s'effondrer quand il se remplit d'eau.

Vive les trous d'eau

15 Pour lutter contre la désertification, on a aussi imaginé un moyen de retenir l'eau de pluie. À Débéré, Normand me montre un immense trou. « Il est **aussi *profond* et deux fois plus *grand* qu'**une piscine olympique ! » dit-il fièrement. Ce vaste ouvrage porte le nom africain de bouli. Des dizaines de travailleurs ont peiné trois mois sous le soleil pour le creuser au pic et à la pelle.

16 « Il suffira d'une seule averse, l'été prochain, pour remplir le bouli d'eau, assure Normand. On aura ainsi une réserve qui durera toute l'année et servira à arroser des jardins potagers. » Un vieil homme s'avance vers moi. On l'appelle le gardien de l'eau. « Le bouli va changer beaucoup de choses, dit-il, l'air ravi. Nous allons manger mieux, vendre nos légumes et gagner de l'argent ! »

17 Normand aussi est satisfait. « Mon rêve, conclut-il, c'est que chaque village ait son bouli. » Je l'ai quitté en me disant que si on vient à bout de la désertification, ce sera grâce à la persévérance de gens comme lui et les villageois du Sahel.

Michel Groulx et Martin Paquet, « La désertification » (extrait), *Les Débrouillards*, n° 174, mai 1998.

Lis le texte *La désertification*, aux pages 32 à 35.

A L'organisation des idées

Repère l'introduction.

- **Qu'est-ce qui te donne envie de poursuivre la lecture du texte ?**

Observe le développement.

- **Qu'est-ce qu'on explique dans le développement de ce texte ?**

Repère les intertitres.

- **Quel lien chaque intertitre a-t-il avec le contenu de la section qui s'y rattache ?**

Trouve l'autre organisation qui se cache derrière ces intertitres :

– repère la ou les sections du texte qui énoncent le problème pour le Sahel;
– repère la ou les sections du texte qui expliquent les causes de ce problème;
– repère la ou les sections du texte qui expliquent des solutions.

Montre que cette grande structure en trois parties (problème-cause-solution) est annoncée dans l'introduction du texte.

L'avais-tu remarqué ?

Observe la conclusion.

> Je l'ai quitté en me disant que si on vient à bout de la désertification, ce sera grâce à la persévérance de gens comme lui et les villageois du Sahel.

Explique pourquoi cette dernière phrase (p. 35) est une conclusion à l'ensemble du texte et non seulement à la dernière partie sur les trous d'eau.

B Les marqueurs de relation

Observe les marqueurs de relation en violet dans le texte (p. 33 à 35).

- **Lesquels introduisent la cause de quelque chose ? la conséquence ?**
- **Lesquels introduisent une comparaison ?**
- **Pourquoi ces comparaisons te permettent-elles de mieux comprendre les adjectifs de ces phrases ?**

Si tu effaçais les comparaisons, comprendrais-tu la même chose ?

Observe le marqueur de relation *or*, en orange, au paragraphe 11 de la page 34.

- **Que veut-il dire ?**

Évidemment, on ne parle pas de l'or des bijoux ! Pour t'aider, cherche le sens de **or** dans le dictionnaire.

C Ce qui peut rendre un texte vivant

Observe les genres de textes qui se mêlent.

- **Quelles parties du texte sont écrites comme un récit de voyage ?**
- **Le récit est-il à la 1re ou à la 3e personne ?**
- **Quelles parties du texte constituent une sorte d'entrevue ? À quoi le vois-tu ?**
- **Quelles parties du texte sont écrites dans un style purement informatif ? À quoi le vois-tu ?**

Observe la variété de types de phrases.

- **Quelles phrases sont de type interrogatif ? Donne des exemples.**
- **Quel est l'usage des points d'exclamation dans le texte ?**
- **Trouve des phrases sans verbe dans le texte. En voici des exemples :**

Le soleil. La chaleur. Le vent. Pas de doute : ...

Quel effet produisent-elles ?

Explique divers moyens de rendre un texte vivant.

© ACDI/Pierre St-Jacques.

© ACDI/Roger Lemoyne.

TEXTE 3

Le cycle de vie

1 Chaque chose vivante a un cycle de vie. Un cycle de vie correspond aux étapes que traverse une créature, de sa naissance à l'âge adulte. Tous les cycles de vie ont les mêmes étapes de base : naître, grandir et devenir adulte.

Grandir et changer

2 Les êtres vivants grandissent et changent durant leur cycle de vie. Leur corps se développe, il se transforme à l'intérieur et à l'extérieur. Lorsque les changements sont terminés, l'organisme, l'être vivant, est adulte. Les plantes adultes fabriquent des graines. Lorsqu'un animal est adulte, il peut avoir une descendance, des petits.

(1) Cette grenouille est adulte. Lorsqu'elle a des petits, elle perpétue son espèce.

(2)

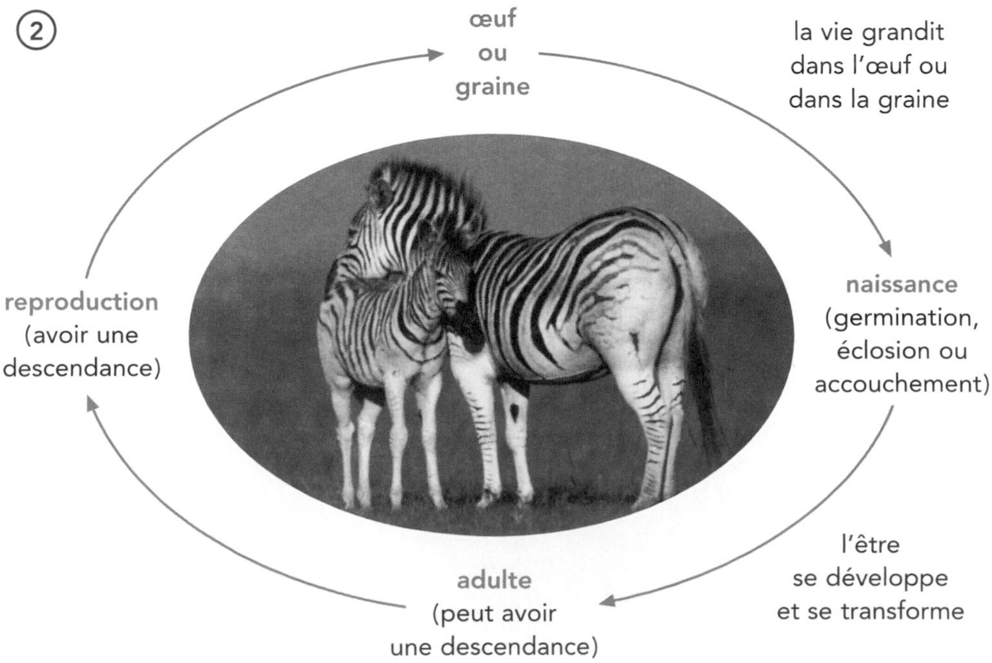

Le cycle recommence

3 Lorsqu'un adulte a une descendance, un autre cycle de vie commence. Les descendants traversent les mêmes étapes du cycle de vie que leurs parents jusqu'à ce qu'ils deviennent adultes. Lorsque les descendants ont leurs propres petits, un nouveau cycle de vie commence.

Perpétuer les espèces

4 Une espèce, une sorte de plante ou d'animal, ne survit que lorsqu'un assez grand nombre d'adultes continue le cycle de vie en ayant une descendance. Si une espèce de plante ou d'animal arrête de se reproduire, d'avoir une descendance, elle disparaît.

Bobbie Kalman, *Le cycle de vie* (extrait), traduit par Guillaume Forget, © Éditions Banjo, 2001. (Coll. «Petit monde vivant»)

(3) Beaucoup d'arbres ont des fleurs qui se transforment en fruits. Les fruits contiennent les graines qui permettront d'amorcer un nouveau cycle de vie.

(4) Une famille humaine compte plusieurs générations: les grands-parents, les parents, les enfants. La famille se perpétue à chaque génération. Si les enfants d'une famille n'ont pas d'enfants eux-mêmes, la famille s'arrête après leur mort.

Lis le texte *Le cycle de vie*, aux pages 38 et 39.

A L'organisation des idées

Repère l'introduction.

- **Quelles idées annoncées dans l'introduction devraient être développées dans la suite du texte ?**

Observe le développement.

- **Quels paragraphes forment le développement ?**

Explique, pour chaque paragraphe du développement, le lien entre les informations qu'il contient et l'idée générale présentée dans l'introduction.

Montre qu'entre les idées du développement, il existe des liens de cause à effet (ou cause-conséquence) qui forment un cycle.

- **Quelle est la première étape du cycle ? Quel effet cette étape entraîne-t-elle ?**
- **Cet effet ou cette conséquence devient la cause d'un autre effet. Lequel ?**
- **Quels sont les autres maillons de la chaîne ?**
- **À la fin, qu'est-ce qui devient la cause de la première étape ?**

> **Le mot juste**
>
> Lorsque des idées s'enchaînent suivant des liens de cause à effet qui forment un cycle, on parle alors de liens de **causalité circulaire**. C'est comme si le phénomène tournait en rond, on revient toujours à la case départ.
>
> Qu'est-ce qui est apparu en premier : l'œuf ou la poule ?

Montre que le dernier paragraphe constitue la conclusion du texte.

- **Quelle idée est présentée dans ce paragraphe sans avoir été annoncée dans l'introduction ?**
- **Quel contraste vois-tu entre l'idée présentée dans la conclusion et celles du développement ?**

B Le rôle du schéma et des illustrations

Observe le schéma qui accompagne le texte.

- **Parmi toutes les illustrations du texte, laquelle est un schéma ?**
- **Quelle différence vois-tu entre le schéma et les autres illustrations ?**

Cherche le mot *schéma* dans le dictionnaire.

> **Le mot juste**
>
> La **légende** d'une illustration ou d'un schéma est le texte qui l'accompagne.

Ici, la légende n'est pas une sorte d'histoire !

Explique pourquoi le schéma et sa légende représentent bien la partie *développement* du texte.

Observe les illustrations et leur légende.

- **Que vois-tu sur les illustrations ?**
- **Pourquoi ces illustrations seraient-elles peu utiles sans leur légende ?**

Montre que les illustrations et leur légende fournissent un exemple d'une idée plus générale exprimée dans le texte.

- **À quelle(s) phrase(s) du texte peux-tu associer chaque image et sa légende ?**
- **Quels mots te font comprendre que l'idée est plus générale dans le texte ?**

Explique quel rôle jouent les illustrations et leur légende dans ce texte.

Récapitule

Sur une affiche ou une feuille aide-mémoire, dresse une liste de conseils pour rendre un texte explicatif plus facile à comprendre. Que doit contenir l'introduction ? la conclusion ? Comment organiser les idées dans le développement du texte ? Comment se servir des intertitres, des illustrations et des schémas ? Comment rendre le texte plus vivant ?

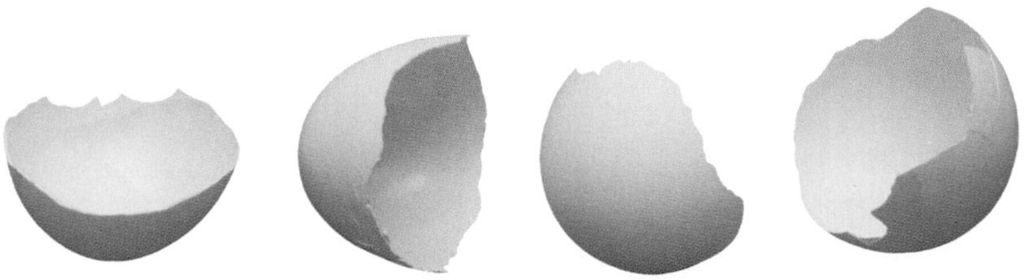

Exercices

➡ p. 202 à 205

Décrire

1 **Les paragraphes d'un texte intitulé *La bicyclette dans tous ses états* ont été recopiés dans le désordre. Prends-en connaissance.**

1 C'est vers 1880 qu'apparaît une bicyclette qui ressemble beaucoup à celles d'aujourd'hui. Ses deux roues ont le même diamètre et sont entraînées par une chaîne. Au fil des ans, cette bicyclette bénéficiera de plusieurs innovations dont celle du pneu, inventé par Dunlop en 1888. Les premières bicyclettes avec changements de vitesses seront commercialisées au début du 20e siècle.

2 Le premier ancêtre de la bicyclette est la «draisienne». Le 12 juillet 1817, le baron allemand Karl Drais von Sauerbronn parcourt 14,4 km assis à califourchon sur une poutre de bois reliée à deux roues. Pour donner de la vitesse à sa machine, le baron se pousse avec ses pieds sur le sol. La draisienne a été brevetée en France en 1818 sous le nom de vélocipède.

3 La bicyclette est un des sports les plus populaires. Il est accessible à tous et de plus en plus de voies cyclables sont aménagées dans les villes. Rouler à vélo est amusant, bon pour la santé et idéal pour l'environnement.

4 Les ancêtres de la bicyclette étaient des machines rudimentaires et difficiles à manœuvrer. Malgré tout, ce moyen de locomotion a su intéresser le public et des inventeurs qui lui ont apporté des améliorations remarquables.

5 Entre 1865 et 1870, on cherche à rendre le vélocipède plus rapide. Pour cela, on invente le grand bi, un vélo dont la roue avant est très grande (certaines atteindront trois mètres). Ainsi, à chaque coup de pédale, le grand bi parcourt une grande distance. La roue arrière, pour sa part, devient de plus en plus petite. Le grand bi est très difficile et dangereux à piloter.

6 En 1861, Pierre Michaux améliore grandement le vélocipède. En effet, il installe un axe coudé dans le moyeu de la roue avant. La pédale vient de faire son apparition. Elle est très appréciée des utilisateurs de vélocipède qui n'ont plus à garder les jambes levées quand leur «monture» est lancée.

Étape 1 **Donne le numéro des paragraphes qui correspondent à l'introduction et à la conclusion.**

Étape 2 **Replace les paragraphes du développement dans un ordre plus logique, puis, à côté de chaque numéro de paragraphe, écris un intertitre.**

2 Récris deux paragraphes du texte du numéro 1 de manière à les rendre plus vivants.

a) **Récris le paragraphe 5 en utilisant la 2e personne et au moins une phrase impérative.**

b) **Récris le paragraphe 6 pour qu'il ait au moins une phrase interrogative et une phrase qui se termine par un point d'exclamation.**

→ p. 206 à 208

Expliquer

1 Lis le texte ci-dessous.

Pour en finir avec la pauvreté !

1 D'abord, il y a les guerres et les désastres naturels (tremblements de terre, typhons, etc.) qui dévastent des régions entières.

2 Il y a aussi la rareté des ressources naturelles : certains pays n'ont pas de pétrole, ont peu de forêts et des sols pauvres.

3 Il y a enfin la façon dont notre monde est organisé. [...] Sur les six milliards d'humains de la planète, environ un milliard vivent très confortablement. C'est le cas d'une majorité de Canadiens, d'Américains, d'Européens, etc. Quatre autres milliards d'humains ont une existence modeste. Et un milliard de personnes luttent chaque jour pour survivre. C'est terriblement injuste. [...]

4 Pourtant, lorsque les humains décident de changer les choses, l'histoire montre qu'ils sont capables de miracles. Si on luttait contre la pauvreté comme on a jadis lutté contre l'esclavage ? Si c'était le grand défi du 21e siècle ? Voici quelques pistes (il y en a bien d'autres !) :

5 Plus de personnes devraient œuvrer pour la paix. La guerre détruit les récoltes et les usines. Un pays en guerre dépense des millions de dollars pour acheter des armes. Cet argent ne va pas aux hôpitaux ni aux écoles.

6 Il faudrait que les consommateurs refusent l'exploitation. Certains souliers que nous payons 100 $ rapportent à peine quelques sous à l'ouvrier qui les a fabriqués. Même chose pour le café, le cacao, les bananes… Heureusement, on trouve dans certains magasins des produits étiquetés « équitables ». Ceux qui les produisent ont reçu un juste salaire. [...]

7 On pourrait partager plus avec les démunis. Comme citoyen du monde, tu peux envoyer un peu d'argent à un organisme qui aide les plus démunis. Comme citoyen canadien, tu peux exiger que TON gouvernement aide davantage les pays pauvres à s'en sortir. [...]

8 Comme tu le constates, les causes de la pauvreté sont profondes et les solutions ne sont pas faciles à appliquer. Bien sûr, il faudra du temps, de l'énergie et de l'argent. Mais c'est possible si tout le monde s'y met. Même toi, tu peux contribuer à enrayer ce terrible fléau.

Marie-Pier Élie, «Pour en finir avec la pauvreté !», *Les Débrouillards*, n° 191, février 2000.

Étape 1 Écris une introduction à ce texte.

Étape 2 Explique la structure du développement de ce texte.

- Si le développement avait deux grandes sections, quel intertitre porterait chacune d'elles ?
- Quels paragraphes feraient partie de la première section ? de la deuxième ? Réponds par les numéros de paragraphes.

Étape 3 Va encore plus loin dans l'explication de la structure du développement de ce texte.

- Écris un intertitre pour chaque paragraphe.
- Place ces intertitres dans un schéma qui montre aussi les deux grandes sections de l'étape 2.

2 Lis les extraits ci-après. Tu devras les récrire de manière à les rendre plus vivants.

EXTRAIT 1

Pourquoi a-t-on parfois les yeux rouges sur les photos ?

Lorsqu'on photographie une personne avec un «flash», une lumière intense pénètre jusque dans le fond de ses yeux. Comme le fond de l'œil est rouge – à cause des vaisseaux sanguins – le sujet photographié a l'air d'avoir les yeux rouges.

Voici quelques trucs pour éviter ce désagrément:

Se placer près de son sujet. Plus on est proche, moins il risque d'avoir les yeux rouges. Si possible, orienter son «flash» vers le plafond pour que la lumière n'atteigne pas directement les yeux de son sujet.
Si l'appareil photo est muni d'un dispositif «anti yeux rouges», l'utiliser.

Adapté de la rubrique «Cher prof !», *Les Débrouillards*, n° 206, septembre 2001.

Transforme cet extrait en entrevue: fais comme si tu interviewais une photographe professionnelle.

EXTRAIT 2

Lorsque l'ouragan a frappé la ville, ses vents ont déraciné les arbres et arraché tout sur leur passage. Les pluies torrentielles qui accompagnaient l'ouragan ont fait déborder la rivière, ont causé des inondations et ont détruit plusieurs routes.

Transforme cet extrait en récit: imagine bien les détails de la scène dans ta tête, puis fais comme si une personne racontait ce qu'elle a vu au cours de sa visite après le passage de l'ouragan. De plus, ajoute deux phrases sans verbe.

EXTRAIT 3

Les océans recouvrent 70 % de la surface du globe. S'ils se réchauffent, leur niveau s'élèvera, entraînant des inondations (l'eau chaude occupe un plus grand volume que l'eau froide). Des millions de personnes pourraient devoir fuir les régions côtières.

Parmi les zones à risque: le delta du Nil (en Égypte) et celui du Gange (au Bangladesh).

«Les effets de l'effet de serre» (extrait),
Les Débrouillards, n° 184, mai 1999.

Récris cet extrait en transformant deux phrases en interrogatives.

3 **Lis le paragraphe ci-dessous et observe les photos qui l'accompagnent.**

Disparaître dans la nature

Plusieurs animaux sont peu visibles dans leur environnement naturel. Parmi ces animaux, il y a des jeunes sans défense trop faibles pour faire face à d'éventuels prédateurs. On retrouve aussi de redoutables prédateurs qui doivent approcher leurs proies avant de les attaquer. Peu importe, la couleur de ces animaux joue un rôle déterminant dans leur survie.

Écris une légende pour chaque photo. Chacune doit être un exemple de l'idée plus générale exprimée dans le paragraphe.

4 **Prends connaissance des illustrations ci-dessous et de leurs légendes.**

Des comportements qui en disent long

Un chat en colère, ça se voit! Gros dos, poils hérissés, oreilles repliées vers l'arrière, ce chat fait comprendre qu'il est prêt à l'attaque…

Quand la queue bouge, c'est bon signe… Ce chien a envie de jouer, c'est clair.

Écris le paragraphe qui va avec ces illustrations. Il devra exprimer l'idée plus générale dont les illustrations sont des exemples.

CHAPITRE

3

Jouer avec les mots

Quel grand voyage on peut faire en compagnie des mots ! Les mots s'amusent, chantent, dansent, suggèrent, se mettent en rimes... Dans ce chapitre, tu verras plusieurs ressources qui aident à créer des textes poétiques. Mais avant de commencer...

Ravive ta mémoire

➟ p. 209

1 **Lis le poème ci-dessous.**

Mon stylo

Si mon stylo était magique,
Avec des mots en herbe,
J'écrirais des poèmes superbes,
Avec des mots en cage,
J'écrirais des poèmes sauvages.

Si mon stylo était artiste,
Avec les mots les plus bêtes,
J'écrirais des poèmes en fête,
Avec les mots de tous les jours,
J'écrirais des poèmes d'amour.

Mais mon stylo est un farceur
Qui n'en fait qu'à sa tête,
Et mes poèmes, sur mon cœur,
Font des pirouettes.

Robert Gélis, *En faisant des galipoètes*,

a) **Décris l'organisation des rimes dans ce poème.**

b) **Trouve la structure qui se répète et qui forme le rythme de ce poème.**

c) **Trouve la fin et explique comment la structure du poème (son rythme) est modifiée.**

d) **Relève deux expressions imagées.**

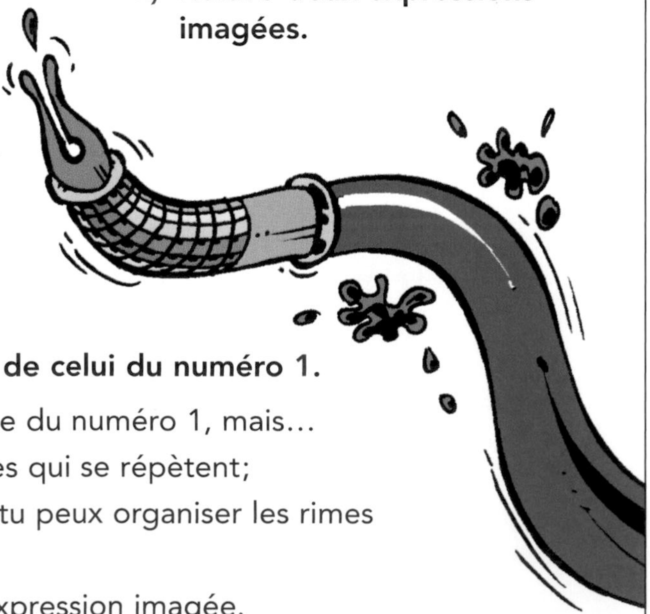

2 **Écris un poème en t'inspirant de celui du numéro 1.**

Reprends la structure du poème du numéro 1, mais...

- change les noms et les verbes qui se répètent;
- change les mots qui riment (tu peux organiser les rimes autrement).

De plus, utilise au moins une expression imagée.

1. Les poèmes, les comptines

1.1 Des comptines pour jeunes enfants

Au verger

Dans un verger,
Un pommier.

Dans le pommier,
Une pomme.

Et dans la pomme,
Un trou.

Et dans le trou,
Un ver.

Sur un morceau
De bois sec,

Deux oiseaux
Avec un bec.

Qui des deux aura le ver ?
L'oiseau bleu ou l'oiseau vert ?

Le ver tout vert,
Le ver qui bouge,

Je l'ai offert
Au poisson rouge.

Et depuis, dans le verger,
Dès que je montre le nez,

L'oiseau bleu et l'oiseau vert
Me regardent de travers.

Extrait de *L'Atelier de Poésie*,
texte de Pierre Coran,
© Casterman S.A 1999.

L'avion

L'avion au fond du ciel clair
Se promène dans les étoiles
Tout comme les barques à voiles
Vont sur la mer.

Les oiseaux ont peur de ses ailes,
Mais les enfants le trouvent beau,
Ce grand cerf-volant sans ficelles
Qui va si haut.

Lucie Delarue-Mardrus,
99 poèmes, 9 contes, 9 comptines.

1.2 Un poème qui est aussi une chanson

L'hymne au printemps

Les blés sont mûrs et la terre est mouillée
Les grands labours dorment sous la gelée
L'oiseau si beau hier s'est envolé
La porte est close sur le jardin fané…

Comme un vieux râteau oublié
Sous la neige je vais hiverner
Photos d'enfants qui courent dans les champs
Seront mes seules joies pour passer le temps

Mes cabanes d'oiseaux sont vidées
Le vent pleure dans ma cheminée
Mais dans mon cœur je m'en vais composer
L'hymne au printemps pour celle qui m'a quitté

Quand mon amie viendra par la rivière
Au mois de mai après un dur hiver
Je sortirai bras nus dans la lumière
Et lui dirai le salut de la terre…

Vois, les fleurs ont recommencé
Dans l'étable crient les nouveau-nés
Viens voir la vieille barrière rouillée
Endimanchée de toiles d'araignées

Les bourgeons sortent de la mort
Papillons ont des manteaux d'or
Près du ruisseau sont alignées les fées
Et les crapauds chantent la liberté
Et les crapauds chantent la liberté

Félix Leclerc, © Éd. Raoul Breton, 1949.

A Les répétitions

Lis la comptine *Au verger,* à la page 49.

Observe les répétitions.

- **Dans quelle partie trouves-tu des répétitions ?**
- **Quels mots sont répétés ?**
- **Quelle structure est répétée ?**

Explique comment on peut utiliser la répétition pour écrire une comptine pour jeunes enfants.

B Les comparaisons

Lis la comptine *L'avion,* à la page 49.

Observe les comparaisons.

- **Que compare-t-on grâce au marqueur de comparaison *comme* ?**
- **À quoi compare-t-on l'avion de façon sous-entendue (sans utiliser le mot *comme*) ?**

> **Le mot juste**
>
> On appelle **métaphore** le procédé qui consiste à faire une comparaison sous-entendue (c'est-à-dire sans marque de comparaison). En poésie, on emploie souvent des métaphores.

C Les métaphores

Lis le poème *L'hymne au printemps,* à la page 50.

Trouve à quoi se compare l'auteur.

- **Pourquoi s'agit-il d'une comparaison et non d'une métaphore ?**

Explique la métaphore suivante : Les grands labours dorment.

Donne un autre exemple de métaphore dans le poème *L'hymne au printemps*.

Explique comment on peut créer des métaphores dans un poème.

Si tu peux écouter la chanson, fais les activités sur le document qu'on te remettra.

2. Les fables

La Colombe et la Fourmi

[...] On a souvent besoin d'un plus petit que soi,
De cette vérité cette fable fait foi. [...]

Le long d'un clair ruisseau buvait une Colombe,
Quand sur l'eau se penchant une Fourmi y tombe;
Et dans cet océan l'on eût vu la Fourmi
S'efforcer, mais en vain, de regagner la rive.
La Colombe aussitôt usa de charité:
Un brin d'herbe dans l'eau par elle étant jeté,
Ce fut un promontoire où la Fourmi arrive.
Elle se sauve; et là-dessus
Passe un certain croquant qui marchait les pieds nus. croquant = paysan
Ce croquant, par hasard, avait une arbalète.
Dès qu'il voit l'oiseau de Vénus, oiseau de Vénus = colombe
Il le croit en son pot, et déjà lui fait fête.
Tandis qu'à le tuer mon villageois s'apprête,
La Fourmi le pique au talon.
Le vilain retourne la tête: vilain = paysan
La Colombe l'entend, part, et tire de long. tire de long = s'enfuit
Le soupé* du croquant avec elle s'envole:
Point de pigeon pour une obole. obole = monnaie de peu de valeur

Jean de La Fontaine, *Fables*.

* *Soupé*: à l'époque de La Fontaine, on trouvait trois façons d'écrire ce mot: *soupé*, *souper*, ou encore *soupée*. Aujourd'hui, on écrit toujours *souper*.

Lis la fable *La Colombe et la Fourmi*, à la page 52.

A Le schéma du double renversement

> **Le mot juste**
>
> Dans la fable *La Colombe et la Fourmi*, les deux personnages principaux ont une relation qui s'inverse. Au début, le personnage fort est le héros du faible; à la fin, le faible devient un héros pour le fort qui, lui, se retrouve faible. Dans une histoire, on appelle cette organisation des idées «schéma du **double renversement**». De nombreuses histoires suivent ce schéma, pas seulement des fables écrites sous forme de poèmes.

Décris le schéma du double renversement dans *La Colombe et la Fourmi*.

- **Au début de l'histoire, quel personnage est en danger ?**
- **Quel personnage le sauve, devenant ainsi un héros pour l'autre ?**
- **À partir de quel vers la situation change-t-elle ?**
- **Comment le héros du début se retrouve-t-il en danger ?**
- **Comment est-il sauvé ? Par qui ?**

Explique la relation qui s'inverse entre la Colombe et la Fourmi.

B Une figure de style : l'inversion

Lis les vers 13 et 14 de *La Colombe et la Fourmi* :

> Tandis qu'à le tuer mon villageois s'apprête,
> La Fourmi le pique au talon.

Repère le groupe de mots qui n'occupe pas une position habituelle dans la phrase.

- **Où ce groupe de mots serait-il normalement situé dans la phrase ?**

Repère d'autres inversions dans la fable de la page 52.

- **Quels groupes de mots ne sont pas à leur position habituelle dans la phrase ?**

Trouve des inversions dans le poème *L'hymne au printemps*, à la page 50.

Explique pourquoi un auteur ou une auteure utilise l'inversion.

Exercices

→ p. 209 à 211

Besoin d'idées ?
Imagine que tu regardes une chose en t'approchant de plus en plus.

→ *Au verger*, p. 49

1 **Écris une comptine pour les élèves du préscolaire.**

– Fais des répétitions de mots et de structures.
– Trouve une fin amusante et surprenante.

2 **Écris un poème comportant une comparaison et une métaphore.**

Étape 1 Donne-toi des idées pour écrire : invente quelques comparaisons. Pour cela, complète des phrases avec le mot *comme*.

Exemples :

L'avion qui vole est *comme* une aiguille qui égratigne le ciel.
Ton sourire est *comme* un éclat de soleil.
Ton sourire est *comme* le printemps.
Un sourire qui disparaît, c'est *comme* une fleur qui meurt.

Étape 2 Écris ton poème en y intégrant au moins une comparaison (utilise le mot *comme*) et une métaphore (c'est-à-dire une comparaison sans le mot *comme*). Ton poème peut être rimé ou non.

3 **Lis le poème suivant.**

La marmotte

Comme la Belle au bois dormant
l'hiver quand la terre grelotte
en son gîte loin des tourments
dort paisiblement la marmotte.

Daniel Lander, poème tiré de *Alphabestiaire*, dans *L'écharpe d'iris*, Hachette, 1990.

a) **Trouve la comparaison de ce poème et explique-la.**

b) **Ce poème comporte quelques inversions. Démontre-le en récrivant les groupes selon l'ordre « habituel ».**

4 **Le poème ci-dessous a été modifié par rapport à l'original. Lis-le.**

Les feuilles mortes

Les feuilles rousses tombent, tombent
J'entends la pluie sur la mousse.

Les feuilles molles tombent, tombent
J'entends le vent qui s'envole.

Les feuilles d'or tombent, tombent
J'entends l'été qui s'endort.

Les feuilles mortes tombent, tombent
J'entends l'hiver à ma porte.

D'après le poème de Pernette Chaponnière, tiré de *Graines au vent*, dans *L'écharpe d'iris*, Hachette, 1990.

Reconstitue l'original : fais les inversions nécessaires pour que le premier vers de chaque strophe rime avec le deuxième.

5 **Lis la fable ci-dessous. Tu établiras les relations entre les personnages.**

Le Lion et le Rat

Il faut, autant qu'on peut, obliger tout le monde : — obliger = aider
On a souvent besoin d'un plus petit que soi. [...]

Entre les pattes d'un Lion
Un Rat sortit de terre assez à l'étourdie.
Le roi des animaux, en cette occasion,
Montra ce qu'il était, et lui donna la vie.
Ce bienfait ne fut pas perdu.
Quelqu'un aurait-il jamais cru
Qu'un lion d'un rat eût affaire ? — affaire = besoin
Cependant il advint qu'au sortir des forêts
Ce Lion fut pris dans des rets, — rets = filets
Dont ses rugissements ne purent le défaire.
Sire Rat accourut, et fit tant par ses dents
Qu'une maille rongée emporta tout l'ouvrage.

Patience et longueur de temps
Font plus que force ni que rage.

Jean de La Fontaine, *Fables*.

a) **Au début, qui est dans une position de faiblesse ? de force ? Explique pourquoi.**

b) **À partir de quel vers la situation des personnages change-t-elle ?**

c) **Après le renversement de situation, qui est dans une position de faiblesse ? de force ? Explique pourquoi.**

CHAPITRE

4 Échanger

On écrit des lettres pour toutes sortes de raisons. Tu connais déjà les différentes parties d'une lettre et tu sais comment organiser tes idées. Tu sais aussi quel style employer selon quelle circonstance. Dans ce chapitre, tu verras comment écrire une lettre pour donner ton opinion ou pour convaincre quelqu'un de changer d'opinion. Mais avant de commencer...

Ravive ta mémoire

Sherbrooke, le 23 mars 2004

Chers élèves,

Votre classe a été choisie pour donner son opinion sur un projet qui vise à assurer la réussite de tous les élèves. Ce projet consiste à réduire les vacances d'été : elles passeraient de deux mois à un seul.

Nous voulons que plus d'élèves réussissent leurs études. Nous pensons que si on donnait plus de temps aux élèves pour apprendre, ils réussiraient mieux.

Évidemment, il est très avantageux pour les élèves de bien réussir. Cela conduit à un plus grand choix de métiers plus tard et donne plus de chances de se trouver un emploi intéressant. De plus, réussir à l'école apporte une grande satisfaction personnelle et permet une meilleure estime de soi.

Certains parmi vous pensent peut-être que la coupure proposée les empêchera de passer des vacances en famille mais, en vérité, la grande majorité des parents n'ont que deux semaines de vacances par été. Pourquoi alors vous faire perdre votre temps dans des camps de jour ?

J'espère que vous serez nombreux, chers élèves, à répondre favorablement à ce projet.

Yvon Légaré

Yvon Légaré, commissaire
Commission scolaire des Tilleuls

→ p. 212

1 **Lis la lettre de la page précédente.**

a) **Qui l'a écrite ? À qui (à des personnes familières ou inconnues) ? Dans quel but ?**

b) **Repère la date et les quatre autres parties de cette lettre.**

c) **Quels mots font que la lettre est écrite dans un style qui convient ?**

2 **Noémie a répondu à M. Légaré. Lis sa lettre, tu devras l'améliorer.**

Salut commissaire !

Comme tu l'as demandé, je te donne mon opinion sur ton projet. L'été, il fait tellement chaud que j'aimerais mieux être assise à l'école tout le temps. Notre enseignant serait plus détendu parce qu'il aurait plus de temps. Je pense aussi qu'on pourrait faire plus de sorties scolaires. Je pourrais faire mes devoirs à l'école.

Noémie

Reformule cette lettre. Emploie un style qui convient mieux et ajoute les parties manquantes.

3 **Écris une lettre pour répondre à M. Légaré (p. 56). Assure-toi d'employer le bon style et de n'oublier aucune partie de la lettre.**

Conserve soigneusement cette lettre, elle te servira plus loin.

☐ Une lettre pour convaincre

Le 24 avril 2004

Cher Monsieur le Commissaire,

Moi, je suis contre le projet de réduire les vacances d'été des élèves. L'été, c'est fait pour être avec nos amis et jouer dehors. En juin, il fait tellement chaud dans les classes qu'on a du mal à travailler et à se concentrer. Imaginez en juillet ! De plus, on dit que les jeunes sont trop gros. Couper les vacances ne serait vraiment pas un choix *santé*...

Et puis, avez-vous pensé aux enseignants ? Ils travaillent fort toute l'année. Ils ont besoin de se reposer l'été. Ils feront sûrement la grève si on les oblige à travailler un mois de plus. Laissez tomber votre projet et vous éviterez bien des ennuis.

Je vous conseille autre chose pour que les élèves réussissent mieux. Tout le monde dit qu'on est plus concentré après avoir fait de l'exercice. Si on faisait plus de sport à l'école, on apprendrait plus vite.

J'espère que ma lettre vous convaincra d'abandonner votre projet.

Justin Valcourt

Justin Valcourt, élève de la classe 6B

Lis les trois lettres suivantes : celle de la page 56, celle de la page 57 et celle ci-dessus.

- **Qui écrit ? De quel projet parle-t-on ? Qui est pour ce projet ? Et qui est contre ?**
- **Dans quelles lettres l'opinion de la personne qui écrit est-elle clairement annoncée ?**

Trouve, dans ces lettres, des exemples de chaque sorte d'arguments :

- **justifications** : la personne qui écrit donne des raisons qui expliquent son opinion;
- **contre-arguments** : la personne qui écrit explique pourquoi, à son avis, les arguments de ceux qui ne partagent pas son opinion sont mauvais;
- **avantage** : la personne qui écrit présente un avantage que les autres auraient s'ils changeaient d'idée (comme s'ils n'y avaient pas pensé eux-mêmes);
- **solution** : la personne qui écrit propose une solution différente pour faire changer d'idée.

Explique quelle sorte d'argument te paraît le plus convaincant.

Tire tes conclusions. Comment peux-tu te préparer à écrire une lettre pour convaincre quelqu'un de changer d'opinion ?

Exercices

→ p. 212 et 213

1 **Reprends la lettre que tu as écrite au numéro 3 de la page 57. Utilise ce que tu viens d'apprendre pour la retravailler.**

Étape 1 **Vérifie la présence de toutes les parties de la lettre.**

Étape 2 **Examine l'organisation de tes idées.**

- Annonces-tu clairement ta position (*pour* ou *contre* le projet)? Dans la marge, écris soit *pour*, soit *contre* vis-à-vis de la phrase qui mentionne ta position.
- Quelles sortes d'arguments as-tu écrits? Dans la marge, écris:
  1) J à côté des justifications;
  2) C-A à côté des contre-arguments;
  3) Av à côté des avantages que les autres auraient s'ils changeaient d'opinion;
  4) SD à côté d'une solution différente proposée.

Étape 3 **Améliore ta lettre.**

- Si nécessaire, ajoute une phrase qui précise ta position (*pour* ou *contre*).
- Ajoute au moins une sorte d'arguments que tu n'as pas utilisée.
- Au besoin, ajoute plus d'explications.

2 **Imagine que tu as offert à tes voisins de garder leur bébé. Ils ont refusé tes services parce qu'ils te trouvent trop jeune. Écris-leur une lettre pour les convaincre de t'embaucher. Ta lettre doit contenir les quatre sortes d'arguments.**

PARTIE

2 Les phrases

La construction des phrases dans diverses langues

Dans toutes les langues du monde, on fait des phrases. Mais toutes les langues ne placent pas les mots au même endroit dans la phrase !

La position du sujet

En français, l'ordre des mots dans la phrase est très important.

Qui est derrière l'autre ? On le sait grâce à l'ordre des mots.

En français : Le chien suit l'enfant.
L'enfant suit le chien.

En russe, l'ordre des mots est plus libre parce que c'est la terminaison d'un mot qui indique sa **fonction** dans la phrase. Les mots peuvent donc changer de position sans changer le sens de la phrase.

En russe : Rebion**ok** sleduyet za sobak**oy**.

Ordre : *Enfant* (+ fonction sujet) *suit* *chien* (+ fonction complément)

Ou :

Za sobak**oy** sleduyet rebion**ok**.

Ordre : *Chien* (+ fonction complément) *suit* *enfant* (+ fonction sujet)

En russe, ces deux phrases ont le même sens : « L'enfant suit le chien. »

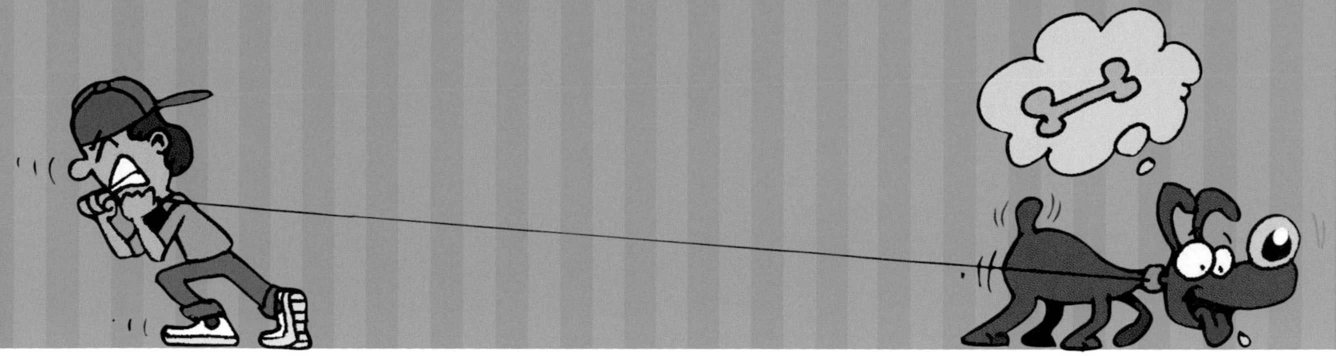

La position du verbe

Pour quelqu'un qui parle français, placer le verbe à la fin de la phrase paraît étrange. Pourtant, près du tiers des humains parlent une langue dans laquelle le verbe occupe cette position ! En allemand, on le fait dans certaines structures de phrases :

En allemand :	Ich	glaube	dass	das	Kind	dem	Hend	folgt.
Ordre :	*Je*	*pense*	*que*	*l'*	*enfant*	*le*	*chien*	*suit.*
Sens :	*Je pense que l'enfant suit le chien.*							

Le nom et son complément

En français, le complément du nom vient après le nom. En allemand, en anglais et en turc, le complément peut précéder le nom :

En français :	la porte de la chambre	
En anglais :	the bedroom door	*ordre inverse du français :*
En allemand :	die Schlafzimmertür	*chambre* (en 1er) *+ porte* (en 2e)
En turc :	odanin kapisi	

Pour bien parler ou écrire une langue, il faut connaître les règles de l'ordre des mots…

Qu'en sais-tu ? Qu'en penses-tu ?

- **Connais-tu une autre langue que le français ? Laquelle ? L'ordre des mots est-il parfois différent du français ? Donne un exemple.**
- **En français écrit, l'ordre des mots est-il toujours le même qu'à l'oral ? Donne un exemple. Pense à ta façon de poser des questions…**

Dans cette partie, tu verras la phrase de base, les sortes de compléments dans le GV, la classe des pronoms, les types et les formes de phrases ainsi que divers marqueurs de relation. Tu construiras des phrases comme un as !

CHAPITRE

5 La phrase de base

Tu apprendras dans ce chapitre ce qu'est une phrase de base et quels sont ses constituants. Tu découvriras aussi les sortes de compléments dans le groupe du verbe. Mais avant de commencer…

Ravive ta mémoire

→ p. 223

1 **Dans le texte ci-dessous, on a oublié les majuscules et la ponctuation. Recopie le texte en y ajoutant tout ce qui manque, même la virgule !**

le curare est un terrible poison il provient d'écorce d'arbres ce poison paralyse les muscles à la chasse les Indiens d'Amérique du Sud enduisent leurs flèches de curare il paralyse et tue efficacement les proies

→ p. 215 et 216

2 **Récris le texte suivant à quadruple interligne. Tu vas ensuite le transformer.**

Mon oncle Edgar est un homme sympathique. Son visage joufflu et sa barbe blanche lui donnent un air de grand-papa. C'est un chasseur d'images. Il a parcouru plusieurs pays d'Afrique.

Étape 1 **Repère et souligne les GN du texte avec leurs expansions.**

Étape 2 **Raye l'expansion de chacun des GN.**

Étape 3 **Remplace les expansions rayées par d'autres pour que ton texte décrive Paul, un oncle détestable.**

3 **Récris le texte suivant à quadruple interligne. Tu vas ensuite le transformer.**

Edgar voyage en camion. Il aperçoit trois éléphants. Les bêtes sont calmes. Edgar prête son appareil photo à son assistante.

Étape 1 **Repère les GV. Fais comme à la section C de la page 216 : écris V sous le verbe et *expansion* sous son expansion, souligne les GV, puis écris GV dessous.**

Étape 2 **Raye l'expansion de chacun des GV.**

Étape 3 **Remplace les expansions rayées par d'autres pour que, dans ton texte, Edgar se trouve dans le Grand Nord.**

→ p. 223

4 Quelle journée pour Laure ! Lis sa mésaventure, tu vas ensuite la récrire.

Ce matin, Laure a cueilli des champignons. À l'heure du dîner, elle a mangé les trois plus appétissants. Quelques minutes plus tard, elle était très malade. Un médecin a donné un contrepoison à Laure. Dans la soirée, la demoiselle a repris ses activités.

Étape 1 **Récris le texte à quadruple interligne.**

Étape 2 **Mets entre crochets les GN-S et les Pron.-S du texte. Souligne les GV.**

Étape 3 **Raye les groupes qui restent.**

Étape 4 **Remplace les groupes rayés par d'autres pour que, dans ton texte, l'histoire dure quelques jours.**

5 Parmi les phrases suivantes, certaines ont été mal recopiées. Prends-en connaissance.

a) Mon groupe traverse un désert africain.

b) est chaude et aride.

c) Un scorpion pique.

d) La jambe de Roxana devient.

e) Le cherche de l'aide.

f) Un antidote sauve Roxana.

g) Nous pouvons.

Étape 1 **Lesquelles de ces phrases sont bien construites ? Pourquoi ?**

Étape 2 **Récris, en les corrigeant, les phrases qui ne sont pas construites correctement.**

1. La phrase de base et ses constituants

La **phrase de base** est un **modèle de phrase**, comme un point de départ pour construire des phrases transformées.

Pour **transformer** une **phrase de base**...

on **efface**,
ajoute,
remplace
ou **déplace**...

des mots ou des groupes de mots.

Toutes les transformations sont donc le résultat de **quatre manipulations simples**:

→ **l'effacement,**
→ **l'ajout,**
→ **le remplacement**
→ et **le déplacement.**

A Observe la phrase de base

Phrases de base (PdeB)	Phrases transformées (ce ne sont pas des PdeB)
Une équipe gonfle le ballon .	Une équipe ne le gonfle pas.
Le ballon décolle .	Est-ce que le ballon décolle ?
Frédéric est bon aérostier .	Comme il est bon aérostier !
Le ballon survole la campagne pendant une heure .	Pendant une heure, le ballon survole la campagne.
Frédéric allume le brûleur pour prendre de l'altitude .	C'est pour prendre de l'altitude que Frédéric allume le brûleur.

Décris la phrase de base.

- **Qu'est-ce que les phrases de base ci-dessus ont en commun ?**
- **Quelles sortes de groupes de mots reconnais-tu ?**
- **Qu'est-ce qui différencie les phrases de base des phrases transformées ?**

Le mot juste

On appelle **constituants** les trois groupes qui forment la **phrase de base**.

B Observe **les constituants obligatoires de la phrase de base**

Relis les phrases de base du point A à la page précédente.

Trouve les deux constituants obligatoires de chaque phrase de base.

- **Quelle manipulation as-tu utilisée pour prouver qu'ils sont obligatoires ?**
- **De quelles sortes de groupes s'agit-il ?**
- **Quelle est la fonction du 1er de ces deux groupes ?**

NOTE : Ces deux groupes obligatoires sont comme deux pieds qui permettent à la phrase de base de se tenir debout. Tu sais déjà que le 1er groupe est un groupe du nom qui occupe la **fonction sujet**. C'est le **GN-S**. Ce groupe indique généralement **de quoi on parle**. Cela t'explique pourquoi on appelle «sujet» la fonction de ce groupe.

Le **GV** indique généralement **ce qu'on dit à propos du sujet**. C'est ce qu'on appelle la **fonction prédicat**. Ce rôle est toujours rempli par un GV dans une phrase de base. Le GV n'a pas d'autres fonctions.

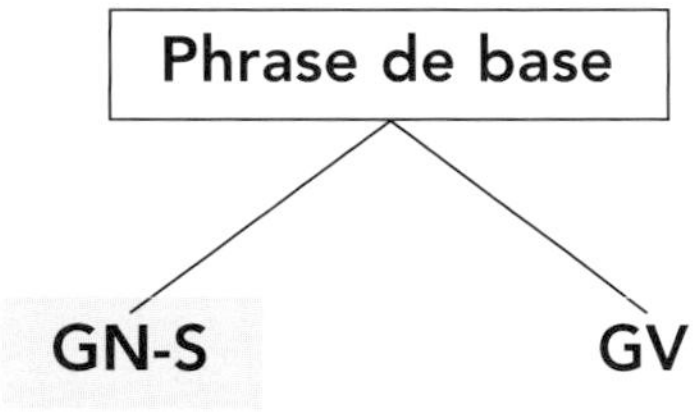

C Observe **le constituant facultatif de la phrase de base**

Relis encore les phrases de base du point A à la page précédente.

Prouve que le 3e constituant des phrases de base est déplaçable et facultatif (non obligatoire).

- **Quelles manipulations as-tu utilisées ?**

> **Le mot juste**
>
> Ce 3e constituant a la fonction de **complément de phrase**. On note ce groupe **G-CdeP**.

Explique comment construire une phrase de base.

D Observe des groupes compléments de phrase

Le ballon survole une rivière pendant quelques minutes. J'aperçois, au sol, le véhicule de poursuite. Afin d'amorcer la descente, Frédéric éteint le brûleur. Le ballon perd de l'altitude à cause de son refroidissement. Je prends des photos pour garder des souvenirs de cette journée. On parlera, à l'école, de ce tour de ballon. Une journaliste fait un reportage en raison de l'âge de Frédéric, l'aérostier. La semaine dernière, il a fêté ses 11 ans...

Repère les groupes compléments de phrase dans les phrases ci-dessus.

- **Comment as-tu procédé ?**

Trouve ce qu'indique un complément de phrase.

- **Lesquels précisent le temps où cela se passe ? le lieu ?**
- **Lesquels précisent la cause ? le but ?**

Explique la ponctuation des compléments de phrase.

- **Lesquels ne présentent aucune ponctuation particulière ?**
- **Où sont-ils situés par rapport aux autres constituants de la phrase ?**
- **Lesquels sont suivis d'une virgule ? Pourquoi ?**
- **Lesquels sont encadrés de virgules ? Pourquoi ?**

Explique tout ce que tu sais à propos des groupes compléments de phrase.

NOTE: Dans une **phrase de base**, les constituants sont toujours dans le même ordre.

	Phrase de base		
	en 1er	**en 2e**	**en 3e**
	constituant obligatoire	constituant obligatoire	constituant facultatif
sorte de groupe	GN	GV	un ou plusieurs autres groupes
fonction	sujet	prédicat	complément de phrase
exemple	Le ballon	survole une rivière	pendant quelques minutes .
symbole	GN-S	GV	G-CdeP

Pour résumer, une **phrase de base** se construit selon la formule suivante: **PdeB = GN-S + GV + (G-CdeP)**.

Les parenthèses indiquent que le groupe CdeP est facultatif.

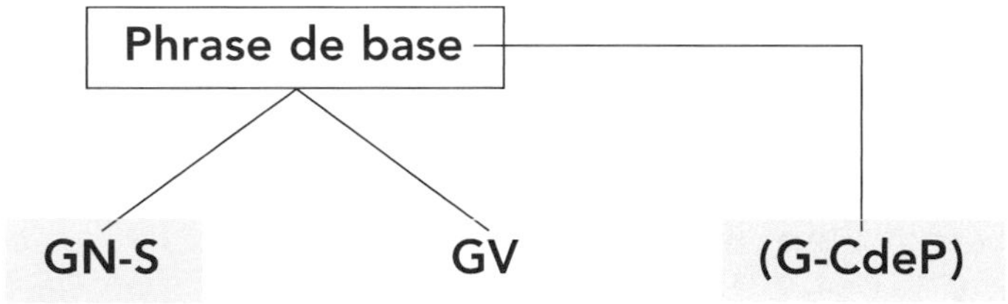

Dès qu'une phrase n'est pas construite sur ce modèle, il s'agit d'une phrase transformée. Toutefois, on peut décrire ses transformations à partir de la phrase de base.

Lorsque tu écris une phrase qui suit exactement ce modèle, il s'agit d'une phrase déclarative positive. Très souvent, tu écris aussi des phrases déclaratives qui ont été transformées par rapport à la phrase de base. Par exemple:

- des phrases dont le GN-S a été remplacé par un pronom;
- des phrases dont le G-CdeP a été déplacé.

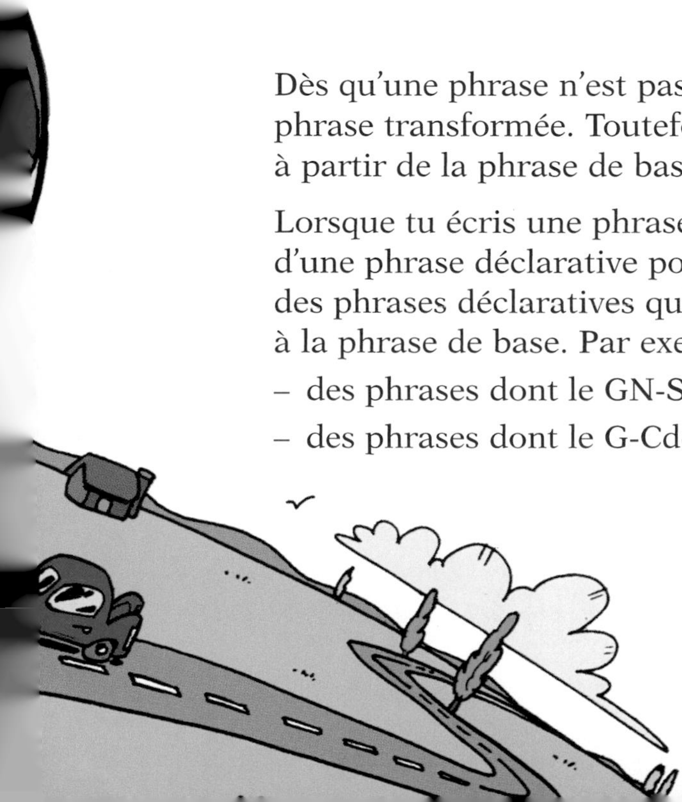

Exercices

→ p. 217

1 Lis les phrases ci-dessous.

a) Valérie et ses amies organisent un pique-nique.
b) Iront-elles au parc ?
c) Dans leur panier, elles ont des sandwichs, des biscuits et des jus de fruits.
d) Monica apporte une radio.
e) Vers midi, elles arrivent au bord de la rivière.
f) Les filles étendent une nappe rouge au pied d'un grand saule.
g) Le temps est beau et chaud.

Parmi ces phrases, lesquelles sont construites selon le modèle de la phrase de base ?

2 Lis les phrases ci-dessous pour en repérer les constituants.

a) Valérie et ses amies vont se baigner à cause de la chaleur.
b) Sous le grand saule, quelques fourmis atteignent le bord de la nappe rouge.
c) Elles détectent l'appétissant pique-nique.
d) Une fourmi traverse la nappe afin d'inspecter le festin.
e) Après une courte inspection, elle donne le signal.
f) Toutes les fourmis envahissent la nappe pour faire des provisions.
g) Deux fourmis escaladent la paille d'un jus de fruits.
h) Les autres grignotent les beaux biscuits.

Étape 1 **Classe les constituants de chaque phrase dans un tableau à trois colonnes : GN-S, GV, G-CdeP. De plus, précise ce qu'indique chaque CdeP (le temps, le lieu, la cause ou le but).**

Étape 2 **Récris les phrases qui ont trois constituants en remplaçant le G-CdeP par un autre qui donnera une indication différente.**

2. Les constructions du groupe du verbe

Tu sais déjà que le GV est formé au minimum d'un verbe et de ses compléments obligatoires. Il existe différentes constructions du GV selon la sorte d'expansion qui complète obligatoirement le verbe.

A Observe **trois constructions du GV**

Josée pédale. Depuis le départ, elle semble confiante. Elle a promis une médaille à son petit frère. Josée fixe le sentier afin de contourner les obstacles. Il est boueux. Jusqu'à maintenant, la jeune athlète fait une belle course. Elle pense à sa victoire… Mais un peu avant le fil d'arrivée, la malchance frappe. La roue avant du vélo de Josée heurte une racine. Josée crie. La chute est terrible. Tout devient noir.

Fais la liste des GV du texte.

Classe les GV en trois catégories.

- **Quelle caractéristique est commune aux GV d'une même catégorie ?**
- **Qu'est-ce qui distingue une catégorie de GV d'une autre ?**

Compare ton classement avec celui des autres équipes.

- **Quelles caractéristiques des GV ont mené à des classements différents ?**
- **Selon quelles caractéristiques les GV sont-ils classés dans ce livre à la page 218 ?**

Explique quelles sont les trois constructions d'un GV.

NOTE : Plusieurs classements peuvent être logiques, mais on se sert de la sorte d'expansion qui complète le verbe pour expliquer certaines règles d'accord.

B Observe la construction V + adjectif

Josée adore le vélo de montagne. Elle course depuis un an.
Elle est excellente. Son grand talent est remarquable. Son nouveau vélo améliore ses performances. Elles deviennent impressionnantes. Ses entraîneurs semblent compétents. Josée s'entraîne en Estrie. Quelques montagnes offrent des pistes exceptionnelles.

Repère les GV construits sur le modèle V + adjectif.

- **Dans quels GV l'adjectif est-il féminin ? masculin ? singulier ? pluriel ?**
- **Pourquoi ?**

Tu travailleras cette règle aussi au chapitre 10.

Explique comment s'accorde un adjectif dans cette sorte de GV.

> Le mot juste
>
> Dans un GV construit sur le modèle V + adjectif, l'**adjectif** a la fonction d'attribut. Lorsqu'il décrit le GN-S, l'adjectif s'accorde en genre et en nombre avec le sujet. On dit alors qu'il occupe la **fonction d'attribut du sujet**.

C Observe des verbes complétés par un attribut du sujet

La cycliste reste immobile. Son visage est enflé. Sa jambe droite semble fracturée. Le choc a fendu son casque protecteur. Quelqu'un demande du secours. Quelques minutes plus tard, on entend la sirène de l'ambulance. Les parents de Josée arrivent bouleversés sur les lieux de l'accident. Josée revient à elle. Le médecin rassure ses parents. Les ambulancières montent souriantes dans l'ambulance. Josée part confiante vers l'hôpital.

Repère tous les GV du texte.

Fais la liste des GV construits avec un adjectif attribut.

Remplace chaque verbe du texte par le verbe *être*.

- **Pour quels verbes ce remplacement est-il possible ?**
- **Que remarques-tu à propos de ces GV ?**

Efface les adjectifs attributs.

- **Quelles phrases deviennent mal construites ?**
- **Quelles phrases restent bien construites ?**

Classe les verbes qui se construisent avec un attribut du sujet dans un tableau en deux colonnes : les verbes avec attribut obligatoire et les verbes avec attribut possible, mais facultatif.

> **Le mot juste**
>
> Les **verbes** qui servent à construire un GV selon le modèle V + attribut s'appellent **verbes attributifs** parce qu'ils servent à attribuer une caractéristique au sujet de la phrase.

D Observe des attributs du sujet qui ne sont pas des adjectifs

Josée subira une opération. Dans la salle d'opération, les infirmières sont partout. Le médecin arrive. Il est souriant. Josée semble nerveuse. Dr Gagnon est un orthopédiste. (L'orthopédie est une spécialité médicale. Les orthopédistes soignent, entre autres, les os fracturés.) Josée écoute les explications du médecin. Elle a confiance en lui. Elle est une adolescente courageuse.

Repère les GV formés d'un verbe attributif dans les phrases ci-dessus. ➟ p. 219

Décris les expansions dans ces GV.

- **Quelles sortes de mots ou de groupes de mots peuvent aussi occuper la fonction d'attribut du sujet ?**

Explique tout ce que tu sais des GV construits avec un verbe attributif et un mot ou groupe de mots attribut du sujet.

E Observe l'abus des attributs

BLOC 1	BLOC 2
Yann est un infirmier et il est jeune. Il est doux et il est gentil. Il est l'infirmier qui s'occupe de Josée.	Hélène, une jeune infirmière douce et gentille, s'occupe de Josée.

Compare les blocs 1 et 2.

- **Lequel préfères-tu ? Pourquoi ?**
- **Fournissent-ils autant d'informations l'un que l'autre ?**
- **Lequel est le plus court ?**

Repère les GV construits avec un attribut du sujet dans le bloc 1.

- **Que sont devenus ces attributs dans le bloc 2 ?**

Explique comment condenser l'information en supprimant des attributs.

NOTE : Si, dans le premier jet d'un texte, tu as souvent utilisé la construction *être* + adjectif attribut du sujet, pense à des façons de rendre l'information plus dense en retravaillant ton texte.

Exercices

p. 218 et 219

1 Voici une liste de verbes.

bavarder	donner	livrer	savoir
danser	entendre	mentir	sembler
demander	faire	paraître	trembler
demeurer	frissonner	penser	voir
disparaître	japper	rire	vouloir

Étape 1 **Classe les verbes en trois colonnes selon la sorte de GV qu'ils peuvent former : V seul, V + attribut, V + autre(s) expansion(s).**

Étape 2 **Fais une phrase de base avec chaque verbe. Si un verbe peut être classé dans plus d'une colonne, fais des phrases qui le prouvent.**

2 Repère les verbes attributifs et vérifie l'accord des adjectifs attributs dans le texte qu'on te remettra.

3 Lis le court texte suivant. Tu devras l'améliorer.

Juliette est une actrice et elle est petite. Elle est talentueuse et elle est très drôle. Elle est l'actrice qui tient le rôle principal dans notre film.

Retravaille le texte : réduis le nombre d'attributs tout en gardant la même information.

3. Les compléments directs et indirects

Reconnaître le complément direct (ou CD) d'un verbe t'aidera à maîtriser la règle d'accord la plus compliquée du français !

→ chapitre 12

A Observe les compléments directs et indirects dans le GV

Aurélie lance son cerf-volant.
Il ressemble à un long serpent coloré.
Le cerf-volant profite de sa liberté.
Il touche le ciel. Bientôt, il atteint la lune.
Ouf ! Il échappe à une comète.

Décris les expansions des GV du texte ci-dessus.

- **Quelles différences ou ressemblances trouves-tu ?**

Classe les expansions en deux catégories selon les groupes de mots qui les constituent.

- **Qu'est-ce qui les distingue ?**
- **D'après toi, quelles expansions sont des compléments directs du verbe ?**
- **Lesquelles sont des compléments indirects du verbe ? Pourquoi ?**

B Observe une première différence entre compléments directs (CD) et indirects (CI)

BLOC 1 GV = V + CD	BLOC 2 GV = V + CI
1) Alexis admire les cerfs-volants d'Aurélie.	1) Aurélie téléphone à Alexis.
2) Aurélie prête son cerf-volant blanc.	2) Elle parle à ses parents.
3) Alexis remercie Aurélie.	3) Ils discutent de ce cerf-volant.

Applique la manipulation suivante à chaque GV du bloc 1 :

1. Mets le verbe à l'infinitif. — **Exemple :** admire les cerfs-volants. → admirer les cerfs-volants.
2. Remplace l'expansion par *quelqu'un* ou *quelque chose*. → admirer *quelque chose*.

- **Que constates-tu ?**

Applique exactement la même manipulation aux GV du bloc 2.

- **Que remarques-tu ?**
- **Quels mots de l'expansion dois-tu conserver dans la transformation pour que cela se dise bien ?**

Explique tout ce que tu sais des CD et des CI: la façon de les construire, la manière de les distinguer.

C Observe la pronominalisation des compléments du verbe

Alexis admire les cerfs-volants d'Aurélie.
→ Alexis les admire.

Décris la transformation de pronominalisation.

- **Quel groupe est remplacé par un pronom ?**
- **Quelle est sa fonction ?**
- **Où le pronom se place-t-il ?**

D Observe une deuxième différence entre compléments directs (CD) et indirects (CI)

Relis les phrases des blocs 1 et 2 du point **B**.

Prouve que les CD peuvent être pronominalisés par un de ces pronoms: *le*, *la* ou *les*.

Prouve que les CI ne peuvent pas être pronominalisés par *le*, *la* ou *les*.

- **Par quels pronoms peux-tu remplacer un CI ?**

Explique quelle est la deuxième façon de distinguer un CD d'un CI.

Récapitule

En équipe, faites une affiche qui montre toutes les constructions du GV et les caractéristiques des sortes d'expansions (la façon de les reconnaître). Donnez des exemples de verbes utilisés seuls, de verbes avec un attribut, de verbes avec CD, de verbes avec CI, de verbes avec CD et CI.

Exercices

➡ p. 218, 220 et 221

1 **Lis le texte suivant.**

Nous survolons le glacier. Nous descendons de l'hélicoptère. Nous chaussons nos skis. Valentin, notre guide, donne le signal. Nous dévalons la montagne. Tout à coup, je frémis. Martine a disparu ! J'annonce la mauvaise nouvelle à Valentin. Nous sommes inquiets. Quelques membres du groupe pleurent. Valentin téléphone aux patrouilleurs. Moi, je prie… Après 45 minutes, des patrouilleurs repèrent la skieuse. Elle semble consciente. Ils rescapent la jeune femme. Nous rentrons soulagés.

Classe les GV du texte selon leur construction dans un tableau comme le suivant :

V seul	V + attribut du sujet	V + complément(s)		
		V + CD	V + CI	V + CD + CI

2 **À l'aide de ta liste de mots, trouve des verbes avec les caractéristiques suivantes :**

- cinq verbes qui peuvent être suivis d'un CD (V + CD);
- trois verbes qui peuvent être suivis d'un CI (V + CI);
- un verbe qui peut être suivi d'un CD et d'un CI (V + CD + CI).

Fais une phrase avec chacun de ces verbes pour montrer ses caractéristiques.

3 **Écris un texte qui contient les verbes suivants :**

demander, dire, écrire, lire, oublier, penser, téléphoner

Vérifie les expansions des verbes dans ta liste de mots et laisse des traces de ton raisonnement.

lire *quelque chose* penser **à** *quelqu'un*

Exemples : Je <u>lis ton message</u> et je <u>pense à toi</u>.

4 **Prends connaissance du texte ci-dessous. Tu devras l'améliorer.**

Martine téléphone à ses parents et raconte sa mésaventure à ses parents. Elle rassure ses parents sur son état. Elle parle ensuite à sa petite sœur. Martine a du mal à calmer sa petite sœur. Elle promet à sa petite sœur de ne plus skier sur les glaciers. Finalement, Martine parle à son frère. Martine enverra une photo du glacier à son frère. Elle acheminera la photo du glacier par courriel.

Récris ce texte de manière à éviter les répétitions. Pour cela, remplace les compléments répétés par des pronoms. Écris CD **sous les pronoms qui remplacent un complément direct et** CI **sous les pronoms qui remplacent un complément indirect.**

5 **Lis le texte ci-dessous.**

1. Je rencontre David, un journaliste. 2. Je lui fais le résumé de l'aventure de Martine. 3. David l'écoute attentivement. 4. Ensuite, le journaliste pose mille et une questions. 5. Je les note sur une feuille.

Étape 1 **Quelles phrases contiennent un pronom qui a la fonction de CD ou de CI ?**

Étape 2 **Récris ces phrases de manière à obtenir des phrases de base. Pour cela, «dépronominalise» les CD et les CI.**

4. Les pronoms et leurs fonctions

Tu connais déjà bien les pronoms sujets et quelques pronoms compléments. En les classant selon la personne et la fonction, tu les retiendras mieux.

A Observe les pronoms de la 1re et de la 2e personne

Casimir rit de moi. Je me demande bien pourquoi.

Quand tu parles de toi, quels pronoms utilises-tu ?

Trouve tous les pronoms qui veulent dire : «la personne qui parle ou écrit».

Classe ces pronoms selon la fonction qu'ils occupent, dans un tableau comme celui-ci :

Pronom personnel	Fonction sujet	Fonction complément
1re pers. du s.		

Transforme le texte au pluriel.

- **Quels sont les pronoms de la 1re personne du pluriel ?**
- **Que constates-tu à propos de leur fonction ?**

Transforme le texte à la 2e personne du singulier, puis à la 2e personne du pluriel.

- **Quels sont les pronoms de la 2e personne du singulier ? du pluriel ?**

Complète ton tableau avec l'ensemble des pronoms de la 1re et de la 2e personne du singulier et du pluriel.

B Observe les pronoms de la 3e personne

À la bibliothèque, Casimir est pris d'un terrible fou rire. Il ne peut se contrôler. Cela est gênant. Dans son dos, Léonie et moi parlons de lui à voix basse. On le regarde de travers. Ça ne peut plus durer. Une dame lui demande d'arrêter. Elle est fâchée. Casimir se tourne vers elle et la regarde.

Trouve tous les pronoms de la 3e personne du singulier dans ce texte.

Transforme le texte au pluriel : *À la bibliothèque, Casimir et Julien...* et, plus loin : *Deux dames...*

- **Que devient chaque pronom ?**
- **Quels pronoms n'ont pas d'équivalent au pluriel ?**
- **Quel pronom sujet as-tu remplacé par *nous*, un pronom de la 1re personne du pluriel ?**

Complète ton tableau avec l'ensemble des pronoms de la 3e personne du singulier et du pluriel.

C Observe l'ensemble des pronoms

Relis ton tableau des pronoms des 1re, 2e et 3e personnes du singulier et du pluriel.

- **Lesquels sont semblables, peu importe leur fonction ?**
- **Lesquels sont semblables, peu importe leur genre ?**
- **Lesquels sont semblables, peu importe leur nombre ?**

NOTE : Des pronoms, il **en** existe beaucoup d'**autres**... **Certains** seront travaillés plus tard. Au secondaire, tu les maîtriseras **tous** !

P.-S. : Remarque les mots en gras dans cette note, ***ce*** *sont aussi des pronoms !*

D Observe la position des pronoms de la 3e personne dans la phrase

Casimir revient chez lui à vélo. C'est lui qui a la plus belle bicyclette du quartier ! Sur le chemin, il voit ses amis. Il veut jouer avec eux. Casimir descend de son vélo et leur lance son ballon. Tom le lui renvoie. C'est lui le meilleur au ballon chasseur ! Tout à coup, Casimir aperçoit Clara. Il ferait tout pour elle. Il lui cueille des marguerites. Il les lui donne en rougissant. Puis, la partie commence. Casimir lance le ballon. Clara le lui renvoie. Casimir fait un vol plané pour l'attraper tandis que sa casquette part au vent. Clara et Tom la saisissent juste avant qu'elle tombe dans l'étang. Ils reviennent vers Casimir. Ils la lui donnent. Casimir se la remet sur la tête. Pour les remercier, Casimir va chercher sa super bicyclette et la leur prête.

Repère les pronoms dans le texte ci-dessus.

- **Lesquels se trouvent obligatoirement devant le verbe, à sa gauche ?**
- **Lesquels peuvent se trouver à diverses positions dans la phrase ?**

Explique la position des pronoms lorsque plusieurs se trouvent l'un à côté de l'autre.

- **Où sont-ils situés par rapport au verbe ?**
- **Quelle est la fonction du 1er pronom ? du 2e ? du 3e ?**
- **Que se passe-t-il si tu changes cet ordre ?**

E Observe l'utilisation des pronoms de la 3e personne dans un texte

Lis le texte du point D.

Trouve à quels mots ou groupes de mots réfère chaque pronom.

- **Où se trouve le pronom par rapport aux mots auxquels il réfère ?**
- **Qu'arriverait-il au texte si tu effaçais un de ces mots ou groupes de mots ?**
- **Qu'arriverait-il à la phrase si tu effaçais un pronom ?**

Explique comment utiliser les pronoms de la 3e personne dans un texte.

Exercices

➟ p. 221 et 222

1 **Lis le texte suivant. Tu devras l'améliorer.**

Josh a lancé une invitation à Arlette pour participer à un concours bien spécial. Josh a lancé son invitation à Arlette parce que Josh pensait qu'Arlette serait intéressée par l'activité. Quand Josh a téléphoné à Arlette, Arlette a ri de Josh. La réaction d'Arlette a blessé Josh. Josh l'a dit à Arlette. Josh avait pris son courage à deux mains pour parler à Arlette. Tant pis ! Josh est allé tout seul à son concours de casse-tête !

Récris le texte en utilisant des pronoms de manière à éviter certaines répétitions.

2 **Avec le texte ci-dessous, fais l'inverse de l'exercice 1 : récris-le de manière à «dépronominaliser» les phrases.**

Josh parle à Magdeleine et à Arlette du prochain concours de casse-tête. Il leur propose de devenir ses coéquipières. Arlette rit encore de lui. Magdeleine accepte. Josh la remercie. Ils font plusieurs casse-tête le plus vite possible sans voir les images à reconstituer. Arlette les regarde en soupirant. Les casse-tête l'ennuient toujours autant !

3 **Trouve et corrige des erreurs de pronoms dans le texte qu'on te remettra.**

CHAPITRE

6 Les types et les formes de phrases

Tu sais déjà construire les quatre types de phrases: déclarative, interrogative, impérative et exclamative. Tu connais aussi les phrases à la forme positive ou négative. Tu vas approfondir tes connaissances sur les types et les formes de phrases. Mais avant de commencer...

Ravive ta mémoire

➠ p. 223A, 224A, 226A, 227A et 228A

1 Lis les phrases suivantes.

a) Que caches-tu dans ton sac ?
b) Comme tu es étrange !
c) Montre-moi ça !
d) Tu ne veux rien me dévoiler.
e) Dis-moi ton secret.
f) Vas-tu me montrer ta surprise ?
g) Ne pars pas tout de suite !
h) Je promets de garder le secret
i) Comme c'est beau
j) Où as-tu trouvé ces merveilles

Étape 1 **Parmi ces phrases, lesquelles sont déclaratives ? exclamatives ? interrogatives ? impératives ?**

Étape 2 **Quel signe de ponctuation conviendrait à la phrase h ? à la phrase i ? à la phrase j ?**

Étape 3 **Parmi ces phrases, lesquelles sont à la forme négative ?**

2 **Le texte ci-dessous est bien imparfait. Prends-en connaissance.**

zut une gomme collée sous ma semelle droite
ne riez pas ce n'est pas drôle à chaque pas je fais
des longs fils de gomme bleue comme c'est gênant
je sens que tout le monde me regarde c'est la
première fois que je porte mes nouveaux souliers
de course quand je les ai achetés je me sentais
comme le roi de la terre maintenant je suis plutôt
le roi du ridicule pourquoi ces choses-là
n'arrivent-elles qu'à moi

Recopie-le en y ajoutant toute la ponctuation qui manque.

➟ p. 224 et 225

3 **Prépare un sondage pour connaître les habitudes sportives de tes camarades.**

- **Compose trois questions «en oui-non». Utilise les trois façons de construire ce type de question.**
- **Compose trois questions ouvertes avec des mots interrogatifs variés.**

4 **Odile a préparé un sondage pour savoir comment ses camarades utilisent l'ordinateur. Elle a écrit ses questions comme si elle les posait à des amis et amies dans la cour d'école.**

a) Tu as un ordinateur à la maison?
b) Combien de temps passes-tu à l'ordinateur chaque jour?
c) Tu envoies-tu des courriels?
d) Comment que tu trouves de l'information à l'ordinateur?
e) Quel est ton jeu préféré?
f) C'est quoi que t'aimes le plus sur Internet?

Parmi ces phrases, lesquelles ne sont pas construites selon un des modèles de l'écrit présentés aux pages 224 et 225? Récris-les pour les rendre conformes à ces modèles.

➡ p. 226

5 **Observe les trois images ci-dessous.**

a) Que dira l'entraîneur à ce joueur?

b) Que dit la demoiselle en ouvrant sa lettre?

c) Que dit la dame en voyant cette automobile?

Pour chacune de ces images:

- **invente une phrase exclamative;**
- **ajoute une expression suivie d'un point d'exclamation pour marquer l'émotion.**

→ p. 227

6 Une mère écrit le message suivant à son fils de 15 ans parce qu'elle doit rentrer tard :

Mathis, mon bel ange, pourrais-tu sortir les ordures ? J'aimerais aussi que tu prépares le souper. Ensuite, tu feras la vaisselle. Vers 21 heures, il faudrait que tu montes dans ta chambre. Avant de dormir, tu prépareras tes vêtements pour demain.

Imagine qu'un capitaine exige la même chose de ses soldats. Dresse la liste des ordres qu'il leur donne, utilise des phrases impératives.

→ p. 228

7 Jacob a deux ans. Il veut jouer dans une flaque d'eau, mais sa gardienne n'est pas d'accord…

Jacob, je ne veux plus que tu joues dans l'eau. Tu vas salir tes beaux pantalons neufs. Maman sera pas contente. Tu écoutes personne, Jacob ! Reviens ici ! Tu dois pas aller dans la rue. Oh ! Regarde, le beau chat dans la cour ! Tu peux aller le flatter. Il y a aucun danger. Doucement ! On tire jamais la queue des chats ! C'est pas gentil. Il a rien fait pour mériter ça, le chat.

Récris ce texte pour rendre toutes ses phrases négatives conformes au modèle de l'écrit présenté à la section A de la page 228.

A Observe pourquoi on distingue types et formes de phrases

BLOC 1	BLOC 2
Tu patines vite.	Tu ne patines pas vite.
Pourquoi est-ce que tu patines vite ?	Pourquoi est-ce que tu ne patines pas vite ?
Patine vite.	Ne patine pas vite.
Comme tu patines vite !	Comme tu ne patines pas vite !

Identifie le type de chaque phrase des blocs 1 et 2 : déclaratif, interrogatif, impératif ou exclamatif.

Essaie de construire une phrase qui soit à la fois :
- déclarative et interrogative;
- interrogative et impérative.

- **Que constates-tu ?**

Repère les phrases à la forme négative.
- **Est-ce que la structure d'une phrase peut être à la fois :**
  - déclarative et négative ?
  - interrogative et positive ?
  - interrogative et négative ?
  - impérative et négative ?

Justifie tes réponses en donnant des exemples.

Explique ce que tu sais des types et des formes de phrases.
- **Pourquoi distingue-t-on types et formes de phrases ?**
- **Comment les types et les formes se combinent-ils ?**

Au point **E**, tu verras une autre forme de phrase.

B Observe les pronoms dans les phrases impératives

Phrases déclaratives	Phrases impératives	
Tu regardes le gardien de but.	Regarde-le.	Ne le regarde pas.
Tu te retournes.	Retourne-toi.	Ne te retourne pas.
Tu écoutes tes coéquipières.	Écoute-les.	Ne les écoute pas.
Tu parles à ton entraîneuse.	Parle-lui.	Ne lui parle pas.
Tu me donnes la chance de marquer.	Donne-la-moi.	Ne me la donne pas.
Tu prêtes tes jambières à Hugues.	Prête-les-lui.	Ne les lui prête pas.
Tu remets la rondelle à tes parents.	Remets-la-leur.	Ne la leur remets pas.

Explique la position des pronoms compléments dans les phrases impératives.

- **Dans quelles phrases les pronoms sont-ils après le verbe, à sa droite ?**
- **Qu'est-ce que ces phrases ont en commun ?**
- **Dans quelles phrases les pronoms sont-ils devant le verbe, à sa gauche ?**
- **Qu'est-ce que ces phrases ont en commun ?**
- **Quand dois-tu ajouter un trait d'union ?**

Pour t'aider, regarde la personne des pronoms, leur fonction et la présence ou non des mots de négation.

Décris l'ordre des pronoms lorsque la phrase impérative en contient deux.

- **L'ordre est-il le même si la phrase impérative est positive ou si elle est négative ?**
- **Quels pronoms viennent en premier ? en deuxième ?**
- **Que deviennent les pronoms *moi* ou *toi* quand la phrase est négative ?**

Compare ces structures de l'écrit avec ta façon de parler.

- **De quelle façon dirais-tu ces mêmes phrases si tu parlais à tes amis ?**
- **Écris ces phrases de l'oral comme tu les prononces.**
- **Quelles différences observes-tu entre les structures impératives de la langue orale et celles de la langue écrite ?**
- **Comment passe-t-on des structures de l'oral à celles de l'écrit ?**

Explique toutes les règles concernant les pronoms dans les phrases impératives.

C Observe de nouvelles phrases négatives

Tu connais déjà une 1re façon de construire des phrases négatives, avec ne ... pas, ne ... jamais → p. 228. En voici une 2e.

Jamais de ma vie je n'ai perdu un match aussi lamentablement. Rien au monde ne pourra chasser ma déception. Personne ne jouait avec enthousiasme. Aucun but n'a été marqué. Aucune rondelle n'a même effleuré le gant du gardien.

Décris ces phrases à la forme négative.

- **Quels mots forment la négation ?**
- **Quelle est leur position par rapport au verbe ?**
- **Quelle différence y a-t-il entre ces phrases et les phrases négatives déjà vues ?** → p. 228

Explique quelle est cette deuxième façon de construire des phrases négatives.

D Observe une expression pas négative même si elle en a l'air...

BLOC 1	BLOC 2
Je ne vois qu'un arbitre.	Je ne vois pas un arbitre.
Tu n'assistes qu'à la première période.	Tu n'assistes pas à la première période.
Les journalistes n'interviewent que les entraîneurs.	Les journalistes n'interviewent pas les entraîneurs.

Décris les différences de sens entre les phrases des blocs 1 et 2.

- **Dans quel bloc les phrases ont-elles un sens négatif ?**
- **Quel sens retrouve-t-on dans les phrases de l'autre bloc ? Quels mots donnent ce sens ?**

Explique ce que tu sais de cette expression pas négative du tout.

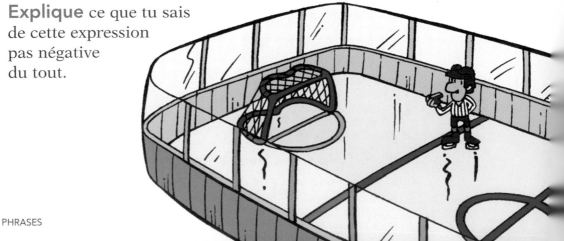

E Observe une autre forme de phrase : l'emphase

PdeB	Phrases à la forme emphatique
Tu as gagné la médaille de bronze en Italie.	C'est toi qui as gagné la médaille de bronze en Italie.
	C'est la médaille de bronze que tu as gagnée en Italie.
	C'est en Italie que tu as gagné la médaille de bronze.
	Ce n'est pas en Italie que tu as gagné la médaille de bronze.
J'annoncerai cette bonne nouvelle à mes parents ce soir.	C'est moi qui annoncerai cette bonne nouvelle à mes parents ce soir.
	Ce n'est pas moi qui annoncerai cette bonne nouvelle à mes parents ce soir.
	C'est à mes parents que j'annoncerai cette bonne nouvelle ce soir.
	C'est ce soir que j'annoncerai cette bonne nouvelle à mes parents.
Ils seront fiers.	C'est eux qui seront fiers.
L'entraîneuse est ravie.	C'est l'entraîneuse qui est ravie.

Cherche le mot *emphase* dans le dictionnaire.

- **Pourquoi a-t-on nommé ainsi cette forme de phrase ?**

Décris la transformation d'emphase à partir des exemples ci-dessus.

- **Quels mots sont ajoutés ? Où sont-ils placés ?**
- **Quels mots sont déplacés ?**
- **Quand utilise-t-on *qui* au lieu de *que* ?**
- **Que deviennent les pronoms sujets quand on les met en emphase ?**

Explique comment construire une phrase à la forme emphatique.

NOTE : Les structures d'emphase permettent d'insister sur un élément de la phrase. Parfois, dans un texte, cette structure fait en sorte que les phrases s'enchaînent mieux.

Exemple : Je vous présente Loïc. C'est lui que la compagnie commandite.

(Sans la structure d'emphase, les phrases s'enchaîneraient mal : «Je vous présente Loïc. La compagnie commandite Loïc.»)

Exercices

→ p. 227 à 230

1 **Lis les ensembles de phrases ci-dessous. Tu devras les transformer.**

a) Lance la balle. Lance la balle à ta chienne. Lance la balle à tes chiens.

b) Prête tes patins. Prête tes patins à ton cousin.

c) Donne ce livre. Donne ce livre à Clara. Donne ce livre à Émile. Donne ce livre à Émile et à Clara.

Étape 1 **Récris chaque phrase en pronominalisant la ou les expansions du verbe.**

Étape 2 **Transforme en négative chacune de tes nouvelles phrases.**

2 **Christophe comprend tout le contraire de ce que ses parents lui disent... Voici donc le message qu'ils lui ont laissé avant de partir:**

Cher Christophe,

Pendant notre absence, sois malcommode. Néglige tout: tes devoirs, les ordures à sortir, le ménage de ta chambre... Tout doit être oublié. Ne mange que des sucreries. Tous tes amis peuvent venir te visiter. Couche-toi trop tard. Dérange quelqu'un avec ta musique trop forte. Laisse les portes déverrouillées. Tout le monde pourra entrer.

Bonne soirée!
Papa et maman

Pour savoir ce que Christophe comprendra, récris le texte en transformant toutes les phrases à la forme négative. Pour cela, utilise les mots de négation suivants:

aucun ... ne	ne ... personne	personne ne
ne ... jamais	ne ... rien	rien ne
ne ... pas (3 fois)		

3 **Jade raconte sa mésaventure à sa meilleure amie.**

Nous jouions au ballon chasseur. Mon équipe gagnait. Victor m'a poussée pour ne pas que j'attrape le ballon. J'ai trébuché à ce moment-là. J'avais le genou en compote. Victor m'a accompagnée jusqu'au bureau de l'infirmière. Il a raconté l'incident. Il m'a poussée pour me protéger du ballon. J'ai souri à Victor pour la première fois quand j'ai entendu cela.

Récris ce texte en mettant de l'emphase dans certaines phrases afin que le tout s'enchaîne mieux.

➡ p. 224 à 230

4 **Récris les phrases suivantes en leur ajoutant, une à une, les transformations demandées.**

Exemple : Vous goûtez aux grillons frits.

(La transformer en phrase impérative et négative.)

⇨ Transformation impérative : Goûtez aux grillons frits.

⇨ + transformation négative : *Ne* goûtez *pas* aux grillons frits.

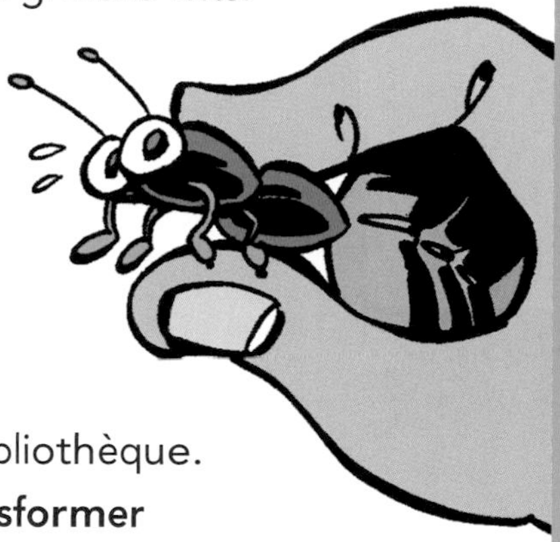

a) Philippe ira à l'Insectarium.

(La transformer en phrase négative et mettre l'emphase sur le CI.)

b) Tu accompagnes Philippe.

(La transformer en phrase impérative et négative. Pronominaliser le CD.)

c) Tu as trouvé ce livre sur les tarentules à la bibliothèque.

(Mettre l'emphase sur le G-CdeP et la transformer en phrase interrogative.)

d) Philippe a raison.

(La transformer en phrase interrogative et mettre l'emphase sur le sujet.)

e) La journée passe vite.

(La transformer en phrase exclamative et négative.)

5 **Lis les phrases transformées suivantes.**

a) Est-ce que c'est une veuve noire que je vois ?

b) Que c'est une belle toile qu'elle a tissée !

c) Ne la détruis pas.

Enlève une à une les transformations de manière à retrouver la phrase de base.

Exemple : Est-ce que c'est toi qui collectionnes les veuves noires ?

⇨ Moins la transformation interrogative :
C'est toi qui collectionnes les veuves noires.

⇨ Moins la mise en emphase du sujet :
Tu collectionnes les veuves noires.

CHAPITRE

7 Les marqueurs de relation

Dans un texte, les relations entre les phrases sont souvent exprimées par un marqueur de relation. En apprenant à bien construire les phrases avec divers marqueurs, tu pourras mieux exprimer ta pensée, la nuancer. Mais avant de commencer…

Ravive ta mémoire

➡ p. 231

1 Le texte ci-dessous comporte des phrases illogiques ! Prends-en connaissance pour l'améliorer.

Angélique rêvait d'un animal de compagnie, mais ses parents le lui refusaient. Elle a donc imaginé un plan pendant qu'ils changent d'idée. Et ils la bordaient le soir, elle les suppliait d'adopter une tarentule ! Car, elle a demandé un boa. Ses parents refusaient mais ils avaient horreur de ces bestioles. Un jour, depuis qu'elle était au zoo avec sa famille, elle n'a cessé de réclamer un couple de rats… «Non, non et non ! lui a dit son père, agacé. Tu ne voudrais pas un chien ou un chat comme tout le monde ?» Angélique a sauté sur l'occasion : «Un chien ? Parfait !»

Recopie les phrases illogiques. Raye les marqueurs de relation qui n'ont pas de sens. Pour que le texte retrouve sa logique, remplace-les par ceux de la liste suivante :

parce que
pendant que
pour que
ensuite
quand

p. 236

2 **Dans le texte ci-dessous, il y a quelques énumérations. Lis-le attentivement.**

Angélique n'a rien d'un ange ! Chaque jour, elle fait choquer ses amis, parents et professeurs. Ce matin, elle a oublié de se coiffer, prendre sa boîte à lunch et sortir son chien. Mais elle a un don : elle communique avec les animaux. Les chiens, chats et oiseaux du quartier la suivent partout où elle va. Elle donne à chacun de la nourriture, de l'attention et de l'affection.

Repère les énumérations mal construites, puis recopie-les en les corrigeant.

3 **Écris un court texte dans lequel tu présentes un héros ou une héroïne que tu inventes. Ton texte doit contenir les énumérations suivantes :**

- les trois objets magiques qui donnent de la force à ton personnage ;
- les trois créatures que ton personnage doit affronter ;
- le nom des quatre pays que ton personnage visite au cours de ses aventures.

4 **Recopie le texte qui suit en corrigeant au besoin la ponctuation et la structure des phrases. Tu peux aussi ajouter des marqueurs de relation ou en déplacer.**

Angélique va au ruisseau. Quand elle est en congé. Là-bas, elle s'assoit sur la grosse pierre. Où son chien, couleuvres et les marmottes viennent jouer avec elle. depuis qu'elle a son chien c'est comme ça. un jour, un ourson est venu les rejoindre. Il pleurait. Parce qu'il avait peur faim et froid. Elle lui a donné des bleuets, la confiture et du miel. Angélique l'aurait adopté. Elle ne pouvait pas le faire. Elle l'a réchauffé. Elle l'a aidé à retrouver sa maman.

A Observe des marqueurs de relation qui indiquent une séquence

1. Je m'appelle Nadine, j'ai 16 ans. Me faire plaisir est vraiment facile. **D'abord**, laissez-moi dormir tard, **puis** servez-moi le petit déjeuner au lit. **Ensuite**, reconduisez-moi au centre commercial avec mes amies **et** donnez-moi un peu d'argent de poche. **Finalement**, accordez-moi la permission de rentrer un petit peu plus tard que d'habitude.

---

2. Je pense qu'on ne devrait jamais demander aux enfants de faire le ménage de leur chambre. **Premièrement**, nous sommes trop occupés pour cela. **Deuxièmement**, le ménage est toujours à recommencer. **Troisièmement**, si nous fermons la porte de notre chambre, plus personne ne verra le désastre.

---

3. Faire plaisir à mes parents est assez simple. Je leur verse **d'abord** un jus de fruits, **puis** je leur sers un bon café chaud. Je vais **ensuite** leur chercher le journal. Je leur promets **finalement** que je ferai bientôt le ménage de ma chambre…

Trouve le sens des marqueurs de relation en gras.

- **Dans quels textes les marqueurs indiquent-ils un déroulement dans le temps ?**
- **Dans quel texte les marqueurs indiquent-ils un ordre logique ?**
- **Explique pourquoi les marqueurs de ce texte sont sans rapport avec un déroulement dans le temps.**

Décris l'utilisation de chaque marqueur de relation.

- **Quelle est sa position dans la phrase ?**
- **Essaie de le déplacer au début, au milieu, à la fin de la phrase. Quel est le résultat ?**
- **Essaie de le remplacer par d'autres marqueurs de séquence. Quel est le résultat ?**

Décris la ponctuation autour des marqueurs de relation.

- **Lesquels sont suivis d'une virgule ? Pourquoi ?**

Explique comment utiliser les marqueurs de relation qui indiquent une séquence.

B Observe des marqueurs de relation qui indiquent le temps

> De nombreuses expressions peuvent préciser le temps dans un texte. Par exemple : hier, le lendemain matin, l'an dernier, trois jours plus tard… En voici d'autres au fonctionnement un peu plus complexe.

Histoire à ne pas prendre au sérieux…

Avant que je fasse la rencontre de mes nouveaux voisins, je menais une vie tranquille. **Depuis qu'**ils sont arrivés, il se passe des choses vraiment étonnantes dans le quartier. **Dès que** j'ai remarqué ces étrangetés, j'en ai parlé à mes parents. Évidemment, ils ont ri de moi. Tenez, **avant d'**aller dormir hier, j'ai vu des lueurs au-dessus de la maison des voisins. **Soudain**, j'ai entendu un grand bruit qui venait du fond de leur cour. **Lorsque** j'ai regardé leur maison par la fenêtre, j'ai ressenti un froid intense. Ce matin, **pendant que** je déjeunais, un ovni survolait le quartier **tandis qu'**un autre s'est posé sur la maison des voisins. **Après qu'**il a décollé, une épaisse fumée verte a enveloppé le quartier. **Quand** je suis passée à côté de la maison, j'ai senti des odeurs terribles. Les voisins m'ont vue. **Aussitôt**, ils se sont transformés en plantes carnivores !
Tout à coup, ils ont disparu sans laisser de trace…
C'est décidé : je déménage !

Trouve le sens des marqueurs de relation en gras.

- Lesquels indiquent que deux évènements se passent en même temps ?
- Lesquels indiquent que deux évènements se passent l'un après l'autre ?
- Lesquels indiquent qu'un évènement se passe subitement ?

Décris l'utilisation de chaque marqueur de relation.

- Quelle est sa position dans la phrase ?
- Essaie de déplacer le marqueur de relation dans la phrase. Quel est le résultat ?
- Essaie de le remplacer par d'autres marqueurs de temps. Quel est le résultat ?
- Quel marqueur est suivi d'un verbe à l'infinitif ?
- Quel marqueur est suivi d'un verbe au mode subjonctif ?

Décris la ponctuation autour des marqueurs de relation.

- Lesquels relient deux phrases de base dans une seule phrase ponctuée (c'est-à-dire une seule majuscule, un seul point mais deux phrases de base) ?
- Lesquels sont suivis d'une virgule ? Pourquoi ?

Explique comment utiliser les marqueurs de relation qui indiquent le temps.

C Observe des marqueurs de relation qui indiquent la cause, la conséquence, le but

1. Samuel a ri **parce que** Corinne a raconté des blagues.
2. Corinne a raconté **tellement** de blagues **que** Samuel a ri.
3. **Pour que** Samuel rie, Corinne a raconté des blagues.

---

4. Il a plu, **car** j'ai fait la danse de la pluie.
5. J'ai fait la danse de la pluie, **donc** il a plu.
6. J'ai fait la danse de la pluie **afin qu'**il pleuve.

---

7. **Puisque** j'ai pris l'autobus, je suis arrivée à l'heure.
8. J'ai pris l'autobus, je suis **donc** arrivée à l'heure.
9. J'ai pris l'autobus **afin d'**arriver à l'heure.

---

10. **Comme** Liane a bien chanté, elle a charmé l'auditoire.
11. Liane a **si bien** chanté **qu'**elle a charmé l'auditoire.
12. Liane a chanté **pour** charmer l'auditoire.

Trouve le sens des marqueurs de relation en gras.

- **Lesquels introduisent la cause de quelque chose ?**
- **Lesquels introduisent la conséquence, ou l'effet produit par quelque chose ?**
- **Lesquels introduisent un but, un effet souhaité ?**

Décris l'utilisation de chaque marqueur de relation.

- **Quelle est sa position dans la phrase ?**
- **Essaie de déplacer le marqueur dans la phrase. Quel est le résultat ?**
- **Essaie de le remplacer par d'autres marqueurs de cause, de conséquence ou de but. Quel est le résultat ?**
- **Quels marqueurs sont suivis d'un verbe à l'infinitif ?**
- **Quels marqueurs sont suivis d'un verbe au mode subjonctif ?**

Décris la ponctuation autour des marqueurs de relation.

- **Combien de phrases de base trouves-tu dans une seule phrase ponctuée (c'est-à-dire qui commence par une majuscule et se termine par un point) ?**
- **Quelles phrases contiennent une virgule ? Pourquoi ?**

Explique comment utiliser les marqueurs de relation qui indiquent une cause, une conséquence, un but.

D **Observe des marqueurs de relation qui indiquent une restriction, une opposition**

J'ai construit un joli bateau, **mais** je suis déçu.

Mon voilier a coulé **même si** j'ai bien suivi les directives d'assemblage.

Je devrais être découragé. **Pourtant**, je décide de recommencer.

Bien que je sois habile de mes mains, j'ai besoin d'aide.

Je construis mon deuxième bateau **alors que** je devrais faire mes devoirs.

Je trouve ce bateau difficile à construire. **Cependant**, je n'abandonne pas.

Mon deuxième bateau est terminé. J'hésite **toutefois** à mettre ce chef-d'œuvre à l'eau.

Malgré mon inquiétude, je dépose mon deuxième voilier sur l'étang.

Trouve le sens des marqueurs de relation en gras.

- **Dans chaque phrase, explique en quoi un fait s'oppose à l'autre ou en diminue l'importance.**

Décris l'utilisation de chaque marqueur de relation.

- **Quelle est sa position dans la phrase ?**
- **Essaie de déplacer le marqueur dans la phrase. Quel est le résultat ?**
- **Essaie de le remplacer par d'autres marqueurs de restriction ou d'opposition. Quel est le résultat ?**
- **Quel marqueur est suivi d'un verbe au mode subjonctif ?**
- **Quel marqueur est suivi d'un groupe du nom ?**

Décris la ponctuation autour des marqueurs de relation.

- **Lesquels relient deux phrases de base dans une seule phrase ponctuée (c'est-à-dire une seule majuscule, un seul point mais deux phrases de base) ?**
- **Lesquels marquent une relation par rapport à une autre phrase ponctuée ?**
- **Quelles phrases contiennent une virgule ? Pourquoi ?**

Explique comment utiliser les marqueurs de relation qui indiquent une restriction ou une opposition.

E Observe des marqueurs de relation qui indiquent une comparaison

Félicie nage **comme** un poisson.

Elle aime la natation **autant que** l'escalade.

La natation est **plus** sécuritaire **que** l'escalade.

Félicie est **aussi** heureuse dans l'eau **que** sur une paroi rocheuse.

La natation coûte **moins** cher **que** l'escalade.

Les parents de Félicie aiment **mieux** la natation **que** l'escalade.

Félicie est **meilleure** en natation **qu'**en escalade.

Elle est **pire** au ballon-panier **qu'**en escalade.

Félicie est **meilleure que** Roxanne en natation,
mais elle est **pire que** tous ses amis au ballon-panier.

Trouve le sens des marqueurs de relation en gras.

- **Lesquels indiquent que les deux choses comparées sont pareilles ?**
- **Lesquels indiquent que les deux choses comparées sont différentes ?**

Décris l'utilisation de chaque marqueur de relation.

- **Quelle est sa position dans la phrase ?**
- **Essaie de le déplacer dans la phrase. Quel est le résultat ?**
- **Essaie de le remplacer par d'autres marqueurs de comparaison. Quel est le résultat ?**
- **Que peux-tu dire de la ponctuation ?**

Explique comment utiliser les marqueurs de relation qui indiquent une comparaison.

F **Observe des marqueurs de relation qui indiquent une condition, une hypothèse**

Si tu m'invitais à la danse, j'irais. Je danserais **à condition que** tu me montres comment. Je deviendrais bonne **à condition de** m'exercer. Mes parents m'accorderaient la permission d'y aller **en autant que** je promette de rentrer à une heure raisonnable.

Décris en quoi les marqueurs de relation en gras indiquent une condition ou une hypothèse.

Décris l'utilisation de chaque marqueur de relation.

- **Quelle est sa position dans la phrase ?**
- **Essaie de déplacer le marqueur dans la phrase. Quel est le résultat ?**
- **Essaie de le remplacer par d'autres marqueurs de condition. Quel est le résultat ?**
- **Que peux-tu dire des temps et des modes des verbes qui suivent les marqueurs ?**
- **Que peux-tu dire de la ponctuation ?**

Explique comment utiliser les marqueurs de relation qui indiquent une condition ou une hypothèse.

Exercices

➡ p. 232 à 235

1 Lis le texte suivant. Il lui manque des marqueurs de relation qui indiquent le temps.

(1) elle se couche, Marilou appelle Pépin, son vieux chat noir. Ce soir-là, Pépin ne répond pas à l'appel. Inquiète, Marilou part à sa recherche dans la cour. (2) elle inspecte le fond de la cour, Marilou aperçoit une mouffette ! (3) elle la voit, Marilou recule tranquillement pour ne pas l'effrayer. (4) elle recule, elle écrase la queue du chien venu la retrouver. Il hurle. La mouffette panique. (5), pfffuittt ! Marilou et Pitou échappent de justesse au jet de la bête… Marilou entre pour attraper la laisse du chien. Au moment de décrocher la laisse, elle découvre Pépin bien enroulé sur ses pantoufles…

Complète le texte que tu viens de lire. Trouve un marqueur différent pour chaque «trou» numéroté.

2 Imagine que tu corresponds avec une personne qui vit en Asie ou en Afrique. Dans ta lettre, décris-lui les grandes lignes d'une de tes journées de semaine.

- Utilise au moins quatre marqueurs de relation différents qui indiquent le temps ou la séquence. Souligne-les.
- Si nécessaire, utilise aussi d'autres sortes de marqueurs.

3 Récris les débuts de phrases donnés ci-dessous. Ajoute, à chacun d'eux, la précision demandée entre parenthèses.

a) Diego a oublié son sac d'écolier à la maison (Quelle est la conséquence de cela ?).

b) Il a téléphoné à ses parents (Dans quel but ?).

c) Son père est furieux (Quelle est la cause de cela ?).

4 **Tu écris une lettre pour inviter le maire de la municipalité à juger l'Expo-Science de l'école. Assure-toi que ta lettre sera convaincante !**

- Utilise au moins trois marqueurs de relation : un qui indique la cause, un qui indique la conséquence et un autre, le but. Souligne-les en écrivant dessous la relation qu'ils marquent.
- Si nécessaire, utilise aussi d'autres sortes de marqueurs.

5 **Récris les débuts de phrases donnés ci-dessous. Ajoute, à chacun d'eux, la précision demandée entre parenthèses.**

a) Katrina voyagerait (À quelle condition ?).

b) Katrina désire prendre l'avion (À quoi ce désir s'oppose-t-il ?).

c) Katrina n'aime pas l'autobus (Par quoi cela est-il nuancé ?).

6 **Faut-il couper les récréations pour éviter la violence dans la cour d'école ? Afin de faire connaître ton opinion, écris une lettre pour le journal de l'école.**

- Ton texte présentera trois arguments qui seront introduits au moyen de marqueurs de relation indiquant la séquence. Souligne-les en bleu.
- De plus, ton texte devra contenir deux marqueurs de relation différents indiquant la restriction ou l'opposition. Souligne-les en rouge.
- Si nécessaire, tu peux utiliser d'autres marqueurs de relation.

7 **Compare entre eux les éléments de chacun des blocs suivants. Trouve-leur deux différences.**

Bloc a) Les biscuits et les fruits

Bloc b) Le printemps et l'automne

Bloc c) Sylvie et Jérôme, deux joueurs de guitare

- Exprime les différences que tu as trouvées au moyen de phrases qui contiennent un marqueur de relation indiquant la comparaison.
- Dans tout l'exercice, tu dois utiliser au moins quatre marqueurs différents.

8 **Refais l'exercice du numéro 7 en exprimant cette fois une ressemblance entre les éléments de chaque bloc.**

9 **Tu reçois un courriel de ton amie Charline. Elle veut offrir un chien à sa grand-maman. Elle se demande si elle doit en choisir un petit ou un gros. Qu'est-ce que tu lui conseilles ?**

- Dans ton texte, donne trois arguments pour justifier ton choix. Sépare tes arguments au moyen de marqueurs de relation indiquant la séquence. Souligne ces marqueurs en bleu.
- De plus, ton texte devra contenir trois marqueurs de relation différents indiquant la comparaison. Souligne-les en rouge.
- Si nécessaire, utilise aussi d'autres marqueurs de relation.

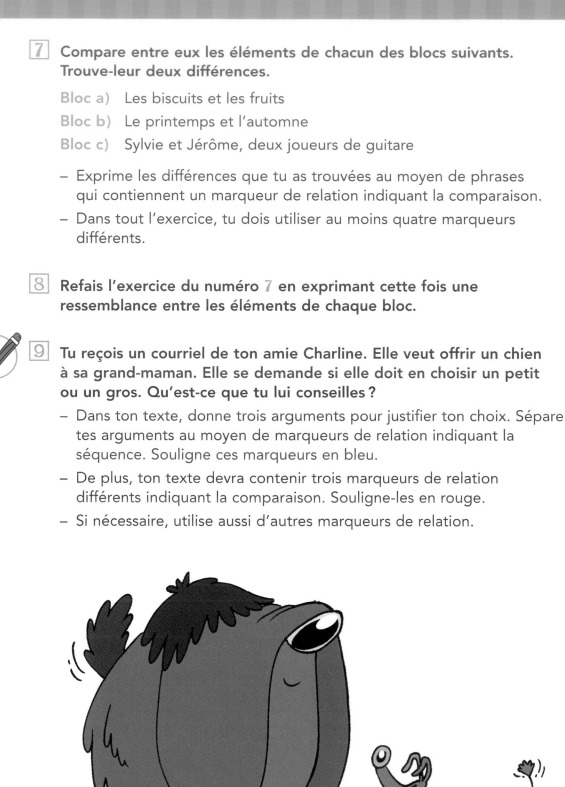

10 Les animaux parlent-ils ? Lis l'opinion de Rachel à ce sujet.

Moi, je pense que les animaux parlent. Mais, les animaux ont leur propre façon de parler. Mais elle est différente de la nôtre. (Bien que le perroquet peut répéter nos mots, il ne les comprend pas vraiment.) Mais mon chien comprend les ordres que je lui donne. Il vient quand je l'appelle, il donne la patte, il rapporte la balle, etc. Mais, je me demande bien à quoi serviraient les bruits des animaux si ce ne serait pas pour parler ! Finalement, les animaux parlent pour communiquer entre eux. Si les animaux ne parleraient pas, ils ne pourraient pas élever leurs petits.

Améliore le texte de Rachel :

- remplace quelques *mais* par autre chose;
- corrige les trois temps de verbe qui doivent l'être.

11 Lis l'histoire ci-dessous.

Babouche traverse la rue et puis une voiture surgit et puis elle frappe le chien et puis son maître l'amène chez le vétérinaire et puis Babouche est examiné et puis il est opéré et puis le vétérinaire dit à Thomas que son chien survivra et puis qu'il sera aveugle et puis Thomas décide de devenir le premier enfant guide pour chien aveugle !

Comment améliorerais-tu ce texte ? Discutes-en avec quelques camarades, puis récris-le.

12 Les ordinateurs pensent-ils ? Lis le texte de Karim à ce propos. Tu devras l'améliorer.

Moi, je crois que les ordinateurs ne pensent pas. Les ordinateurs sont des machines. Ils ont une mémoire. Ils n'ont pas de cerveau. Les ordinateurs sont programmés en usine. Ils obéissent à nos ordres. Les ordinateurs sont tellement occupés à jouer. Ils n'ont pas le temps de penser. Les ordinateurs fonctionnent à l'électricité. Un ordinateur débranché ne peut plus rien faire. Il ne peut plus penser.

Récris ce texte en insérant ceci :

- quatre marqueurs de relation indiquant la séquence pour faire ressortir les arguments;
- au moins trois autres marqueurs de relation pour que les idées s'enchaînent mieux.

Creuse-toi les méninges

Utilise tes connaissances en grammaire pour résoudre ces problèmes d'analyse.

1 *Le, la, les*

Ces mots appartiennent à deux classes de mots. Lesquelles ? Comment peux-tu les distinguer ?

Regarde le[1] chaton ! Ma foi, il est blessé. Prends-le[2] pendant que je lui examine la[3] patte. Je pense que je connais les[4] maîtres du chaton. Je cours les[5] avertir. Pendant ce temps, prépare une soucoupe de lait et donne-la[6] à notre blessé.

2 *Me, te, se*

Ces pronoms peuvent avoir deux fonctions. Lesquelles ? Explique ta démarche.

Norberto m'[1]emprunte ma bicyclette pour aller au dépanneur.

«Je te[2] préviens. S'il lui arrive quelque chose, tu en es responsable.

— Fais-moi confiance. Je te[3] rapporte ton vélo dans deux minutes.»

Norberto m'[4]appelle dix minutes plus tard pour m'annoncer la catastrophe. Il s'[5]excuse. Il se[6] demande comment le voleur a pu agir si rapidement…

3 *Leur* ou *leurs* ?

Trouve la règle qui te permet de savoir quand il faut écrire *leur* et quand il faut écrire *leurs*.

J'avais quelque chose à montrer à Rodolphe et à Camélie. Je leur[1] ai téléphoné et leur[2] ai demandé de venir me rejoindre au bord du lac. Je leur[3] ai aussi suggéré d'enfiler leur[4] maillot de bain, d'apporter leur[5] livre et leur[6] collation préférés et de dire à leurs[7] parents de ne pas les attendre pour le dîner. J'avais piqué leur[8] curiosité. En effet, quelques minutes après mon appel, ils sont arrivés à vélo. Je leur[9] ai alors dévoilé une merveille nautique : un super radeau construit par nul autre que moi-même ! Ils n'en croyaient pas leurs[10] yeux. Je les ai invités à monter à bord. Ils n'en croyaient pas leurs[11] oreilles ! Mon radeau ne leur[12] a pas inspiré confiance. Rodolphe et Camélie ont repris leurs[13] effets personnels et sont repartis à toute vitesse.

4 Le pronom *le*... dans tous les genres !

Dans ce texte, le pronom *le* remplace des mots au masculin singulier mais aussi des mots féminins et même des mots au féminin pluriel !

Quand le pronom *le* peut-il remplacer des mots en tous genres ?

Quand peut-il seulement remplacer un groupe masculin singulier ?

Notre groupe visite l'archipel de Mingan. Nous le[1] découvrons en kayak. Sur les rochers, il y a des colonies d'oiseaux. Nous les observons de loin. Macha et Odélie sont contentes. Elles le[2] sont malgré la température froide et humide. Nos guides aperçoivent un rorqual et nous le[3] montrent. La baleine semble curieuse. Elle l'[4]est probablement puisqu'elle s'approche de nous. Mais après quelques minutes, nous la voyons s'éloigner. Tout à coup, Laurent paraît inquiet, Jonathan le[5] devient aussi. Ils voient de gros nuages noirs. Sont-ils menaçants ? Oui, ils le[6] sont. D'ailleurs, nos guides mettent fin à notre sortie en kayak. Nous accostons sur une île et nous nous mettons à l'abri. Les filles sont soulagées. Évidemment, les garçons le[7] sont aussi. Comme nous sommes en sécurité, un terrible orage éclate.

PARTIE

3 Les accords

Qu'est-ce qui s'accorde ?

Dans toutes les langues, on utilise des noms, des verbes, etc. Cependant, les règles d'accord diffèrent d'une langue à l'autre. Par exemple, le genre n'est pas toujours féminin ou masculin, le nombre n'est pas toujours singulier ou pluriel.

Le genre

Certaines langues, comme le chinois, le japonais et les langues amérindiennes, n'ont pas de marque pour indiquer le masculin ou le féminin du nom, de l'adjectif et du déterminant.

D'autres langues, comme l'anglais, l'allemand et le russe, ont en plus un troisième genre : le neutre (en fait, pas de genre). En anglais, si le nom ne représente pas une personne, il aura le genre neutre. En russe, c'est plus compliqué !

En français, tous ces mots sont féminins. Quelle est la logique ? Il n'y en a pas !

En anglais :

Mot	*Sens*	Genre
table	*table*	neutre
place	*place*	neutre
school	*école*	neutre

En russe :

Mot [prononciation]	*Sens*	Genre
stol	*table*	masculin
miesta	*place*	neutre
chkola	*école*	féminin

L'adjectif ne s'accorde pas nécessairement avec le nom. Cela dépend des langues. En anglais, l'**adjectif** reste invariable. En espagnol, l'**adjectif** s'accorde en genre et en nombre et cela s'entend très bien.

En anglais :

the little girl / the little boys

Sens : la petite fille / les petits garçons

En espagnol :

la pequeñ**a** niñ**a** / **los** pequeñ**os** niñ**os**

la petite fille / les petits garçons

En français, l'adjectif s'accorde, mais à l'oral, on entend le féminin dans le tiers des cas seulement !

Le nombre

En plus du singulier et du pluriel, certaines langues, comme l'arabe ou l'inuktitut, ont une troisième marque de nombre qu'on appelle «le duel». Cela veut dire deux êtres ou deux objets.

En inuktitut : nuna *(«un pays»)* / nunaak *(«deux pays»)* /
nunait *(«les pays», trois ou plus)*

Une autre possibilité est que la langue marque des nuances dans la quantité. On retrouve cela en haoussa, une langue parlée au nord du Nigeria et au Niger.

En haoussa : kifi *(«un poisson»)* / kifaye *(«quelques poissons»)* /
kifofi *(«beaucoup de poissons»)*

La diversité des langues sur la terre est fascinante. Une langue, c'est une façon de penser !

Qu'en sais-tu, qu'en penses-tu ?

- **Connais-tu une autre langue que le français ? Laquelle ? Les règles d'accord sont-elles différentes ? Explique-les à tes camarades.**
- **Pense à toutes les règles d'accord que tu connais en français. Donne des exemples d'accords qu'on écrit et où on entend une différence et des exemples d'accords qu'on écrit mais qu'on n'entend pas.**
- **Penses-tu qu'il serait plus facile d'écrire les marques du pluriel si on les entendait toutes ?**

Dans cette partie, tu apprendras à reconnaître diverses classes de mots invariables, tu approfondiras des règles d'accord que tu connais déjà et tu en apprendras de nouvelles.

CHAPITRE

8 Les mots invariables

Depuis longtemps, on te parle des **mots invariables**. Ce sont des mots qui s'écrivent toujours de la même façon. Ils ne sont pas concernés par les règles d'accord.

Pourquoi parler des mots invariables dans la partie sur les accords ? Parce que ces mots ne s'accordent pas. Quand on les reconnaît, on ne se casse plus la tête avec eux !

Les mots invariables appartiennent à des classes de mots que tu observeras dans ce chapitre. Les marqueurs de relation ➠ p. 231 à 235 appartiennent d'ailleurs à ces classes. Apprends à reconnaître les adverbes, les prépositions et les conjonctions.

A Observe la classe des adverbes

Hier, c'était la générale. J'étais nerveuse, **très** nerveuse, **beaucoup trop** nerveuse… Résultat : j'ai **complètement** raté mon numéro ! **D'abord**, j'ai déchiré mon costume. **Ensuite**, j'ai eu un trou de mémoire **infiniment** long, **puis** j'ai trébuché ! J'étais **absolument** découragée. **Cependant**, les quelques spectateurs riaient **beaucoup**… **Maintenant**, **ici**, au creux de mon lit, je suis **follement** inquiète. **Demain**, c'est le grand jour. Qu'est-ce qui m'arrivera d'autre **là-bas**, sur scène ? Le décor me tombera-t-il sur la tête ? Est-ce que je serai **parfaitement** nulle ? Pour me rassurer, ma grande sœur me parle **vraiment doucement**. **Finalement**, le sommeil engourdit **lentement** mes peurs. Dans mon rêve, je monte **fièrement** sur scène, tout va **très bien** et on m'applaudit **longuement**.

Classe les adverbes en couleur du texte ci-dessus dans un tableau comme celui-ci :

1. Adverbes qui indiquent le temps ou le lieu	2. Adverbes qui marquent une relation entre deux phrases	3. Adverbes qui modifient ou précisent le sens d'un autre mot

Prouve que les adverbes sont des mots invariables.

- Essaie de les dire au féminin. Que constates-tu ?

Complète ton tableau : pour chaque adverbe de la 3e colonne, écris le mot qui voit son sens modifié ou précisé par l'adverbe.

- **Où est placé l'adverbe par rapport au mot qu'il précise ?**
- **Quelles classes de mots un adverbe peut-il préciser ?**

Fais la liste des adverbes qui se terminent par *-ment*.

- **Si tu effaces le suffixe *-ment*, à quelle classe appartient le mot qui reste ?**

Trouve la règle qui te permet de former de nouveaux adverbes en *-ment*.

Vérifie si cette règle est exacte en recherchant dix autres adverbes en *-ment*.

- **Suivent-ils tous ta règle ? Précise davantage ta règle au besoin.**
- **Si tu trouves des exceptions, note-les.**

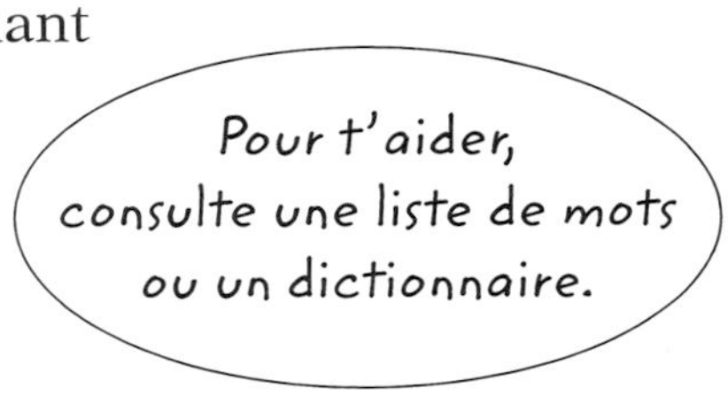
Pour t'aider,
consulte une liste de mots
ou un dictionnaire.

B Observe des adverbes en *-emment* ou *-amment*

Je suis en coulisse. J'attends impatiemment. Mes genoux s'entrechoquent bruyamment. Des frissons me secouent violemment. Mon immense perruque glisse. Je la replace fréquemment. Misère ! Ça y est ! C'est à moi. J'entre en scène prudemment. Je joue brillamment. Quand ma perruque tombe, je la remets élégamment même si quelques spectateurs rient méchamment. À la fin, on m'applaudit abondamment.

Repère les adverbes dans le texte ci-dessus.

Compare ces adverbes aux adverbes en *-ment* trouvés au point **A**.

- **Suivent-ils la même règle de formation ?**
- **Quelles différences constates-tu ?**
- **Comment peux-tu savoir s'il faut écrire *-emment* ou *-amment* ?**

Formule une règle particulière pour la construction des adverbes en *-emment* ou *-amment*.

Tire tes conclusions. Explique tout ce que tu sais des adverbes.

C Observe la classe des prépositions

Charlie le manchot vit **parmi** les icebergs… Il pense **à** ses vacances. Il aimerait voyager **pour** se dépayser un peu. Il songe **à** visiter Pam la tortue. Il pourrait aller **chez** elle, **dans** les Caraïbes. Il rêve **de** paresser **sur** une plage **de** sable blanc. Il profiterait **de** son voyage **pour** découvrir les poissons tropicaux et les coraux. Charlie téléphone **à** ses parents **pour** annoncer son projet **de** voyage. Ensuite, il se tricote un maillot **de** bain **à** fleurs géantes, une serviette **de** plage rayée et un chapeau **à** larges rebords. Ses amis rient **de** lui : il ressemble **à** un vrai touriste ! Un jour, Charlie saute **sur** un glacier et dérive **vers** le large. Il promet **à** tous **d'**envoyer des cartes postales !

Prouve que les prépositions en couleur dans le texte ci-dessus sont des mots invariables.

- **Essaie de les dire au féminin. Que constates-tu ?**

Trouve le groupe de mots que chaque préposition introduit dans le texte ci-dessus.

- **Quelles prépositions introduisent un GN ? un pronom ? un verbe à l'infinitif ?**

NOTE : Une préposition et le groupe de mots qu'elle introduit forment ensemble un **groupe prépositionnel**, ou **GPrép**.
Une préposition n'est jamais utilisée seule, elle introduit toujours un groupe de mots pour former un GPrép.

Remplace chaque préposition du texte par une autre. En voici une liste :

à, à cause de, afin de, à partir de, après, autour de, avant, avant de, avec, chez, contre, dans, de, depuis, dès, devant, durant, en, entre, envers, face à, grâce à, jusqu'à, loin de, par, parmi, pendant, pour, près de, sans, sauf, sous, sur, vers

- **Pour quelles prépositions un remplacement est-il possible ? (La phrase reste bien construite même si son sens a changé.)**
- **Quelles prépositions ne peuvent pas être remplacées ? (Le changement donnerait comme résultat une phrase mal construite.)**

NOTE : Plusieurs verbes doivent obligatoirement être suivis d'un GPrép, construit soit avec la préposition *à*, soit avec *de*. Par exemple, on dit : *se confier* ***à quelqu'un*** / *douter* ***de quelque chose***.
On ne peut pas dire :
se confier ~~de~~ quelqu'un / douter ~~à~~ quelque chose.

D Observe la classe des conjonctions

Mon chat, je l'appelle Capitaine contrôle **ou** Monsieur le directeur. **Lorsque** je suis à table, il insiste pour sentir ma nourriture. Il n'y goûte jamais, **mais** il inspecte tout. **Dès qu'**il a fini de renifler mon assiette, il miaule **pour que** je le flatte. J'ai **donc** appris à manger d'une seule main ! Souvent, il miaule **afin que** je lui ouvre la porte.

Tandis que je lui tiens la porte ouverte, il hume l'air tout doucement, le museau en l'air **et** les yeux mi-clos. **À moins que** la température soit chaude **et** humide, il ne met pas une moustache dehors. **S'**il m'arrive de partir quelques jours, il vire la maison à l'envers **ou** il refuse de manger. Toutefois, **dès que** je reviens, il m'accueille avec des ronrons **et** mille caresses. Ce chat, **quand** il ronronne, je lui pardonne tout, **car** je le trouve irrésistible. Ses grands yeux rieurs **mais** moqueurs me font oublier **qu'**il est tyrannique **ou** insupportable.

Prouve que les conjonctions en couleur dans le texte ci-dessus sont des mots invariables.

- **Essaie de les dire au féminin. Que constates-tu ?**

Décris les phrases qui contiennent une conjonction.

- **Combien de phrases de base trouves-tu dans chacune ?**
- **Quelles conjonctions peuvent être utilisées pour relier deux GN ou deux adjectifs ?**

Compare les conjonctions du texte ci-dessus avec les marqueurs de relation des pages 231 à 235.

- **Toutes les conjonctions servent-elles de marqueurs de relation ?**

Récapitule

- Quelles sont les caractéristiques des adverbes ? des prépositions ? des conjonctions ?
- Explique pourquoi on a appelé ces classes de mots de cette façon : **ad**verbe, **pré**position, con**jonction**.

Exercices

→ p. 237 à 239

1 Lis le texte ci-dessous. Tu devras l'améliorer.

Félix et Marion sont déçus. Ils ont participé à une importante course de boîtes à savon. Félix a perdu le contrôle de son engin. Il a eu un gros accident. Son véhicule a été démoli. Félix n'a pas été blessé. Ils reconstruiront leur bolide. Il y aura une autre course. Les jeunes espèrent la remporter.

Récris ce texte en y ajoutant ceci :

a) en rouge, trois adverbes indiquant le lieu ou le temps;

b) en bleu, un ou deux adverbes qui marquent une relation entre deux phrases;

c) en bleu souligné, cinq adverbes qui modifient le sens de verbes, d'adjectifs ou d'adverbes.

Tu ne peux pas employer deux fois le même adverbe.

2 Prends connaissance de la liste d'adjectifs ci-dessous.

Bloc A	Bloc B	Bloc C
secret, rare, total, grand	sérieux, poli, rapide, facile	différent, prudent, suffisant, vaillant

Étape 1 **Construis l'adverbe correspondant à chacun des adjectifs.**

Étape 2 **Emploie chacun de ces adverbes dans une phrase :**

- les adverbes du bloc A modifieront un adjectif;
- les adverbes du bloc B seront modifiés par un autre adverbe;
- les adverbes du bloc C modifieront un verbe.

3 Lis la liste de verbes ci-dessous.

appartenir, collaborer, contribuer, coopérer, désobéir, douter, nuire, obéir, participer, résister, ressembler, songer, téléphoner

Écris un texte en utilisant cinq de ces verbes. Consulte ta liste de mots ou un dictionnaire pour trouver quelle préposition utiliser avec chaque verbe.

4 **Termine chacune des phrases suivantes de trois manières. Chaque fois, ajoute un GPrép (un groupe qui commence par une préposition). Tu ne peux pas utiliser deux fois la même préposition.**

a) Maude revient…

b) Elle a fait des rencontres extraordinaires…

c) L'an prochain, elle voyagera…

5 **Dans le dictionnaire, trouve la préposition qui introduit chacun des noms de lieux suivants dans la phrase *Je vais…***

a) France, Canada, Italie, États-Unis, Colombie, Mexique, Mali, Tanzanie, Népal, Japon, Belgique, Suisse, Australie, Inde, Pakistan, Russie, Pérou, Tahiti.

b) Afrique, Asie, Australie, Amérique, Océanie, Antarctique.

c) Venise, Paris, New York, Mexico, Pékin, Tokyo, Berlin, Budapest.

d) Californie, Texas, Ontario, Floride, Alberta, Yukon.

6 **Lis le texte suivant. Tu devras l'améliorer.**

Stella a tout pour être heureuse. Elle est vraiment triste. Elle voudrait tant être comme les autres. Elle voudrait tant briller dans le ciel. La star se voit scintiller dans la Grande Ourse. Elle se voit même filer à toute allure. Tout cela est impossible. Stella est une étoile de mer. Elle ne connaîtra jamais les nuages. Elle ne connaîtra jamais la Lune. Elle a la chance d'être bercée par les vagues.

Récris ce texte en ajoutant au moins six conjonctions et en ajustant la ponctuation en conséquence. Tu ne peux pas employer deux fois la même conjonction.

CHAPITRE

9 L'accord dans le GN

Tu te demandes sans doute ce que tu vas apprendre de nouveau sur cette règle d'accord qu'on te demande d'appliquer depuis bien longtemps ! En approfondissant les notions de déterminant, de nom, d'adjectif et de groupe du nom, ce sera encore plus facile pour toi de marquer correctement le genre et le nombre dans tout le groupe du nom. Mais avant de commencer…

Ravive ta mémoire

➡ p. 240 à 242, et p. 244 et 245

1 Lis le texte ci-dessous. Tu devras y repérer tous les noms.

Je suis à québec, dans l'avion (j'aurais préféré l'hélicoptère !) qui me transportera chez les arseneau à fatima aux îles-de-la-madeleine. J'entends un grondement : on décolle ! Mes orteils se crispent. Après quelques minutes, on survole la campagne, des montagnes et le fleuve. Quelle sensation ! Mon oreille droite se bouche. Une demi-heure après le décollage, la turbulence nous secoue. Le passager à ma gauche, philippe vadeboncœur, est très pâle.

Classe les noms du texte dans un tableau semblable au suivant. Profites-en pour corriger les noms propres.

Noms propres	Noms communs			
	Noms m.s.	Noms f.s.	Noms m.pl.	Noms f.pl.

2 **Dans le texte suivant, plusieurs accords dans les GN ont été oubliés. Prends connaissance du texte, tu devras ensuite corriger les accords.**

J'adore nager. C'est un activité qui me détend. D'ailleurs, je nage partout: dans des piscines, des lac, des rivières et même dans les mer. Depuis quelque mois, je m'intéresse au poissons. Pour les observer, je nage avec mon tuba, mon masque et mes palme. Pendant les vacance, j'ai nagé dans la mer des Caraïbes. Là, j'ai observé beaucoup de poisson. Tous les espèce me fascinent. Quels couleurs j'ai vues! C'était magnifique!

Étape 1 **Recopie tous les GN de ce texte.**

Étape 2 **Dans chaque GN, vérifie les accords en laissant des traces.** → p. 322

N'oublie pas d'apporter les corrections nécessaires!

3 **Corrige un autre texte qui contient des erreurs d'accord dans les GN.**

4 **Prépare un exercice de recherche d'erreurs pour tes camarades!**

a) **Écris cinq phrases qui comportent trois GN chacune. Choisis les déterminants parmi ceux de la colonne de droite des tableaux de la page 245.**

b) **Parmi les cinq phrases, mets au total six ou sept erreurs d'accord dans les GN.**

Exemple: Je vais aux parc avec mon ami Isabelle.

Il n'est pas nécessaire d'avoir une erreur dans chaque phrase.

c) **Fais le corrigé de ton exercice.**

Exemple: Je vais au~~x~~ parc avec mon ami^e Isabelle.

D N m.s. / GN m.s. — D N f.s. / GN f.s. — N f.s. / GN f.s.

d) **Donne ton exercice à un ou une camarade.**

→ p. 248 et 249D, traces p. 322

5 **Lis le texte ci-dessous. Tu en repéreras les GN.**

Une nouvelle cabine téléphonique est née. Elle permet d'avoir une agréable conversation sous-marine ! Un téléphone portable est attaché à une jolie bouée qui lui permet de flotter. La traditionnelle sonnerie est remplacée par un témoin lumineux. Pour entendre grâce à son ingénieux téléphone marin, le plongeur branché mord dans un embout bizarre qui vibre. Chaque petite vibration fait résonner sa boîte crânienne et atteint son oreille attentive ! Parler est plus difficile...

Étape 1 **Dresse la liste des GN du texte. N'oublie pas les adjectifs. Sous chaque GN, écris son genre et son nombre.**

Exemple : Une nouvelle cabine téléphonique
GN f.s.

Étape 2 **Récris tous ces GN en les transformant de la manière suivante :**

- remplace chaque nom féminin singulier par un nom masculin pluriel de ton choix;
- remplace chaque nom masculin singulier par un nom féminin pluriel de ton choix.

Exemple :
Une nouvelle cabine téléphonique
GN f.s.

→ Des nouveaux appareils téléphoniques
GN m.pl.

Étape 3 **Vérifie l'accord dans tous tes nouveaux GN.**

6 **Lis le texte ci-dessous. Tu devras l'enrichir.**

Un adolescent invente des choses. C'est son activité. Maintenant qu'il a imaginé la casquette, le crayon, l'oreiller et l'ordinateur que les consommateurs réclamaient, que pourrait-il inventer d'autre ? Il songe à une bicyclette, à un ballon et à une trottinette. Il a vraiment plein d'idées ! Plus tard, il réalisera sûrement beaucoup de ses inventions.

Récris le texte en ajoutant un adjectif dans chaque GN. Laisse des traces d'accord dans tous les GN.

→ p. 250

7 **Prends connaissance du texte ci-dessous. Tu en repéreras les GN.**

Un chanteur inquiet refuse d'entrer dans sa loge. Il a cru apercevoir un dangereux voleur y entrer. Son vieux musicien lui suggère de faire appel à un policier. Il téléphone à son nouveau voisin, un espion canadien. L'agent arrive, ouvre la porte de la loge et découvre un admirateur breton venu féliciter son artiste préféré.

Dresse la liste des GN qui sont au masculin singulier dans le texte et mets-les au féminin singulier.

→ p. 251

8 **Annabelle est très occupée. Prends connaissance de son programme de la journée.**

À faire aujourd'hui : finir mon travail sur l'épouvantail, lire le journal local, nourrir le cheval de Vital, réparer le pneu de mon vélo bleu, inventer un jeu pour mon neveu, planter un chou ou un clou, donner un bisou à mon minou, prêter mon bijou à Marilou. Me lire un beau conte original. C'est tout !

Récris ce texte en mettant ses GN au pluriel.

9 **Corrige un texte qui contient des erreurs d'accord dans les GN.**

→ p. 252

10 **Lis le texte ci-dessous. Tu classeras ses GN.**

Antoine est un adolescent particulièrement débrouillard. C'est aussi un ébéniste habile et minutieux. Il a déjà fabriqué plusieurs boîtes très utiles : des boîtes à bijoux, des boîtes à lettres, des boîtes à pain, etc. Pour se détendre, il pratique des sports amusants et exigeants comme la planche à voile et la planche à roulettes. Pour gagner de l'argent de poche, il vend ses boîtes. Parfois, il livre aussi des sacs de provisions. C'est un travail bien payé. Le bel Antoine a plusieurs clients satisfaits et reconnaissants. Ils lui laissent des pourboires souvent généreux.

Classe tous les GN de ce texte dans un tableau comme le suivant :

GN où le nom n'est pas précédé d'un déterminant	GN qui ont deux adjectifs reliés par et	GN où il y a un mot invariable entre le nom et l'adjectif	Autres GN

11 **Fournis les explications demandées ci-dessous.**

a) Pourquoi *bijoux*, *roulettes* et *provisions* sont-ils au pluriel dans *boîte à bijoux*, *planche à roulettes* et *sac de provisions*?

b) Pourquoi *lunch*, *pain* et *terre* sont-ils au singulier dans *boîte à lunch*, *planche à pain* et *sac de terre*?

➡ p. 253*a*)

12 **Lis le texte suivant.**

Tout **le**¹ groupe a traversé sauf Carlos et Valérie. Ils refusent de **le**² faire. Sur **l'**³autre rive, Monica essaie de **les**⁴ convaincre d'avancer. Rien à faire. Valérie lui crie que personne ne **la**⁵ forcera à traverser. Carlos a **le**⁶ vertige. Monica **le**⁷ sait. Elle retraverse pour **le**⁸ prendre par **la**⁹ main. C'est pire. Il ne peut plus tenir **les**¹⁰ cordes. Ces cordes qui ont **l'**¹¹air tellement usées...

Étape 1 **Classe les mots *le*, *la*, *l'* et *les* dans un tableau comme le suivant. Recopie aussi le ou les mots du texte qui prouvent ton analyse, avec les traces nécessaires.**

Numéro	**Ce mot est un...** (coche la bonne case)		**Mots qui prouvent ton analyse**
	déterminant	**pronom**	

Étape 2 **Sous le tableau, recopie les phrases suivantes en les complétant:**

1) Les mots *le*, *la*, *l'*, *les* sont des déterminants quand ... .

2) Les mots *le*, *la*, *l'*, *les* sont des pronoms quand ... .

➡ p. 253*b*)

13 Parmi les noms suivants, lesquels peuvent être aussi un verbe ?

averse, beurre, bonbonne, danse, lune, lunette, moule, oreille, porte, scie

Pour chaque réponse, compose deux phrases : une où le mot est un nom; une autre où le mot est un verbe.

➡ p. 254*c*), traces p. 322

14 Lis le texte suivant.

Deux vieux ennemis s'affrontent : un grand dragon vert et un petit dragon rouge. Ces monstres ennemis se disputent le privilège de garder le trésor de la belle Zéphirine. Le vert est un féroce combattant, mais le rouge est une rusée créature. La belle assiste au combat, à l'ombre d'une grande tente. Le petit court et court, encore et encore. Le grand tente de l'attraper, mais il s'essouffle tant qu'il ne peut plus lancer de flammes ! C'est la fin du combat, le petit rusé est le grand gagnant.

Dans ce texte, certains mots sont employés tantôt comme noms, tantôt comme adjectifs.

Étape 1 **Dresses-en la liste.**

Étape 2 **À côté de chaque mot, recopie un GN du texte dans lequel le mot est un adjectif et un GN du texte dans lequel le mot est un nom. Laisse toutes les traces nécessaires.**

15 Corrige un texte qui contient des erreurs d'accord dans les GN.

1. Quelques sortes de déterminants

Jusqu'à maintenant, tu as classé les déterminants selon qu'ils annoncent (ou non) le genre et le nombre d'un nom. C'est le plus important pour réussir l'accord dans le GN. Mais les déterminants ne fonctionnent pas tous exactement de la même manière, c'est pourquoi il existe différentes sortes de déterminants. En voici quelques-unes.

A Observe une première sorte de déterminants

L'île est déserte. Coralie a vérifié. Il n'y a que le soleil, la mer, du vent doux et des coquillages. Elle a apporté un parasol bleu et blanc, une chaise, une grande serviette, une casquette, des livres, des provisions, du papier, des crayons et une bouteille.

Fais la liste des déterminants dans le texte ci-dessus.

Si tu ne connais pas déjà par cœur la liste des articles, dépêche-toi de l'apprendre !

Le mot juste

Ces déterminants sont des **déterminants articles**. C'est la sorte de déterminants la plus souvent utilisée. On se sert des articles pour identifier les noms (par ajout de l'article devant le nom → p. 241) et même pour identifier d'autres déterminants moins connus (par remplacement du déterminant inconnu par un article → p. 244).

B Observe une deuxième sorte de déterminants

Coralie fait l'inventaire des provisions: une pomme, un jambon, deux citrons, trois oignons, quatre biscuits, cinq carottes, six radis, sept tomates, dix kiwis, douze poireaux, vingt-huit fraises, cent arachides et du riz. Coralie semble satisfaite. Soudain, elle se frappe le front: «Zut! J'ai oublié le poivre!»

Repère les déterminants dans le texte ci-dessus.

- **Quels déterminants sont des articles?**
- **Quels déterminants pourrais-tu remplacer par un nombre comme tu en écris en mathématiques?**

> **Le mot juste**
>
> Les déterminants qui indiquent un nombre précis sont des **déterminants numéraux**. On dit un déterminant *numéral*, mais des déterminants *numéraux*.

Fais la liste des déterminants numéraux dans le texte ci-dessus.

- **Quels autres déterminants numéraux pourrais-tu ajouter à ta liste?**
- **Pourquoi cette liste sera-t-elle toujours incomplète?**

Trouve le déterminant numéral qui présente l'ensemble des caractéristiques suivantes:

- il fait partie à la fois des articles et des déterminants numéraux;
- il est le seul déterminant numéral qui varie selon le genre du nom;
- il est le seul déterminant numéral qui annonce un nom au singulier.

Montre, à l'aide d'exemples du texte, que tous les autres déterminants numéraux présentent l'ensemble des caractéristiques suivantes:

- ils ne varient pas en genre;
- ils annoncent toujours un nom pluriel;
- ils s'écrivent toujours de la même façon;
- ils se terminent rarement eux-mêmes par une marque de pluriel.

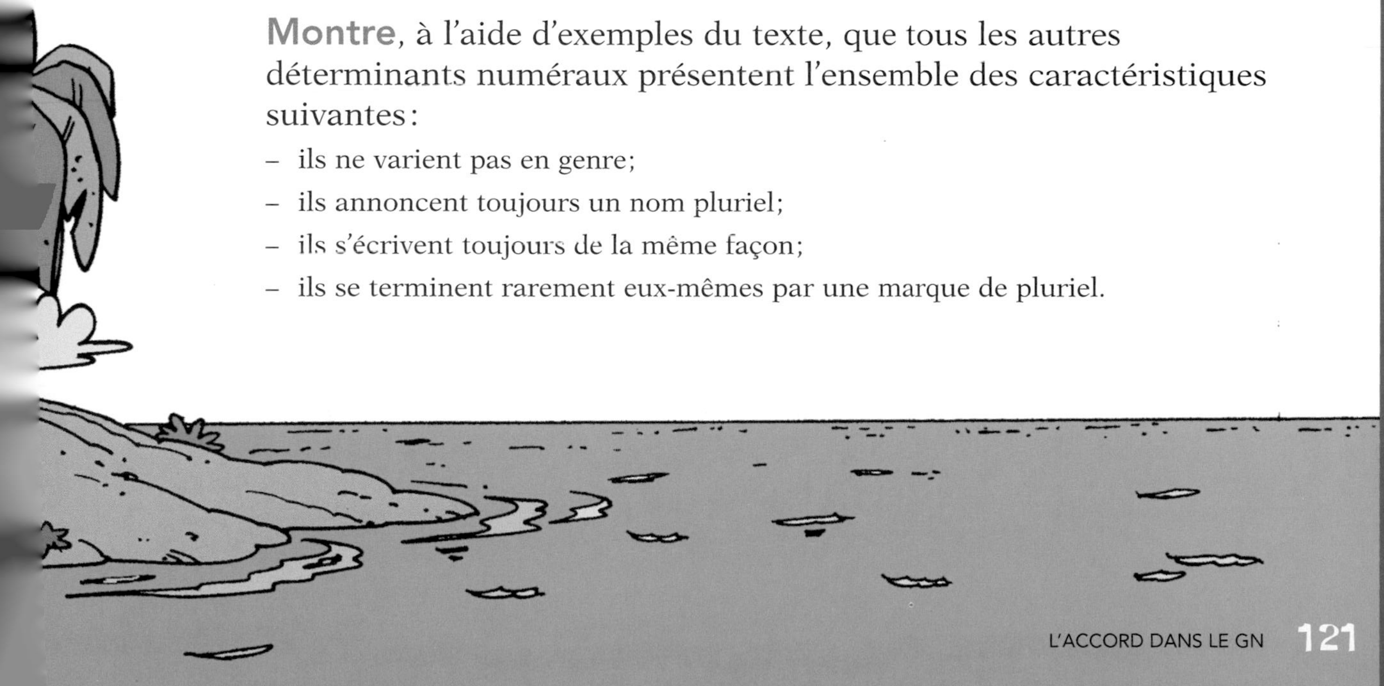

C Observe **une troisième sorte de déterminants**

Cher Clovis,

J'imagine ton sourire quand tu as reçu ma lettre dans une bouteille ! Ici, l'île est merveilleuse ! J'ai mon parasol et mes provisions. Hier, je nageais dans la mer quand un crabe m'a pincée ! Ouch !!! J'ai vu le crabe, ses pinces, sa carapace et même... son sourire ! À part cela, j'ai lu ton livre, mais j'ai perdu ta casquette... Embrasse tes parents de ma part. Leur sourire me manque.

Coralie

Repère dans le texte ci-dessus les déterminants qui te font comprendre à qui appartient quelque chose.

> **Le mot juste**
>
> Les déterminants qui établissent une **relation de possession** ou d'appartenance d'un nom à un autre sont des **déterminants possessifs**.

Décris le fonctionnement des déterminants possessifs.

- Explique pourquoi on dit *ta casquette* mais *ton livre*.
- Explique pourquoi on dit *mon parasol* mais *mes provisions*.
- Explique pourquoi on dit *son sourire* mais *leur sourire* ou *ton sourire*.

Classe les déterminants possessifs du texte ci-dessus dans un tableau selon le genre, le nombre et la personne.

- **Y a-t-il des déterminants possessifs qui ne sont pas dans le texte ? Trouve-les pour compléter ton tableau.**

D Observe **les déterminants possessifs au service du texte**

L'île est un paradis. Sa végétation est abondante; sa faune, diversifiée et son climat, très doux.

Repère les déterminants possessifs dans le texte ci-dessus.

Reformule ce texte sans utiliser de déterminants possessifs mais en conservant exactement le même sens et la même précision.

Explique quelle maladresse les déterminants possessifs te permettent d'éviter quand tu écris un texte.

E **Observe** une quatrième sorte de déterminants

Que lire maintenant ? J'ai déjà lu ces magazines et ces bandes dessinées. Il me reste ce roman-là. Il semble intéressant. Très bien. Je vais déplacer cette chaise et lire à l'ombre de cet arbre là-bas au bout de l'île. Vive les vacances !!!

Repère dans le texte ci-dessus les déterminants qui désignent quelque chose comme si on le montrait du doigt.

- **Qu'est-ce qui se ressemble dans ces déterminants ?**

> **Le mot juste**
>
> Les déterminants qui désignent quelqu'un ou quelque chose qu'on **montre** sont des **déterminants démonstratifs**.

Explique le genre et le nombre de chaque déterminant démonstratif.

F **Observe** les déterminants démonstratifs au service du texte

Le livre s'intitule *Robinson Crusoé*. Ce livre a été écrit par Daniel De Foe en 1719. Cet auteur est anglais. Robinson est un naufragé. Ce personnage se retrouve sur une île où il vit longtemps avant de rencontrer Vendredi. Cette aventure a été inspirée par l'histoire d'un marin, Alexander Selkirk. Entre 1704 et 1709, cet homme avait été abandonné sur une île. Cette île se trouve dans le Pacifique.

Repère, dans le texte ci-dessus, chaque déterminant démonstratif et le nom qu'il introduit.

- **Quels déterminants introduisent un nom qu'on utilise pour la deuxième fois dans le texte ?**
- **Quels déterminants introduisent un nom qui englobe le sens d'un autre nom ou d'un groupe de mots déjà mentionné dans le texte ?**

Explique comment les déterminants démonstratifs servent à reprendre une information déjà dite dans le texte.

> **Récapitule**
>
> Remplis le tableau qu'on te remettra sur les sortes de déterminants. Note les particularités de chacune.

2. Les noms

Tu connais bien deux sortes de noms : les noms communs et les noms propres → p. 240 et 241. On peut classer les noms communs selon divers critères. Le classement qui suit t'aidera à marquer le nombre des noms dans des cas qui te font peut-être hésiter.

☐ **Observe les noms dénombrables et indénombrables**

Ce bel igloo, c'est notre fierté ! Pour le construire, il nous a fallu beaucoup de neige, beaucoup de pelles, de l'imagination et de la patience. L'équipe a travaillé très fort pendant plusieurs jours.

Repère tous les noms dans le texte ci-dessus.

Classe ces noms en deux catégories à l'aide du test suivant :

1) le nom se dit bien avec un déterminant numéral devant :

Exemples : trois blocs (Dnum N) onze travailleurs (Dnum N)

2) le nom ne se dit pas avec un déterminant numéral devant :

Exemples : ~~trois courages~~ ~~cinq eaux~~

mais on peut dire : un peu de courage, un peu d'eau
beaucoup de courage, beaucoup d'eau

> **Le mot juste**
>
> Les noms qui représentent des **réalités qu'on peut compter** (comme en mathématiques) sont des **noms dénombrables** (ou comptables). Les noms qui représentent des **réalités qui ne peuvent pas se compter** sont des **noms indénombrables** (ou non comptables).

Explique quels noms se mettent au pluriel et quels noms s'utilisent au singulier même lorsqu'ils sont précédés de *beaucoup de*… Donne des exemples à partir du texte.

Montre ta compréhension. Pourquoi le mot *ski* est-il au singulier ou au pluriel dans les phrases ci-dessous ?

1) J'ai trouvé beaucoup de skis brisés dans la montagne.
2) J'ai fait beaucoup de ski pendant les vacances de Noël.

3. Les adjectifs

Tu sais déjà reconnaître les adjectifs et les accorder avec le nom qu'ils décrivent dans un GN. Voici maintenant une sorte d'adjectif un peu particulière que tu n'identifies peut-être pas toujours bien.

Observe **des adjectifs qui viennent d'un verbe**

1	2
Laurent habite une maison fleurie.	Son rosier fleurit tôt cette année.
Son jardin coloré attire les papillons.	Laurent colore les murs de sa maison.
Sur la galerie, il y a une chaise vernie.	Laurent vernit sa table de cuisine.
Un pot renversé abrite un crapaud.	La beauté du paysage me renverse.
Laurent siffle des airs connus.	Je connais Laurent depuis longtemps.

Repère les adjectifs dans les phrases de la colonne 1.

- **De quels verbes ces adjectifs viennent-ils ? Trouve-les dans les phrases de la colonne 2.**
- **Quelle erreur est-il facile de faire lorsque tu utilises un de ces adjectifs ?**

Cherche dans un dictionnaire récent les adjectifs repérés à la question précédente.

- **À quelle classe de mots appartiennent-ils ?**

Cherche ces mêmes adjectifs dans un guide de conjugaison.

- **Que constates-tu ?**

Explique comment ces participes passés devenus adjectifs s'accordent dans un groupe du nom.

4. Des constructions particulières du GN

A Observe **des déterminants qui se combinent**

Pichou et Michou sont des épagneuls roux. Ces deux petits chiens adorent se faire cajoler. Toutes les trois semaines, Éric amène ses deux toutous à l'hôpital. Tous les enfants malades attendent ces deux braves bêtes pour les dorloter. Les quelques minutes passées à jouer avec les épagneuls réconfortent les jeunes patients.

Repère les GN dans le texte ci-dessus.

Fais la liste des déterminants dans chaque GN.

- **Combien de déterminants trouves-tu devant chaque nom ?**
- **Quels sont leur genre et leur nombre ?**
- **D'après toi, qu'est-ce qui peut rendre difficile l'accord de ces déterminants avec le nom ?**

Trouve d'autres suites de deux ou trois déterminants qui se disent bien dans un GN. Essaie des combinaisons dans quelques GN de ton choix.

Pour t'aider, consulte les tableaux de déterminants.

➠ p. 245

Explique quels déterminants peuvent se combiner à d'autres dans un GN et comment tu dois les accorder.

B Observe **quelques cas de GN avec des noms communs sans déterminant**

BLOC 1	BLOC 2
Fantômes et revenants	Chloé a peur.
Contes pour avoir peur	Elle a envie de crier.
Panique au Bic	Elle perd connaissance.
Poèmes pour un vampire	Yann prend soin d'elle.
	Elle fait confiance au jeune homme.

BLOC 3

Janick avance avec crainte dans la maison hantée.

Elle voudrait sortir en vitesse.

Un grand squelette lui apparaît par surprise.

C'est avec soulagement qu'elle aperçoit enfin la sortie.

BLOC 4

Sandrine sera costumière.

Justin espère devenir maquilleur.

Dean et Jimmy sont cinéastes.

Véronique et Isabelle veulent être cascadeuses.

BLOC 5

une salade de fruits /
des salades de fruits

un nid de guêpes /
des nids de guêpes

une planche à roulettes /
des planches à roulettes

une classe d'élèves /
des classes d'élèves

un terrain de camping /
des terrains de camping

une goutte de sang /
des gouttes de sang

un cheval de course /
des chevaux de course

un bout de papier /
des bouts de papier

Repère les GN formés d'un nom commun sans déterminant dans chaque bloc.

Associe les GN de chaque bloc aux explications suivantes:

a) Ces GN sont attributs du sujet. Ils contiennent des noms de métiers.

b) Ces noms sans déterminant font partie d'une expression construite sur le modèle *verbe + nom*. Il s'agit plutôt d'un nom abstrait.

c) Ces GN sont des titres de journaux ou de livres.

d) Ces grands GN contiennent en réalité deux GN:
- dans le 1er GN, le nom est précédé d'un déterminant;
- dans le 2e GN, le nom complète et précise le sens du 1er nom;
- ce 2e nom est relié au 1er par une préposition.

e) Ces noms sans déterminant sont précédés d'une préposition. Il s'agit souvent de noms indénombrables.

Explique le nombre des noms dans chaque bloc.

- **Pourquoi certains noms sont-ils au singulier et d'autres au pluriel dans le bloc 1 ? dans le bloc 4 ? dans le bloc 5 ?**
- **Pourquoi les noms sans déterminant sont-ils au singulier dans le bloc 2 ? dans le bloc 3 ?**

Exercices

➡ p. 246 et 247

1 **Écris cinq phrases. Dans tes phrases, tu devras utiliser:**

- trois déterminants articles différents (symbole: Dart);
- trois déterminants numéraux différents (symbole: Dnum);
- trois déterminants possessifs différents (symbole: Dposs);
- trois déterminants démonstratifs différents (symbole: Ddém).

Sous chaque déterminant, écris son symbole.

2 **Lis le texte suivant. Tu devras l'améliorer.**

Pour plusieurs, l'araignée est une horreur. Pourtant, l'araignée est fascinante. As-tu déjà observé les poils de l'araignée et les longues pattes de l'araignée? Savais-tu que l'araignée n'est pas un insecte? En effet, l'araignée a 8 pattes, tandis que les insectes possèdent 6 pattes. Au Québec, les araignées ne mordent pas les humains. D'ailleurs, le venin de ces araignées serait inoffensif pour nous. La prochaine fois que tu apercevras une araignée, regarde-la de plus près!

Étape 1 **Repère le mot qui se répète plusieurs fois dans le texte. Trouve quelques noms englobants pour le remplacer** ➡ p. 278B**.**

Étape 2 **Récris le texte.**

- Écris les déterminants numéraux en lettres.
- Utilise des déterminants possessifs ou démonstratifs pour enlever des répétitions. Avec les déterminants démonstratifs, tu peux utiliser des noms englobants. Mais prête attention au sens du texte: laisse quelques répétitions pour qu'il demeure compréhensible.

➡ p. 243

3 **Fais une recherche dans ta liste de mots.**

a) **Trouve dix noms dénombrables. Écris un déterminant numéral devant chacun de ces noms.**

b) **Trouve dix noms indénombrables. Écris *un peu de* ou *beaucoup de* devant chacun de ces noms. Assure-toi qu'ils ne se disent pas avec un déterminant numéral devant.**

4 **Utilise tes nouvelles connaissances pour trouver des erreurs sur le document qu'on te remettra.**

➟ p. 249E, traces p. 322

5 **Prends connaissance de la liste de verbes ci-dessous.**

accomplir, connaître, écrire, fatiguer, gâter, vivre, voler

Étape 1 **Trouve l'adjectif qui vient du participe passé de chacun de ces verbes.**

Étape 2 **Compose une phrase pour chacun des adjectifs que tu as trouvés. Utilise ces adjectifs dans des GN.**

Étape 3 **Laisse des traces de l'accord de ces adjectifs dans le GN.**

➟ p. 254D

6 **Trouve et corrige des erreurs dans le texte qu'on te remettra.**

➟ p. 255

7 **Trouve...**

a) **trois titres de livre ou d'article qui commencent par un nom sans déterminant;**

b) **trois expressions composées d'un verbe suivi d'un nom (ex.: *avoir faim*);**

Pour t'aider, consulte un dictionnaire aux verbes avoir, donner, faire, perdre, prendre...

c) **trois expressions composées d'une préposition suivie d'un nom (ex.: *sans joie, par amour*).**

8 **Trouve dix GN complétés d'une préposition et d'un deuxième GN.**

a) **Dans cinq cas, le deuxième nom s'écrit toujours au singulier (ex.: *un bol de farine*).**

b) **Dans cinq cas, le deuxième nom s'écrit toujours au pluriel (ex.: *un étui à crayons*).**

9 **Corrige les erreurs que tu trouveras dans le texte qu'on te remettra.**

CHAPITRE

10 L'accord de l'attribut du sujet

Tu as sans doute déjà remarqué que les adjectifs ne font pas toujours partie d'un GN. On trouve des adjectifs ailleurs dans la phrase, il faut aussi les accorder. Apprends à reconnaître les **adjectifs attributs du sujet**.

A Observe **deux positions des adjectifs dans une phrase**

TEXTE 1

Par un beau samedi glacial, Lucas se dirige vers la patinoire municipale. Sa meilleure amie l'attend dans la cabane chauffée. Elle est championne nationale de patinage artistique.

TEXTE 2

Quand elle était petite, Louna adorait la musique. Elle semblait douée pour la danse. Un jour, la fillette assiste à un spectacle de patinage. Sa vie sera transformée. Louna suit des cours et patine souvent. Elle devient meilleure de jour en jour et participe à des championnats. Les compétitions sont locales, nationales, puis internationales. Ses parents sont certains que leur fille remportera bientôt des championnats du monde. Son entraîneuse aussi paraît confiante.

Décris la position des adjectifs dans les phrases de chaque texte.

- **Dans quelle sorte de groupe les adjectifs se trouvent-ils dans le texte 1 ? dans le texte 2 ?**

Trouve le mot que chaque adjectif décrit.

- **Dans le texte 1, à quelle classe ces mots appartiennent-ils ?**
- **Dans le texte 2, à quelles classes ces mots appartiennent-ils ?**
- **Dans le texte 2, les mots que les adjectifs décrivent occupent tous la même fonction. Quelle est cette fonction ?**

Repère les marques du féminin ou du pluriel des adjectifs dans les deux textes.

- **Que constates-tu ?**

> **Le mot juste**
>
> Les adjectifs du texte 2 occupent une fonction dans le GV qu'on appelle **attribut du sujet**.

Cherche le mot *attribut* dans le dictionnaire.

- **Pourquoi appelle-t-on «attribut du sujet» cette fonction de l'adjectif ?**

Explique l'accord d'un adjectif attribut du sujet.

- **Quelle est sa position dans la phrase ? Comment cet adjectif s'accorde-t-il ?**

NOTE : Ce ne sont pas seulement les adjectifs qui peuvent occuper la fonction d'attribut du sujet, il y a aussi des GN.

Par exemple : [Dave] est un bon patineur de vitesse.

[Dave]	est	un bon patineur de vitesse.
GN-S	Vattributif	GN attribut du sujet

Lorsque l'attribut du sujet est un GN, son accord ne pose généralement pas de difficulté.

> **Le mot juste**
>
> Les **verbes** qui sont complétés par un attribut du sujet sont appelés **verbes attributifs**.

B Observe un moyen de repérer des verbes attributifs

Le patinage est mon sport préféré. Je trouve que cette discipline est merveilleuse. Je patine tous les jours et je fais d'autres exercices. Les pirouettes paraissent faciles, mais elles sont difficiles. Grâce à mon travail, je deviens meilleure chaque jour. J'espère que je deviendrai une grande championne. Mon entraîneuse est une femme très patiente. Elle pense que je serai une championne olympique, même si parfois elle semble découragée de me voir tomber !

Repère les adjectifs attributs du sujet dans le texte ci-dessus.

Fais la liste des verbes qui les précèdent.

Remplace chaque verbe du texte par le verbe *être*.

- **Pour quelles phrases ce remplacement est-il possible ?**
- **Compare les verbes de ces phrases avec ceux de ta liste. Que constates-tu ?**

Explique comment vérifier qu'un verbe est un verbe attributif.

C Observe des différences entre l'oral et l'écrit

À l'oral	À l'écrit
Regarde ! C'est des patineurs de vitesse !	Voici de grands athlètes. Ce sont des patineurs de vitesse.
As-tu vu les lames de leurs patins ? C'est des vrais couteaux !	Les lames de leurs patins sont tranchantes. Ce sont de véritables couteaux.
Hé ! Ils ont poussé mon idole ! C'est des tricheurs !	Les patineurs qui poussent les autres sont très mal vus parce que ce sont des tricheurs.
«Qui a gagné le plus de médailles en patinage de vitesse ? — C'est les Québécois.»	Ce sont les Québécois qui ont remporté le plus de médailles en patinage de vitesse.

Repère les phrases construites avec *c'est* ou *ce sont* dans les deux colonnes.

- **Quelle forme du verbe *être* est utilisée à l'oral ?**
- **Quelle forme convient mieux à l'écrit ?**
- **Quels sont le genre et le nombre des GN qui suivent le verbe *être* ?**

Explique dans quel cas on écrit *ce sont*.

Exercices

➡ p. 256 et 257, traces p. 323

1 **Lis le texte ci-dessous.**

Momo est un beau chat tigré. Longtemps, il a vécu caché sous la galerie. Il restait indépendant et discret. Ce chat semblait indifférent aux humains. Un jour, il a poussé un miaulement terrible. C'était un cri désespéré. J'ai accouru. Le chat était étendu dans la rue, devant la maison. Il était blessé. Il paraissait inquiet et souffrant. Je l'ai fait soigner. Maintenant, Momo est guéri. Il demeure attaché à moi. Et il dort chaque soir à mes pieds.

Récris ce texte en le commençant comme ceci : *Mimi est une belle chatte…*

Vérifie l'accord de tous les attributs du sujet et l'accord dans tous les GN. Laisse les traces nécessaires.

2 **Parmi les verbes énumérés ci-dessous, lesquels sont des verbes attributifs ?**

craindre	habiter	ressembler
danser	lire	rester
demeurer	marcher	sembler
devenir	paraître	trembler

Démontre l'exactitude de tes choix. Pour chaque verbe attributif repéré, compose une courte phrase. Ensuite, au-dessus du verbe attributif, écris la forme du verbe *être* qui convient pour prouver que ce remplacement est possible.

3 **Décris un personnage féminin en deux ou trois phrases. Dans ton texte, utilise cinq adjectifs dont trois seront attributs du sujet. Utilise le verbe *être* une seule fois. Vérifie l'accord de tous les adjectifs en laissant des traces.**

Voici quelques idées de personnages à décrire : une sorcière, une parente, une amie, un animal femelle, une mascotte féminine…

4 **Améliore le texte qu'on te remettra.**

CHAPITRE

11 L'accord sujet-verbe

La base de l'**accord du verbe avec le sujet**, tu la connais déjà… Inutile de recommencer ! Dans ce chapitre, tu apprendras à maîtriser l'accord du verbe dans des cas plus difficiles et tu verras quelques nouveaux temps de verbe. Mais avant de commencer…

Ravive ta mémoire

➡ p. 258 et 259B et C

1 **Les phrases qui suivent sont inspirées du début d'un poème dans lequel Tristan Tzara explique comment faire un poème dadaïste. Lis-les.**

a) Vous prenez un journal et des ciseaux.

b) Vous choisissez un article dans ce journal.

c) Ensuite, vous découpez chacun des mots de l'article et les mettez dans un sac.

d) Vous agitez doucement.

e) Vous sortez ensuite les coupures l'une après l'autre.

f) Vous copiez consciencieusement les mots dans l'ordre.

D'après Tristan Tzara, «Pour faire un poème dadaïste».

Étape 1 **Repère les verbes conjugués. Donne trois preuves pour chacun.**

Étape 2 **Récris les phrases en mettant les verbes conjugués à l'infinitif. Sous chaque verbe à l'infinitif, écris** *Vinf*.

2 **Dans l'ancien temps, pourquoi certaines personnes portaient-elles des perruques ? Lis le texte suivant pour le découvrir.**

Cette mode pourrait s'expliquer par le fait que Louis XIII, roi de France, est devenu chauve très jeune. Il devait penser qu'un roi sans cheveu manquait de charme. Louis XIII se mit alors à porter de faux cheveux. Pour plaire à leur roi, les nobles et les courtisans ont choisi de l'imiter. Toute la cour s'empressa donc d'adopter la perruque… Certaines étaient tellement extravagantes qu'elles pouvaient mesurer jusqu'à un mètre de haut !

Étape 1 **Sur une feuille, dresse la liste des verbes à l'infinitif de ce texte.**

Étape 2 **Compose maintenant un court texte de quatre phrases. Pour cela, choisis cinq verbes de ta liste de l'étape 1. Dans ton texte, conjugue ces verbes. Pour chacun, laisse des traces.**

→ p. 259A et 260, traces p. 324 et 325

3 **Lis les phrases ci-dessous. Tu y repéreras les verbes et les GN-S.**

a) Chez l'humain, une membrane protectrice pousse à la base de chaque ongle.

b) On nomme cette membrane *cuticule*.

c) Les cuticules sont très utiles.

d) Cette mince couche de peau protège la racine de l'ongle.

e) Les cuticules font un joint entre la peau et l'ongle et elles empêchent l'eau et les saletés de s'infiltrer sous l'ongle.

Recopie chaque verbe conjugué et son GN-S. Pour chacun, laisse une trace.

4 **Sur le document qu'on te remettra, vérifie le travail qui a été fait pour repérer les verbes conjugués et les GN-S.**

➟ p. 261C

5 **Éloïse a vu son cousin Simon hier. Elle en parle avec Carla au téléphone.**

«Carla, est-ce que tu sais que j'ai vu Simon hier? Il a demandé de tes nouvelles. Ça fait drôle! Il veut ton numéro. Est-ce que tu acceptes?... On pourrait lui proposer de venir au cinéma samedi... Nous irions dans l'après-midi. Après le film, vous viendrez vous baigner à la maison... Ta mère, elle va vouloir. Mes parents seront ici et ils vont nous surveiller, comme d'habitude...»

Étape 1 **Repère tous les Pron.-S et leur verbe. Fais-en une liste.**

Étape 2 **Au-dessus de chaque pronom, indique sa personne et son nombre.**

➟ p. 261A à 263E

6 **Mélinda fait un reportage en direct du centre communautaire. Prends-en connaissance.**

«Derrière moi, vous voyez le spectacle des *Réglisses Rouges*. La foule est en délire! Les chanteuses sont déchaînées. Je crois que le groupe offre son meilleur spectacle à vie! La musique nous séduit. Les paroles défient l'imagination. Les costumes et les coiffures sortent d'un conte de fée. On a pensé à nous. Les deux batteurs du groupe tiennent le rythme. Depuis le début, les spectateurs chantent et dansent, mais ils restent attentifs. On fête la Saint-Valentin et l'ambiance est à la fête. Les gens applaudissent longuement le groupe entre les chansons. Ils l'apprécient visiblement. Les membres de ce groupe ont, en moyenne, 14 ans. Ce soir, ils relèvent tout un défi! Vous pourrez les entendre samedi soir prochain, ici même, à 19 heures.»

Étape 1 **Dresse la liste de tous les sujets avec leur verbe.**

Étape 2 Dans ta liste, repère les cas difficiles d'accord du verbe. À côté de chacun de ces cas, note le code correspondant à sa difficulté. Parfois, il y a deux difficultés.

Code	Signification
A	Le mot est un verbe… mais pas toujours. (Le mot peut être N dans une autre phrase.)
B	Le GN-S est un long groupe qui contient plusieurs noms. (GN-S = N + *de* + N.)
C	Le GN-S se compose de deux noms reliés par *et*. (GN-S = N + *et* + N.)
D	Un ou des mots font écran entre le sujet et le verbe. (GN-S + écran + V.)
E	Le nom du GN-S est un nom collectif. (GN-S = nom collectif.)

7 Sur le document qu'on te remettra, vérifie le travail qui a été fait pour repérer les sujets et les verbes conjugués.

→ p. 266

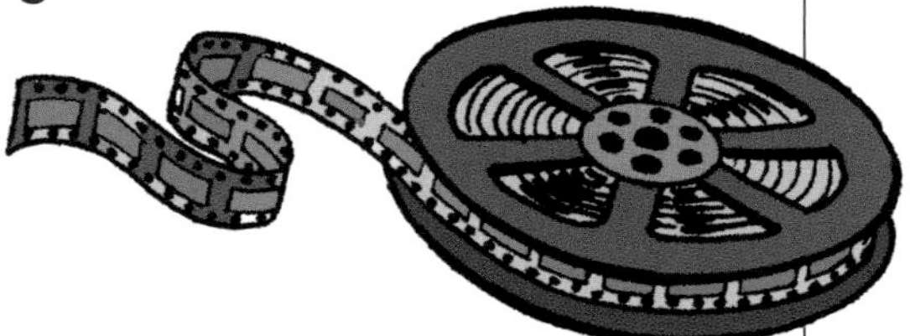

8 Lis la lettre d'Érika. Tu devras l'améliorer.

M. le Maire,

Je prends le temps de t'écrire pour te demander si je peux utiliser la salle communautaire. Tous les derniers vendredis du mois, je veux présenter des films pour les élèves de l'école. D'ailleurs, je t'invite à venir les voir. Je sais que tu es occupé, mais je souhaite une réponse avant le 14 avril. Je te remercie de ta collaboration.

Érika

Récris la lettre pour la rendre plus polie et faire comme si c'était toute la classe qui la signait. Pour cela, remplace *je* par *nous*, *te* et *tu* par *vous*. Apporte tous les changements nécessaires.

9 Lis le texte ci-dessous. Tu devras le transformer.

Suzanne, la fille d'Édouard, va visiter sa tante Gilberte. La petite sait qu'il y a des trésors dans le grenier de la vieille tante. Suzanne y monte et voit un vieux portrait poussiéreux. Elle souffle dessus. Le beau visage de sa tante apparaît alors. Suzanne le regarde fixement. Tout à coup, le portrait éternue !

Récris ce texte à la 3e personne du pluriel. Pour cela, *Suzanne* devient *Luc et Léo* tandis que *la tante Gilberte* devient *les oncles Félix et Charles*. Fais tous les changements nécessaires.

10 **Vérifie l'accord des verbes dans le texte qu'on te remettra.**

→ p. 267B

Pour les numéros 10 à 15, laisse des traces de l'accord sujet-verbe.

→ p. 324 et 325

11 **Lis le texte suivant. Tu devras le transformer.**

Nous sommes à Percé. Le vent nous égratigne la peau. Tu es devant la mer, saisi par la beauté du paysage. Michelle trempe ses pieds dans l'eau glacée. Les vaguelettes lui griffent les orteils. Vous êtes comme des statues. À ma gauche, le rocher Percé se dresse, majestueux et fragile. Au pied du rocher, je vois quelques touristes. À droite se trouve l'île Bonaventure. Entre les deux, au loin, la mer est grise, froide, infinie. Je te prends en photo et tu souris.

Récris ce texte à l'imparfait de l'indicatif.

→ p. 269

12 **Lis l'aventure de Jasmine et de ses camarades.**

Ce matin, il fait beau. Tu me réveilles et tu prépares mon déjeuner. Quel bonheur ! Je téléphone à mes amis. Ensemble, nous décidons d'explorer la grotte de la montagne. Nous prenons des provisions et des lampes de poche. Comme toujours, tu me fais promettre d'être prudente. Le voyage à vélo dure deux heures. Dans la grotte, nous voyons des chauves-souris. Leurs petits yeux de mammifères réfléchissent la lumière des lampes de poche. Nous passons près d'elles pour aller au fond de la grotte. Nous tremblons de peur…

Récris cette aventure au futur simple en la commençant comme ceci : *Demain matin, il fera beau…* Fais tous les changements nécessaires.

13 **Léonard veut être élu représentant de sa classe. Prends connaissance de son discours.**

Chers électeurs, chères électrices,

Quand je serai élu, vous ne serez pas déçus. Je réclamerai des récréations plus longues et je demanderai que nous ayons congé tous les vendredis. Afin de permettre à tous de se reposer, mon équipe fera tout pour allonger les vacances d'été. La rentrée s'effectuera donc en octobre. La cour d'école sera agrandie. Les sous de la vente de chocolat pourront servir à l'achat de planches à roulettes. Vous pourrez lire des bandes dessinées en tout temps. Bref, nous saurons réaliser vos demandes les plus farfelues !

Récris ce discours au conditionnel présent, comme si Léonard n'était plus aussi certain d'être élu. Commence ton texte par ceci : *Si j'étais élu…*

→ p. 270 (4.3)

14 **Lison doit adapter sa recette pour un livre. Prends-en connaissance.**

Pour épater ses invités: choisir une petite recette originale comme celle des *Grillons surprise*. Préparer d'abord les ingrédients nécessaires: faire décongeler 250 g de grillons, presser le jus d'un citron, mesurer 2 ml de sauce piquante, avoir de l'origan, du sel, du poivre et de l'huile. Réaliser ensuite la recette: mélanger les grillons et 15 ml de jus de citron, puis ajouter le reste. Faire frire le mélange jusqu'à ce que les insectes croquent sous la dent. Déposer les grillons sur une belle assiette. Dire à ses invités que ces insectes ont été préparés avec amour…

D'après la recette «Grillons du Parlement», de J.-L. Thémis, *Des insectes à croquer*, Éd. de l'Homme, 1997.

Récris cette recette au présent de l'impératif, à la 2e personne du singulier. Commence par *Épate tes invités…*

15 **Prépare une dictée de phrases pour tes camarades.**

Étape 1 **Compose huit phrases en tenant compte des contraintes a à h ci-dessous. De plus, utilise les sujets de la liste fournie plus bas (une fois chacun, dans l'ordre que tu veux).**

a) Phrase à un verbe: *chanter* au présent.
b) Phrase à deux verbes: *vouloir* à l'imparfait et *danser* au conditionnel.
c) Phrase à un verbe: *aller* au futur simple.
d) Phrase à un verbe: *être* au présent.
e) Phrase à un verbe: *choisir* au conditionnel.
f) Phrase à deux verbes: *tourner* et *monter* à l'impératif présent.
g) Phrase à un verbe: *fermer* au présent.
h) Phrase à un verbe: *finir* à l'imparfait.

Liste de sujets: **tu, nous, je, vous, le responsable des activités, Élise et Baptiste, la classe, ton sac à souliers.**

Étape 2 **Donne ta dictée à des camarades, corrige-la, puis discutez ensemble des erreurs et des corrections.**

1. Quelques cas difficiles pour l'accord du verbe avec le sujet

A Observe un sujet « à deux ou trois têtes »

Tom et moi montons la tente.

Jeanne et toi admirez la nature.

Toi et moi cherchons du bois pour le feu.

Tom et Jeanne préparent le souper.

Jeanne, toi et moi allons nous baigner.

Tom, Jeanne et toi chantez au coin du feu.

Repère les verbes conjugués dans les phrases ci-dessus.

- **À quelle personne sont-ils conjugués ?**

Repère le groupe sujet dans les phrases ci-dessus grâce à l'encadrement par *c'est ... qui*.

- **Quelles sortes de mots forment ces groupes sujets ?**
- **Par quel pronom peux-tu remplacer chaque groupe sujet ?**

Explique comment le verbe s'accorde lorsque le groupe sujet contient une énumération de personnes.

B Observe l'accord du verbe avec le pronom *qui*

1. J'ai trébuché dans un trou qui était couvert de branches.
2. Ma cheville, qui enfle à vue d'œil, me fait terriblement souffrir.
3. Les voisines, qui devaient veiller sur moi, sont allées faire un tour de vélo.
4. Ciel ! J'aperçois une ourse et son petit qui approchent de moi.
5. Vous qui deviez rester près de moi, reviendrez-vous bientôt ?
6. Et moi, qui suis incapable de fuir, je peux seulement crier…
7. La mère ourse qui est effrayée par mes cris s'éloigne rapidement.

Tu connais déjà le mot **qui** comme marqueur de relation. Ce mot est en même temps un pronom.

Reconstruis les phrases de base pour chacune des phrases ci-dessus.

- **Combien de phrases de base trouves-tu ?**
- **Écris-les comme dans l'exemple suivant :**

Exemple pour la phrase 1 :

J'ai trébuché dans un trou qui était couvert de branches. → **Deux phrases de base :**
P1 : J'ai trébuché dans un trou.
P2 : Ce trou était couvert de branches.

Inscris *P2* pour la phrase de base qui contenait le mot *qui* dans la phrase de départ.

Montre que le mot *qui* est un pronom.

- **Quels mots remplacent le mot *qui* dans les phrases de base notées *P2* ?**
- **Quelle est leur fonction dans la phrase de base ?**
- **Par conséquent, quelle est la fonction du pronom *qui* ?**

Explique comment le verbe s'accorde lorsqu'il se trouve après le pronom *qui*.

- **Quel est son sujet ?**
- **À quelle personne dois-tu écrire la finale de ce verbe ?**

C Observe un cas où tu as le choix !

BLOC 1

La majorité des randonneurs fuit devant un ours.

La majorité des randonneurs fuient devant un ours.

Le troupeau de cerfs broute au loin.

Le troupeau de cerfs broutent au loin.

Un groupe de touristes observe la scène.

Un groupe de touristes observent la scène.

BLOC 2

Le panier de pêches a attiré l'ours.

Les paniers de pêches ont attiré l'ours.

Le sac de provisions appartient à Léa.

Les sacs de provisions appartiennent à Léa.

BLOC 3

Le groupe photographie la scène.

Les groupes photographient la scène.

La majorité voit un cerf pour la première fois.

La classe trouve cet animal très nerveux.

Repère les GN-S et les verbes dans les phrases de chaque bloc.

- **Dans quel bloc as-tu le choix d'écrire le verbe à la 3e personne du singulier ou du pluriel ?**
- **Quand les verbes des blocs 2 et 3 sont-ils au singulier ? au pluriel ?**

Consulte les pages de « Tes connaissances à ton service » sur les longs GN-S et les noms collectifs. ➡ p. 262B et 263E

- **Selon ces règles, la terminaison des verbes dans le bloc 1 devrait-elle être à la 3e personne du pluriel ou du singulier ?**

Compare les GN-S des blocs 1, 2 et 3.

- **Qu'est-ce que les GN-S du bloc 1 ont en commun ?**
- **Qu'est-ce que les GN-S du bloc 2 ont en commun ?**
- **Qu'est-ce que les GN-S du bloc 3 ont en commun ?**
- **Qu'est-ce qui différencie les GN-S du bloc 1 des GN-S du bloc 2 ?**
- **Qu'est-ce qui différencie les GN-S du bloc 1 des GN-S du bloc 3 ?**

Explique dans quel cas précis tu as le choix d'écrire le verbe au singulier ou au pluriel.

- **Quelles caractéristiques le GN-S doit-il avoir ?**

2. Le mode et le temps des verbes

Si tu hésites dans la conjugaison des verbes aux temps déjà étudiés, tu peux consulter «Tes connaissances à ton service» et les tableaux de conjugaison aux pages 287 à 320.
À ton âge, on sait se débrouiller !

Quand tu connais bien la conjugaison des verbes, tu peux écrire correctement la finale des verbes selon la personne du sujet. Tu connais déjà bien ces temps: le **présent**, l'**imparfait**, le **futur simple**, le **futur proche**, le **conditionnel présent** du **mode indicatif** ainsi que le **présent** du **mode impératif**. Cette section aborde de nouveaux modes et temps verbaux.

A Observe **le passé simple de l'indicatif**

Le soleil plombait sur la savane et le vent soulevait une fine poussière. Josh l'orphelin chassait. Tout à coup, il entendit des petits cris. Il s'approcha d'un fourré et vit deux lionceaux abandonnés. Les bébés lions étaient si petits qu'ils avaient les yeux à peine ouverts. Son cœur se serra. Dès lors, il voulut les adopter. Il mit les petits dans son panier. Josh les nourrit au biberon, les nettoya et les aima. Il sut si bien en prendre soin que les lionceaux prirent du mieux et grandirent normalement. Ils restèrent avec Josh pendant deux ans. Un jour, les grands fauves durent regagner la savane. Ils partirent au loin, chacun de son côté. Les lions eurent une longue vie. Josh les revit souvent. Chaque fois, ils se roulèrent à ses pieds et Josh put les flatter.

Fais la liste des verbes qui ne sont ni à l'infinitif ni conjugués à l'imparfait dans le texte de la page ci-contre. Ces verbes sont conjugués au passé simple.

Décris la formation des verbes au passé simple.

- **Quelles terminaisons trouves-tu à la 3e personne du singulier ?**
- **À la 3e personne du pluriel ?**

Trouve l'infinitif des verbes au passé simple dans le texte.

Classe les terminaisons du passé simple selon l'infinitif des verbes.

- **Quelles terminaisons trouves-tu au passé simple pour les verbes réguliers à l'infinitif en *-er* ?**
- **Quelles autres terminaisons peux-tu associer aux autres verbes ?**

Trouve le radical des verbes au passé simple. → p. 265 (4.1)

- **Comment est formé le radical pour les verbes réguliers à l'infinitif en *-er* ?**
- **Et pour les verbes réguliers en *-ir/-issant* ?**
- **Que constates-tu pour la formation du radical des autres verbes au passé simple ?**

Consulte les tableaux de conjugaison aux pages 287 à 320.

- **Quels verbes se disent de la même façon au participe passé et à la 3e personne du singulier au passé simple ?**
- **Comment peux-tu éviter de les confondre ?**

Explique comment conjuguer un verbe au passé simple à la 3e personne du singulier et du pluriel.

NOTE : Le passé simple est utilisé surtout dans les contes… et plus jamais quand on parle ! Comme c'est surtout la 3e personne du singulier ou du pluriel qu'on utilise, ce sont les seules formes que tu dois apprendre au primaire.

B Observe le passé composé de l'indicatif

La chaleur cuisait la savane. La faim torturait nos petits corps. Notre mère, victime d'un braconnier, n'était plus à nos côtés. Mon frère et moi étions seuls dans un fourré. Tout à coup, nous avons entendu des pas. Un adolescent est passé près de nous et nous avons crié. Il a entendu nos pleurs. Il nous a pris délicatement et nous a déposés dans un panier. Il nous a dit son nom : Josh. Dès lors, nous avons compris qu'il était notre nouvelle maman ! Josh et ses chiens ont veillé sur nous pendant deux ans. Ils ont fait cela en cachette, loin du village. Nous avons grandi et sommes devenus deux grands fauves. Un jour, nous sommes partis, mon frère et moi, chacun de notre côté. Nous avons revu Josh très souvent. Quand mes premiers lionceaux sont nés, il a pu les bercer.

Consulte le tableau de conjugaison de n'importe quel verbe.

➡ p. 287 à 320

- **Combien de mots forment le passé composé d'un verbe ?**

Fais la liste des verbes au passé composé dans le texte ci-dessus.

- **Quel autre temps de verbe trouves-tu dans le texte ?**

Décris la formation des verbes au passé composé :

1) Trouve quel mot s'accorde en personne et en nombre avec le sujet parmi les mots qui forment un verbe au passé composé.

- **Si tu considères seulement ce mot, de quels verbes s'agit-il ?**
- **À quel temps sont-ils conjugués ?**
- **Pourquoi dit-on que ces verbes sont des *auxiliaires* dans un temps composé ?**

Pour t'aider, cherche le mot auxiliaire dans le dictionnaire.

2) Prête maintenant attention à l'autre mot qui forme le verbe au passé composé.

- **Comment appelle-t-on cette forme du verbe quand on la considère toute seule et non comme une partie d'un temps composé ?**

Pour t'aider, consulte de nouveau un des tableaux de conjugaison.

- **Que remarques-tu à propos de l'accord de ce mot ?**

Tu travailleras cette règle d'accord au chapitre 12.

- **Montre que ce mot donne son sens à la phrase : transforme au présent quelques phrases du texte dont le verbe est au passé composé. Que constates-tu ?**

Explique comment est formé le passé composé d'un verbe.

NOTE : Au secondaire, tu étudieras d'autres temps composés mais tu peux déjà en avoir un aperçu en consultant les tableaux de conjugaison en annexe. → p. 287 à 320

- **Quels autres temps composés se trouvent dans ces tableaux ?**
- **Lesquels sont formés avec le même auxiliaire que le passé composé ?**

C Observe le choix de l'auxiliaire au passé composé

1	2
Je m'ai trompé de numéro.	Je me suis trompé de numéro.
Tu as tombé dans l'escalier.	Tu es tombé dans l'escalier.
Je m'ai blessé au doigt.	Je me suis blessé au doigt.
Il a sorti hier soir.	Il est sorti hier soir.
Je m'ai moqué de lui.	Je me suis moqué de lui.
Je m'ai fait mal hier.	Je me suis fait mal hier.
Je m'ai perdu dans le magasin.	Je me suis perdu dans le magasin.

Repère les verbes au passé composé dans les phrases ci-dessus.

- **Dans quelle colonne les formes correctes du passé composé se trouvent-elles ?**
- **T'arrive-t-il d'entendre ou de dire les formes de l'autre colonne ?**

Consulte la note du tableau de conjugaison du verbe *être* (p. 291) pour expliquer le choix de l'auxiliaire avec chacun de ces verbes.

D **Observe l'usage des temps du passé dans un texte**

Relis le texte du point **A**, à la page 144.

- **Quels temps de verbe trouves-tu ?**

Recopie les phrases dans un tableau à deux colonnes, comme celui ci-dessous, selon le temps du verbe de la phrase (ou partie de phrase si elle contient plus d'un verbe avec un marqueur de relation).

Temps des verbes : ______	**Temps des verbes : ______**
Le soleil plombait sur la savane et le vent soulevait une fine poussière.	Tout à coup, il entendit des petits cris.

Relis toutes les phrases d'une colonne, puis toutes celles de l'autre colonne.

- **Quel temps de verbe sert à la description dans le texte ?**
- **Quel temps de verbe marque les actions qui font avancer l'histoire ?**

Refais exactement le même travail pour le texte du point **B**, à la page 146.

- **Identifie les temps de verbes utilisés, puis classe-les dans un tableau en recopiant les phrases.**

Compare l'usage du passé simple et du passé composé.

- **Que constates-tu ?**

Explique à quoi servent l'imparfait, le passé simple et le passé composé dans une histoire racontée au passé.

NOTE : Lorsqu'on raconte une histoire au passé, on a besoin de deux des temps de verbes du passé :

l'**imparfait** et le **passé simple**
ou l'**imparfait** et le **passé composé**.

On ne mêle pas le passé simple et le passé composé dans un même texte.

E Observe les verbes conjugués au présent du mode subjonctif

1	2
1. Mes parents acceptent que j'aie un iguane.	1. Mes parents savent que j'ai un iguane.
2. J'ai attendu que tu viennes avec moi à l'animalerie.	2. Je t'ai annoncé que tu viens avec moi à l'animalerie.
3. Mia voudra qu'on aille chez le vétérinaire.	3. Mia comprendra qu'on va chez le vétérinaire.
4. Je crains que nous soyons en retard.	4. Je constate que nous sommes en retard.
5. Vos parents souhaitent que vous choisissiez un tout petit iguane.	5. Vos parents trouvent que vous choisissez un tout petit iguane.
6. Elle espérait que ses élèves fassent leur recherche sur l'iguane.	6. Elle croyait que ses élèves faisaient leur recherche sur l'iguane.

Compare les phrases des colonnes 1 et 2.

- **Quelles sont les ressemblances ? les différences ?**

Repère les verbes conjugués au présent du mode subjonctif.

- **Dans quelle colonne se trouvent-ils ?**
- **Où sont-ils situés dans la phrase ?**

Pour t'aider, consulte les tableaux de conjugaison.
➟ p. 287 à 320

Essaie de construire une phrase avec un verbe au subjonctif sans utiliser le mot *que*.

- **Que constates-tu ?**

Donne des exemples de phrases qui prouvent que le mot *que* n'est pas toujours suivi d'un verbe au subjonctif.

Montre que le subjonctif passe souvent inaperçu…

- **Remplace les verbes** ***avoir, venir, aller, être, choisir, faire*** **dans les phrases de chaque colonne ci-dessus par les verbes suivants :** ***adopter, entrer, passer, arriver, emporter, présenter.***
- **Que constates-tu ?**

Trouve quel radical sert à former le présent du subjonctif pour les verbes réguliers en ***-er*** et en ***-ir/-issant***.

Écris les terminaisons du présent du subjonctif dans un tableau comme celui-ci :

	Les terminaisons des verbes au présent du subjonctif		
	Verbes réguliers à l'infinitif en *-er*	**Verbes réguliers en *-ir/-issant***	**Verbes irréguliers**
1re pers. s.			
2e pers. s.			
…			

Pour t'aider, consulte les tableaux de conjugaison.

➡ p. 287 à 320

Explique ce que tu sais de l'utilisation du présent du subjonctif et de sa formation (radical et terminaison).

F Observe les verbes au participe présent

J'observe les lièvres dans la cour. Je les vois, grignotant les légumes du potager. Sachant qu'ils se sauveraient en me voyant, je m'approche d'eux en marchant sur la pointe des pieds. Ils restent là prenant un bain de soleil, bougeant les oreilles ou faisant des cabrioles. Cette année encore, ce sont les lièvres qui récolteront les plus beaux légumes du potager ! Et mon apprenti jardinier de père va encore être déçu !

Trouve les verbes au participe présent dans les phrases ci-dessus à l'aide de leurs caractéristiques :

1) on peut les encadrer des mots de négation *ne … pas* ;
2) on ne peut pas les dire avec un Pron.-S devant, comme *je, tu…* ;
3) leur forme ne change pas quand on met la phrase au passé ou au futur ;
4) les verbes au participe présent sont invariables, ils ne s'accordent ni en personne, ni en genre, ni en nombre ;
5) ils ont tous la même terminaison, que les verbes soient réguliers ou irréguliers.

Justifie tes réponses. Pour chaque verbe au participe présent dans le texte, montre que chaque caractéristique est vraie.

Compare les verbes au participe présent dans le texte avec les mêmes verbes conjugués au présent de l'indicatif.

- **Quel radical se retrouve au participe présent ?**

Explique comment est formé le participe présent d'un verbe.

G Observe **les verbes au participe passé**

Théo a couru à toute vitesse, a dévalé les escaliers, a payé son passage et a réussi à sauter dans le métro à temps. Fiou ! Il est épuisé, mais soulagé. Il s'est accroupi pour reprendre son souffle. Tout à coup, une voix douce a annoncé la prochaine station : métro Longueuil... Horrifié, Théo a bondi et a réalisé qu'il s'était trompé de direction ! Rendu à Longueuil, il est sorti pour reprendre le métro dans l'autre direction. Malheur ! Obligation de payer une deuxième fois. Théo est découragé : il n'a plus un sou. Qui est venu à sa rescousse ? Le hasard. Il a égaré 5 $ et Théo l'a trouvé.

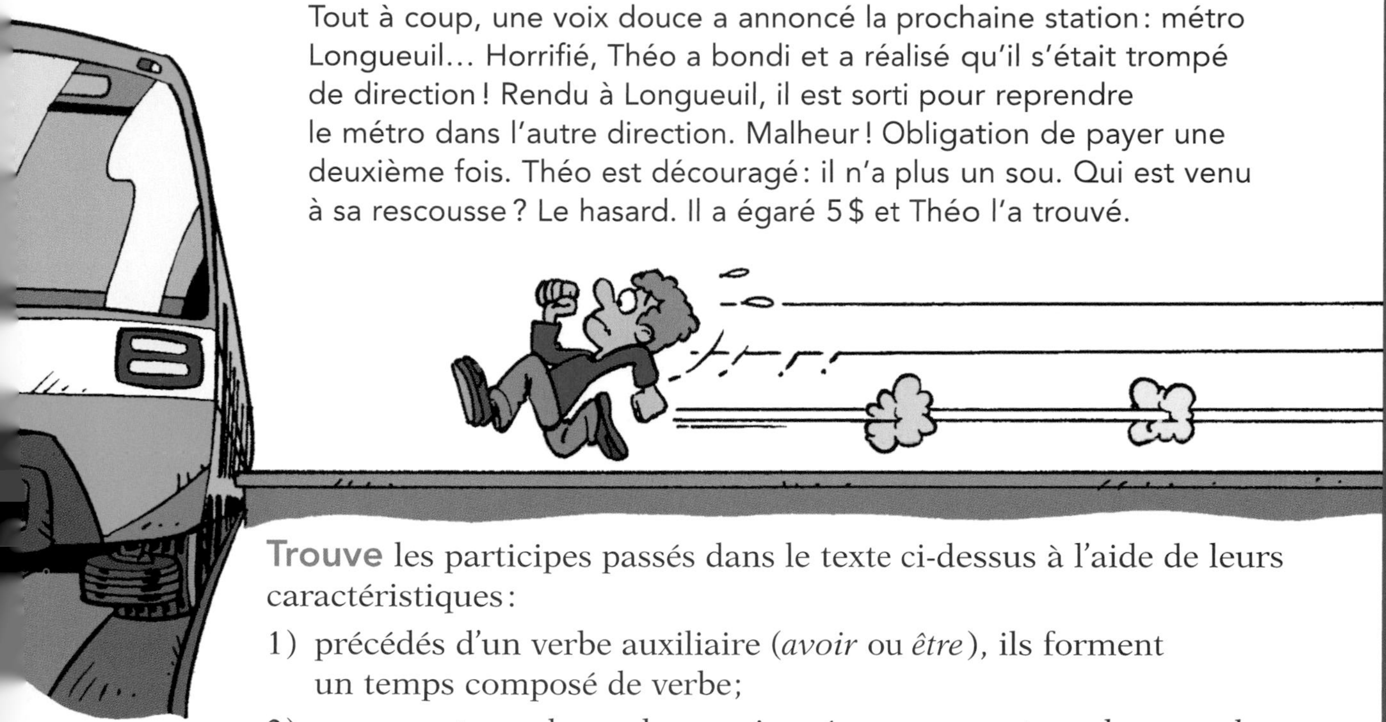

Trouve les participes passés dans le texte ci-dessus à l'aide de leurs caractéristiques :

1) précédés d'un verbe auxiliaire (*avoir* ou *être*), ils forment un temps composé de verbe;
2) ce ne sont pas des verbes conjugués : on ne peut pas les encadrer de *ne ... pas*, ni les dire avec un pronom devant; ils ne changent pas si la phrase est à un temps différent;
3) ils se terminent par une de ces trois voyelles : *-é*, *-i* ou *-u*.

Décris les participes passés.

- **Quelle est la terminaison des participes passés :**
  - **pour les verbes réguliers en *-er* ?**
  - **pour ceux en *-ir/-issant* ?**
- **Que peux-tu dire de la terminaison des participes passés des autres verbes ?**
- **Quel radical forme le participe passé :**
  - **des verbes réguliers en *-er* ?**
  - **des verbes en *-ir/-issant* ?**
- **Que peux-tu dire du radical qui forme le participe passé des autres verbes ?**

Explique comment on forme le participe passé d'un verbe.

Fais la liste des exceptions.

- **Quels participes passés ne se terminent pas par une voyelle ?**
- **Comment peux-tu te souvenir de leur dernière lettre ?**

Pour t'aider, consulte les tableaux de conjugaison.

➡ p. 287 à 320

Exercices

➡ p. 264

1 Compose une phrase à partir de chacun des sujets suivants :

a) Toi et moi
b) Un requin et un phoque
c) Le requin et toi
d) Gaëlle et moi
e) Gaston, toi et moi

Vérifie l'accord de chaque verbe en laissant des traces.

➡ p. 324 et 325

2 Lis le texte ci-dessous.

Le Kilimandjaro est une montagne. On l'admire pour les neiges éternelles. Ces neiges éternelles sont en train de disparaître. Les scientifiques l'ont remarqué. Caroline et moi connaissons bien cette montagne.

Récris ce texte pour l'enrichir. Dans chaque phrase, insère un des groupes ci-dessous à l'aide de *qui*. Conjugue le verbe comme il se doit. Ton texte doit être cohérent.

1. Être aussi un volcan.
2. Recouvrir son sommet.
3. Fondre rapidement.
4. S'intéresser à cette montagne.
5. Venir de Tanzanie.

Exemple :
La montagne mesure 5 895 mètres.
\+ Être la plus élevée d'Afrique.
⇨ La montagne **qui** est la plus élevée d'Afrique mesure 5 895 mètres.

➡ p. 263F

3 Détecte et corrige les erreurs sur le document qu'on te remettra.

➡ p. 267 et 268

4 Prends connaissance du texte ci-dessous.

La journée s'annonce belle. Le soleil brille haut dans le ciel. Albert pédale à toute allure. Tout à coup, la roue avant de sa bicyclette heurte une grosse pierre. Albert fait un vol plané et atterrit aux pieds de la terrible Isa. Voyant cela, elle lui donne des cachets supposément antidouleur. Aussitôt, Albert se transforme en crapaud ! Isa le pousse dans l'étang et lui vole sa bicyclette. Quelle peste, cette Isa !

a) **Récris ce texte en utilisant le passé simple et l'imparfait.**

b) **Récris ce texte en utilisant le passé composé et l'imparfait tout en changeant les personnes. Remplace *Albert* par *Je*; *Isa* par *tu*. Apporte tous les changements nécessaires.**

➡ p. 291

5 Détecte et corrige les erreurs sur le document qu'on te remettra.

➡ p. 271 (4.4)

6 Prends connaissance des débuts de phrases suivants :

a) Il est important que…
b) Je suis sûre que…
c) Il est possible que…
d) Il est dommage que…
e) Il est certain que…
f) Je veux que…
g) Il faut que…
h) Je crois que…
i) Il souhaite que…
j) Tu penses que…
k) Mira a de la peine parce que…
l) Fais ta valise avant que…
m) Luc fait tout pour que…
n) Téléphone-moi pendant que…

Étape 1 **Complète chacune des phrases ci-dessus sans utiliser de verbe en *-er*. Classe tes phrases en deux colonnes : dans la première, écris les phrases que tu dois compléter par un verbe au subjonctif; dans la deuxième, écris les phrases que tu complètes par un temps de l'indicatif.**

Étape 2 **Dans tes phrases de la première colonne, souligne ce qui t'a fait utiliser le subjonctif. Cela peut être :** le 1er verbe de la phrase; le mot de relation; l'adjectif qui suit le verbe *être*.

7 **Lis la lettre ci-dessous. Tu devras l'améliorer.**

M. le directeur,

Mettez plus d'ordinateurs dans les classes. Allongez le temps des récréations. Donnez-nous congé le vendredi après-midi. Agrandissez la cour et plantez beaucoup d'arbres.

Merci de votre collaboration.
Justine, classe 65

Récris la lettre de manière à la rendre plus polie. Pour cela, utilise le conditionnel présent de l'indicatif et le présent du subjonctif.

Exemple :

Mettez plus de jeux dans la cour.
⇨ Nous aimerions que vous mettiez plus de jeux dans la cour.

➡ p. 271 (4.5)

8 **Lis les phrases ci-dessous. Tu devras les raccourcir.**

a) Pendant que je lisais, je voyais les personnages dans ma tête.

b) Au moment où je revenais de la bibliothèque, j'ai eu une idée.

c) Tandis que je cherchais du papier, j'ai imaginé une nouvelle histoire.

d) Lorsque j'étais en train d'écrire, j'ai compris que mon histoire ferait un bon film.

e) Quand j'ai vu mon film, j'étais fière de moi.

Récris chaque phrase en utilisant un participe présent.

Exemple :
Pendant qu'il conduisait, il réfléchissait. ⇨ En conduisant, il réfléchissait.

➡ p. 272

9 **Lis le texte ci-dessous. Tu devras le corriger.**

J'ai tout comprit ! C'est un malentendu. Hier, j'ai écri un message à Nico, mais il ne l'a pas lut. À cause de cela, tu l'as attendu pour rien. Il n'a jamais su qu'il avait rendez-vous avec toi. Il est allé chez la couturière. Elle a coudé son pantalon. Quand j'ai dis à Nico que tu étais fâchée, il a répond qu'il ne savait pas pourquoi. Il ignorait que tu avais fais son dessert préféré. Quand il l'a apprit, il a été très surpri.

Repère tous les participes passés mal formés. Récris-les correctement. Vérifie tes réponses dans un guide de conjugaison.

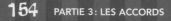

10 **Prends connaissance de la liste de verbes suivante :**

aller	écouter	partir	soustraire
bâtir	éteindre	penser	suivre
conduire	faire	permettre	surprendre
coudre	finir	pouvoir	teindre
craindre	gagner	prendre	venir
danser	grandir	produire	voir
découvrir	lire	promettre	vouloir
décrire	manger	rejoindre	
demander	mettre	revenir	
devenir	mourir	savoir	
dire	ouvrir	souffrir	

Étape 1 **Forme le participe passé de tous ces verbes. Vérifie tes réponses dans un guide de conjugaison.**

Étape 2 **Sur ta feuille, souligne les participes passés irréguliers (ceux qui ne se terminent pas par -*é*, -*i* ou -*u*).**

11 **Prends connaissance des deux listes ci-dessous.**

Liste de sujets

a) c'est moi qui
b) le responsable du projet des élèves
c) le petit chien d'Hortense et son drôle de chat
d) Pierre et toi
e) toi et moi
f) beaucoup d'élèves de ma classe
g) on
h) la classe
i) un groupe d'élèves
j) c'est vous qui

Liste de verbes

A) *voir*, au présent de l'indicatif
B) *écouter*, au présent de l'indicatif
C) *finir*, au présent du subjonctif
D) *faire*, à l'imparfait de l'indicatif
E) *aimer*, au conditionnel présent de l'indicatif
F) *danser*, au futur simple de l'indicatif
G) *venir*, au passé composé de l'indicatif
H) *écrire*, au passé simple de l'indicatif
I) *partir*, au présent de l'indicatif
J) *mettre*, au passé composé de l'indicatif

Pour chaque sujet, choisis un verbe de la liste, puis compose une phrase. Utilise une seule fois chaque verbe.

12 **Détecte et corrige les erreurs sur le document qu'on te remettra.**

CHAPITRE

12

L'accord du participe passé

Cette quatrième règle d'accord, celle du **participe passé** (**PP**), constitue la dernière règle d'accord du français que tu apprendras. Au secondaire, tu l'approfondiras.

A Observe **les positions des participes passés dans la phrase**

1. La campagne endormie rêve sous son manteau de neige fraîchement tombée. Les maisons joliment décorées sont des veilleuses géantes. Les grands pins ont les branches alourdies. Les enfants rêvent aux cadeaux aperçus sous le sapin. Les bas de Noël pendus à la cheminée et remplis de friandises attendent patiemment le réveil des plus jeunes.

2. La visite est enfin arrivée ! Elle a envahi la maison. On a empilé les manteaux sur le lit de ma mère. D'autres cadeaux sont venus garnir le dessous du sapin. Mon grand frère aurait pu être là s'il n'avait pas manqué son avion ! Ma sœur est convaincue qu'il a encore oublié son réveille-matin. Il sera ici dans deux jours, mais il aura manqué le meilleur.

3. Arrivés à l'aéroport, mon frère et sa bien-aimée nous téléphonent. Nous allons les chercher. Fatigués, ils s'endorment dans la voiture. Rendus à la maison, ils nous apprennent qu'ils attendent un bébé. Ravie, ma mère pleure de joie. Quel beau cadeau !

Repère les participes passés dans les trois paragraphes ci-dessus.

Décris la position que les participes passés occupent dans le paragraphe 1.

- **Dans quelle sorte de groupe de mots se trouvent-ils ?**
- **Dans ce paragraphe, les PP sont employés exactement comme une autre classe de mots. Laquelle ?**

Décris la position que les participes passés occupent dans le paragraphe 2.

- **Dans quelle sorte de groupe de mots se trouvent-ils ?**
- **Que remarques-tu à propos du noyau de ces groupes ?**

Décris la position que les participes passés occupent dans le paragraphe 3.

- **En quoi cette position est-elle différente des deux autres ?**

Explique où peuvent se trouver les participes passés dans une phrase.

B **Observe les différences entre la position des participes passés et celle des verbes à l'infinitif**

	Phrases qui contiennent des PP	Phrases qui contiennent des Vinf
1	Phil joue son morceau préféré. Il a la satisfaction du travail accompli. Sa journée terminée, il rentre chez lui. Il se réfugie dans son île enchantée.	
2	Phil a préféré la guitare. Tu as apprécié ses chansons. Il est parti en tournée. Je suis devenue une de ses admiratrices.	Phil aime jouer de la guitare. Tu sais composer de la musique. Je vais partir bientôt. Nous devons travailler demain.
3		Phil vient de remporter un prix. Il commence à maîtriser le hautbois. Il apprend à jouer du violon.
4	Arrivé en Gaspésie, il brise sa guitare. Sorti de l'automobile, il ne trouve plus sa carte de crédit. Hébergé par ses amis, il rit de ses mésaventures.	Pour arriver en Gaspésie, il faut longer le Saint-Laurent. Avant de sortir de l'automobile, détache ta ceinture… Pour héberger tes amis, emprunte une tente.
5	Guérie, Claire assiste au spectacle. Impressionnés, les spectateurs applaudissent. Charmée, la foule danse. Interrompu, Phil perd le fil de sa chanson.	Écouter de la musique est une détente. Critiquer de la musique est difficile. Jouer de la musique est un art. Voir des musiciens est merveilleux.

Décris la position des participes passés et des verbes à l'infinitif dans les phrases de chaque bloc de la page précédente.

- **Quelle différence peux-tu observer entre les PP et les Vinf dans le bloc 2 ? dans le bloc 4 ? dans le bloc 5 ?**

Montre qu'on ne peut pas utiliser un verbe à l'infinitif là où on a un participe passé.

Par ces remplacements, le sens peut devenir absurde, mais une seule phrase reste bien construite.

- **Remplace chaque PP en *-é* de la colonne de gauche (p. 157) par l'infinitif d'un verbe irrégulier comme *perdre* ou *partir*. Que constates-tu ?**

~~choisir (Vinf)~~

Exemple : Phil joue son morceau préféré.
PP

- **Remplace chaque PP en *-é* par un PP de verbe irrégulier comme *perdu* ou *parti*. Que constates-tu ?**

choisi (PP)

Exemple : Phil joue son morceau préféré.
PP

Montre qu'on ne peut pas utiliser un participe passé là où on a un verbe à l'infinitif.

- **Refais le test du remplacement par le PP ou l'infinitif d'un verbe irrégulier dans les phrases de la colonne de droite. Que constates-tu ?**

Explique divers moyens qui te permettent de distinguer un participe passé d'un verbe à l'infinitif dans une phrase.

C Observe **dans quels cas le participe passé s'accorde**

1. Le PP s'accorde

1. La violoniste serait sortie de sa loge.
2. Vous étiez entrés en scène.
3. Nous sommes revenus.
4. Ils seront partis avant la fin.
5. Les partitions du chef d'orchestre sont tombées.
6. Les spectateurs seront enchantés.
7. Les morceaux choisis plaisent au public.
8. Voilà une soirée bien remplie.
9. Applaudie, Léa salue la foule.
10. Épuisés, les artistes regagnent leur loge.

2. Le PP reste invariable

1. Louison a choisi la musique.
2. Ses sœurs ont choisi le sport.
3. Tu as rencontré Louison.
4. Nous avions rencontré ses sœurs.
5. J'aurais voulu parler à Louison.
6. Vous auriez voulu entendre sa musique.
7. Demain, j'aurai écrit une autre chanson.
8. Demain, nous aurons écrit d'autres chansons.
9. Tu as promis de venir me voir.
10. Elles avaient promis de rester.

Repère les participes passés dans les phrases ci-dessus.

Repère les mots qui donnent au participe passé son genre et son nombre dans les phrases de la colonne 1.

- **Par quel moyen as-tu repéré ces mots ?**
- **À quelles classes ces mots appartiennent-ils ?**

Trouve dans quel cas le participe passé ne s'accorde pas.

- **Qu'est-ce qui distingue les PP qui s'accordent des PP invariables ?**

Remplace les participes passés des phrases 1 à 10 de la première colonne par un adjectif parmi les suivants :

fière, seuls, contents, nouvelles, modernes, intéressante, heureux

- **Écris ces nouvelles phrases.**

Compare l'accord des participes passés avec l'accord des adjectifs.

- **Que constates-tu ?**

Explique l'accord du participe passé.

- **Dans quels cas doit-on l'accorder ? Comment ?**

D Observe un cas bien particulier où le participe passé s'accorde

	Le PP ne s'accorde pas		Le PP s'accorde
1	Phil aime beaucoup Maryse. Il a invité Maryse au spectacle.	→	Il l'a invitée au spectacle.
	Tu cherchais tes partitions. Tu as trouvé tes partitions dans ton sac.	→	Tu les a trouvées dans ton sac.
	Le piano et la harpe étaient trop encombrants. J'ai vendu le piano et la harpe à ma voisine.	→	Je les ai vendus à ma voisine.
2	Les instruments appartenaient à ma grand-mère. J'ai vendu les instruments.	→	Les instruments que j'ai vendus appartenaient à ma grand-mère.
	Ma grand-mère était pianiste de concert. J'ai beaucoup aimé ma grand-mère.	→	Ma grand-mère, que j'ai beaucoup aimée, était pianiste de concert.
	J'adore cette musique. Ma grand-mère a composé cette musique.	→	J'adore cette musique que ma grand-mère a composée.
3	Ils ont rencontré des musiciennes.	→	Quelles musiciennes ont-ils rencontrées ?
	Vous avez emprunté des instruments.	→	Quels instruments avez-vous empruntés ?
	Suzie a fait des devoirs.	→	Quels devoirs Suzie a-t-elle faits ?
	Nous avons utilisé une manipulation pour repérer le CD du verbe.	→	Quelle manipulation avons-nous utilisée pour repérer le CD du verbe ?

Repère les participes passés dans les phrases de la page précédente.

- **Quelle colonne présente des phrases avec des PP qui suivent la règle trouvée au point C de la page 159 ?**
- **Lorsque le PP s'accorde, quels mots lui donnent son genre et son nombre ?**

Trouve pourquoi les participes passés de la colonne de droite sont accordés.

Pour t'aider, compare les phrases d'une colonne à l'autre dans chaque bloc, observe bien les transformations. Cherche ce que toutes les phrases de la colonne de droite ont en commun.

Décris, pour chaque bloc, la structure de phrase dans laquelle le participe passé s'accorde.

Explique l'accord du participe passé dans ce cas bien particulier.

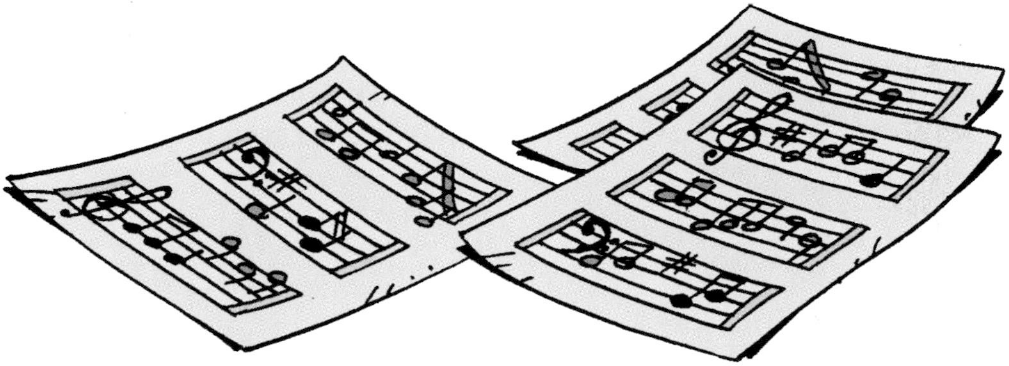

Récapitule

Écris une démarche pour réussir l'accord du participe passé étape par étape.

En voici les grandes lignes :

1. Tu repères les PP. (Comment les reconnais-tu ? Comment peux-tu t'assurer qu'il ne s'agit pas d'un verbe à l'infinitif ?)
2. Tu détermines si le PP s'accorde ou non selon la règle générale. (Comment ? Dans quels cas doit-il être accordé ? Qu'est-ce qui lui donne son genre et son nombre ? Dans quel cas reste-t-il invariable ?)
3. Si tu penses que le PP est invariable, tu vérifies s'il ne s'agit pas du cas particulier où il s'accorde quand même. (Que fais-tu pour t'en assurer ?)

Exercices

→ p. 273 à 275, traces p. 326 et 327

1 **Compose deux phrases pour :**

- chaque position du PP dans la phrase;
- chaque position du Vinf dans la phrase.

Accorde les PP quand c'est nécessaire. Laisse des traces de ton raisonnement.

2 **Lis le texte ci-dessous. Tu devras le transformer.**

Canaille a caché mes pantoufles. Il a mâchouillé mes mitaines. Il est allé dans ma chambre. Il est revenu avec ma trousse à crayons. Épuisé par tous ses mauvais coups, Canaille dort. Il est étendu sur le tapis du salon. Canaille, c'est le surnom de mon petit frère…

Récris le texte en faisant comme si Canaille était une fillette. Apporte tous les changements requis. Vérifie l'accord des PP en laissant des traces.

3 **Détecte et corrige les erreurs sur le document qu'on te remettra.**

4 **Prends connaissance des blocs de phrases ci-dessous.**

Bloc a) Lina avait froid sans ses pantoufles. Elle a retrouvé ses pantoufles sous le divan.

Bloc b) Lina tient à cette trousse. Son grand frère a fabriqué cette trousse.

Bloc c) Canaille a fait des mauvais coups. Lesquels ?

Transforme les phrases de chaque bloc de manière à obtenir une seule phrase où le PP s'accorde.

5 **Détecte et corrige les erreurs sur le document qu'on te remettra.**

Creuse-toi les méninges

Chaque texte de cette section contient des mots qui ont la même sonorité. Pour cette raison, on dit souvent qu'ils sont homophones. Mais attention ! Il ne s'agit pas d'une nouvelle classe de mots !

Pour les écrire correctement, tu dois apprendre à les distinguer.

Pour chaque série, tu dois trouver le plus grand nombre d'explications possible.

Voici des pistes à examiner :

- Ces mots appartiennent-ils à la même classe ?
- Ont-ils le même sens ?
- Sont-ils employés aux mêmes positions dans la phrase ?
- Quelles manipulations t'aideraient à les différencier ? un remplacement ? un ajout ? un effacement ? un déplacement ?

1 *a, à*

Explique comment tu peux savoir quand écrire a ou à. Trouve le plus d'explications possible.

Pierrot a pensé à tout. Il a établi le menu pour la semaine, il a fait une liste d'épicerie, il a planifié sa fin de semaine et celle des enfants, puis il a organisé sa journée : passer à l'épicerie, à la boulangerie, à la pharmacie, à la boucherie et à la quincaillerie. Tout un programme ! Mais voilà qu'il a regardé dehors : le soleil lui a souri ! À 13 heures, Pierrot a pris son vélo et il a fait une longue randonnée à la campagne. En revenant, il a téléphoné à Justine. Il l'a invitée à danser. De retour chez lui, il a lu une bande dessinée. Il a beaucoup ri. Ce n'était pourtant pas au programme de sa journée…

2 *mes, mais, m'est*

Explique comment tu peux savoir quand écrire mes, mais ou m'est. Trouve le plus d'explications possible.

Hier, il m'est arrivé quelque chose de curieux. Mes amis chuchotaient dans mon dos, mes parents cessaient de parler en ma présence, mes perruches m'ignoraient quand j'approchais de leur cage. Je me posais des questions, mais je ne comprenais rien à rien. Tout à coup, l'explication m'est venue… du calendrier ! Aujourd'hui, c'est mon anniversaire. Je pense que mes proches m'organisaient une fête, mais je vais faire comme si je ne le savais pas. J'espère ne pas être déçue…

3 *son, sont*

Explique comment tu peux savoir quand écrire son ou sont. Trouve le plus d'explications possible.

Paule est une petite peste. Elle passe son temps à importuner sa grande sœur quand elle est avec son amoureux, à déranger son grand frère quand il joue avec son ordinateur, à faire choquer son père en montant le son de la télé. Pour Paule, tous les moyens sont bons pour agacer les autres. La sœur, le frère et le père de Paule sont patients, mais il y a des limites. Ils se sont consultés, puis ont pris une décision dont ils sont très contents. Cet été, Paule passera cinq semaines dans un camp de vacances. Ce sont d'autres personnes qui l'endureront…

4 *ses, ces, c'est, s'est*

Explique comment tu peux savoir quand écrire ses, ces, c'est ou s'est. Trouve le plus d'explications possible.

Nous étions au restaurant. Tout à coup, André s'est étouffé avec un morceau de viande. Il s'est levé et s'est pris la gorge à deux mains. Il ne pouvait plus respirer. Ses yeux lançaient des appels au secours. C'est un homme assis à une table voisine qui est intervenu. Il s'est placé derrière André, a passé ses bras autour de lui, puis a fait une manœuvre qui a débloqué le morceau de viande. Cet homme, c'est le sauveur d'André ! Depuis ces pénibles instants, André mange moins vite et prend le temps de bien mastiquer ses aliments. Ces incidents-là sont tellement bêtes…

5 *ma, m'a*

Explique comment tu peux savoir quand écrire ma ou m'a. Trouve le plus d'explications possible.

Quelle journée ! Ma mère m'a grondé parce que j'avais mangé toute la compote aux pommes. Ensuite, elle m'a refusé la permission de rentrer tard. Ma sœur ne m'a pas prêté son baladeur. Mon père m'a annoncé que je n'aurais pas de bicyclette neuve à ma fête. Ma meilleure amie m'a appris qu'elle déménageait dans un mois. Ma chatte m'a mordu… J'ai hâte d'aller me coucher !

6 *mon, m'ont*

Explique comment tu peux savoir quand écrire mon ou m'ont. Trouve le plus d'explications possible.

La semaine dernière, mon grand-père et mon père m'ont emmené à la pêche avec eux. J'avais ma canne à pêche et mon coffre neuf. Ils m'ont expliqué comment mettre un ver à mon hameçon. Ensuite, ils m'ont regardé faire. Quand j'ai lancé ma ligne, j'ai manqué mon coup : ma canne à pêche est tombée dans le lac. L'eau n'était pas profonde. Mon père est allé la chercher. En revenant, il est tombé dans l'eau…

7 *on, ont, on n'*

Explique comment tu peux savoir quand écrire on, ont ou on n'. Trouve le plus d'explications possible.

On n'a jamais vu cela ! Des centaines de milliers de chauves-souris ont élu domicile dans le grenier d'une grange abandonnée. On se demande pourquoi elles ont choisi cet endroit. On ne voit pas cela souvent. On n'a pas compris ce qui les attire là. Les biologistes ont fait des prélèvements, ils ont pris des photos et ils ont bagué quelques animaux. On espère qu'on en saura plus très bientôt.

8 *ou, où*

Explique comment tu peux savoir quand écrire ou ou où. Trouve le plus d'explications possible.

Que veux-tu faire ? Où veux-tu aller ? Au cinéma ou chez Thomas ? Qui veux-tu inviter ? Marthe ou Marcel ? Réponds-moi ou je pars sans toi... Tu sais où me joindre...

9 *ce, se*

Explique comment tu peux savoir quand écrire ce ou se. Trouve le plus d'explications possible.

Ce matin-là, Simon se réveille comme d'habitude. Il s'étire et se lève. Il se douche, puis il déjeune. Il se demande s'il va mettre ce pantalon-ci ou celui-là, ce chandail-ci ou cette chemise-là... Il se coiffe et se rend à l'arrêt d'autobus. Comme d'habitude. Ses amis ne sont pas au rendez-vous. Ce n'est pas la première fois que Simon est le premier arrivé. Tout à coup, il aperçoit sa voisine qui promène son chien. « Ce stupide chien... », pense Simon. La voisine demande au jeune homme ce qu'il fait là. « J'attends l'autobus scolaire », lui répond Simon. Elle se tourne vers son chien et lui dit : « Simon a oublié que c'est samedi ! » « Ce n'est même pas drôle ! », se dit Simon en retournant chez lui.

10 *et, est, aie, ait*

Explique comment tu peux savoir quand écrire et, est, aie ou ait. Trouve le plus d'explications possible.

On est mercredi. Pierre est nerveux et inquiet. Il doit passer une audition pour un rôle de chef de police dans un film. « Mes amis souhaitent que j'aie ce rôle. J'ai confiance en moi. J'ai le talent. Pourvu que j'aie le courage d'aller jusqu'au bout. Il faudrait que j'aie un peu de chance aussi… » Sur scène, il commet plusieurs erreurs et il a des trous de mémoire. « Je voudrais qu'il ait une deuxième chance et qu'il ait un autre texte à apprendre, dit un des juges. Il serait parfait dans le rôle du roi des gaffeurs ! »

11 *il a, il y a*

Explique comment tu peux savoir quand écrire il a ou il y a. Trouve le plus d'explications possible.

Il y a quelques années, il a manqué d'électricité pendant plusieurs semaines dans tout notre village. Il a plu, il a venté et il a fait très froid. Une épaisse couche de verglas recouvrait tout. Il y a eu des arbres cassés et des pylônes électriques tordus. Il y a plusieurs personnes qui ont quitté leur domicile. Heureusement, il n'y a pas eu de mort. Il a fallu beaucoup de courage pour faire face à la situation. Je garde un seul bon souvenir de cette catastrophe : les champs derrière chez moi étaient devenus des patinoires à la grande joie de mon frère. Un jour, il a patiné tellement loin qu'il était trop fatigué pour revenir ! Il a téléphoné de la maison de ses amis à 15 km de chez nous ! Ce soir-là, il a dormi chez eux.

PARTIE

4 Les mots

L'orthographe dans diverses langues

Dans certaines langues, l'orthographe est simple et régulière:
une lettre = un son
et un son = une lettre… ou presque!

En allemand: Eine mark → 8 lettres écrites pour 8 sons
(sens: «un mark», la monnaie allemande)

En tchèque: Más fotoaparát? → 13 lettres qui représentent 13 sons
(sens: «As-tu l'appareil photo?»)

En espagnol: Es una buena idea → 14 lettres pour 14 sons
(sens: «C'est une bonne idée»)

En espagnol, une seule lettre peut être muette: h.

Cette correspondance idéale entre les lettres et les sons ne se fait pas dans toutes les langues. En français et en anglais, l'orthographe est plus compliquée! Par exemple, en anglais:

- les lettres **ough** se prononcent de différentes manières:

mot anglais	**prononciation qui ressemble à:**
tough (*difficile*)	[tof]
dough (*pâte*)	[dô]
thought (*pensée*)	[thât]
through (*à travers*)	[throu]

Demande à quelqu'un de dire ces mots pour bien entendre la façon de les prononcer.

- et un son peut s'écrire de diverses manières:

Toutes ces voyelles se prononcent [eu].

mot anglais
burn (*brûler*)
fern (*fougère*)
work (*travailler*)

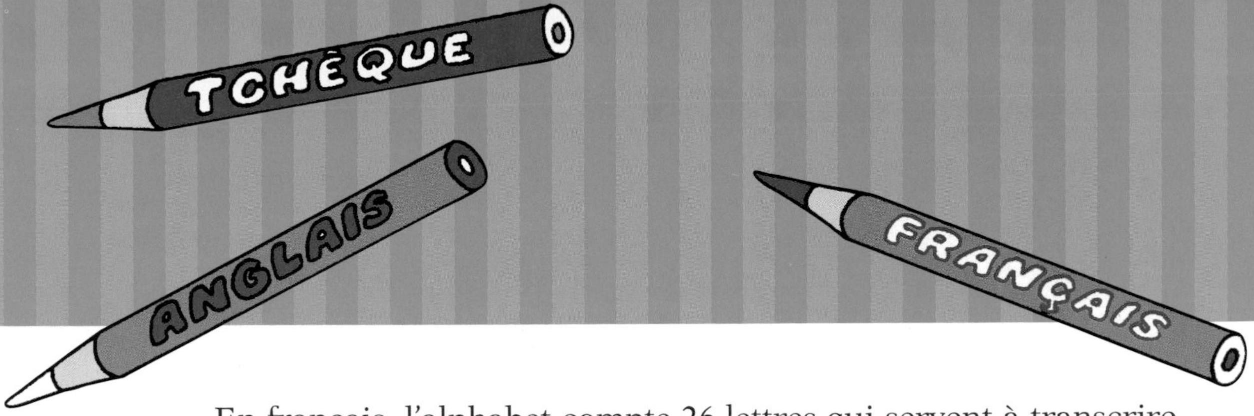

En français, l'alphabet compte 26 lettres qui servent à transcrire 36 sons. C'est tout un problème !

Pense à l'orthographe du mot *oiseau* : tu entends [wazo], mais aucun de ces sons ne s'écrit par une lettre qui y correspond.

Les homophones sont fréquents en français. Pour les distinguer à l'écrit, on a eu recours à l'histoire des mots, à leur origine. Par exemple :

> vin, vingt (le g et le t se trouvaient dans le mot latin : *viginti*);
> sang (*sanguis* en latin), cent (*centum* en latin).

En français, certaines lettres muettes servent à indiquer une prononciation. Par exemple :

> La lettre h dans le mot *cahier* t'indique qu'il faut prononcer séparément la lettre *a* et la lettre *i*, sinon on prononcerait [è].

Notre orthographe est difficile mais, au fond, on l'aime bien !

Qu'en sais-tu, qu'en penses-tu ?

- **Sais-tu écrire une autre langue que le français ? Explique à tes camarades comment fonctionne son orthographe. S'agit-il de lettres ou de symboles ? S'agit-il du même alphabet ? L'orthographe de cette langue est-elle simple (une lettre = un son) ou complexe, comme celle du français ?**
- **Trouve d'autres mots français qui ne s'écrivent pas comme ils se prononcent.**
- **Que fais-tu quand tu doutes de l'orthographe ou du sens d'un mot ?**
- **Comment fais-tu pour retenir l'orthographe d'un mot difficile ?**

Dans cette partie, tu apprendras à comprendre le sens des mots, à reconnaître des «airs de famille» entre eux. Tu remarqueras aussi quelques tendances qui t'aideront à retenir l'orthographe de plusieurs mots.

Poursuis ton apprentissage sur le sens et l'orthographe des mots. Mais avant de commencer…

Ravive ta mémoire

➡ p. 276

L'ordre alphabétique ? C'est pour que tu t'y retrouves encore plus rapidement !

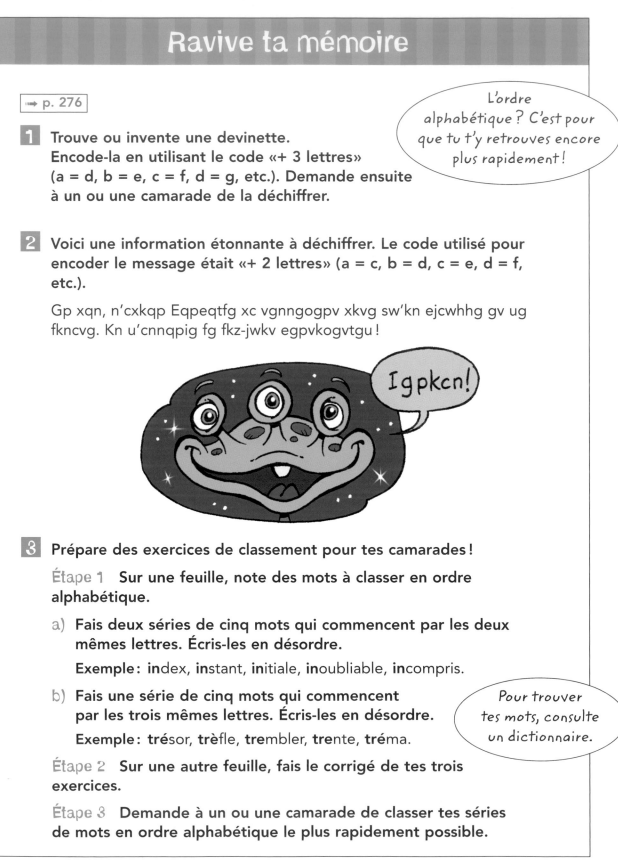

1 **Trouve ou invente une devinette. Encode-la en utilisant le code «+ 3 lettres» (a = d, b = e, c = f, d = g, etc.). Demande ensuite à un ou une camarade de la déchiffrer.**

2 **Voici une information étonnante à déchiffrer. Le code utilisé pour encoder le message était «+ 2 lettres» (a = c, b = d, c = e, d = f, etc.).**

Gp xqn, n'cxkqp Eqpeqtfg xc vgnngogpv xkvg sw'kn ejcwhhg gv ug fkncvg. Kn u'cnnqpig fg fkz-jwkv egpvkogvtgu !

3 **Prépare des exercices de classement pour tes camarades !**

Étape 1 **Sur une feuille, note des mots à classer en ordre alphabétique.**

a) **Fais deux séries de cinq mots qui commencent par les deux mêmes lettres. Écris-les en désordre.**

Exemple : **in**dex, **ins**tant, **in**itiale, **in**oubliable, **in**compris.

b) **Fais une série de cinq mots qui commencent par les trois mêmes lettres. Écris-les en désordre.**

Exemple : **tré**sor, **trè**fle, **tre**mbler, **tre**nte, **tré**ma.

Pour trouver tes mots, consulte un dictionnaire.

Étape 2 **Sur une autre feuille, fais le corrigé de tes trois exercices.**

Étape 3 **Demande à un ou une camarade de classer tes séries de mots en ordre alphabétique le plus rapidement possible.**

4 **Trouve le mot qui correspond à toutes les devinettes d'un bloc. Attention ! D'une définition à l'autre, le mot recherché se prononce de la même manière, mais il s'écrit différemment. Vérifie l'orthographe de chaque mot dans le dictionnaire.**

Bloc a) – C'est blanc, bon pour la santé et délicieux à boire.
– Pas beau.

Bloc b) – Il miaule et ronronne.
– C'est le trou d'une aiguille.

Bloc c) – Si tu as deux chaussures, tu as une… de chaussures.
– Ton grand-père paternel est le… de ton père.

Bloc d) – Entre 19 et 21.
– Plusieurs adultes en boivent à l'occasion.

Bloc e) – Si tu es fiable, on peut… sur toi.
– Ton petit frère te demande de lui… une histoire.

➟ p. 278 et 279D

5 **Lis le texte suivant.**

Approcherais-tu d'un crocodile ? Le pluvian, lui, n'hésite pas à le faire. Quand un crocodile s'installe sur la berge la gueule ouverte, c'est le signal. Le **pluvian** entre alors dans la gueule du **crocodile** pour faire un grand ménage. Le **pluvian** mange tous les parasites qui se trouvent entre les dents et sous la langue du **crocodile**.

Récris le texte en remplaçant les répétitions en gras par des mots englobants.

– Pour trouver des mots englobants qui remplaceront *crocodile*, utilise la phrase-clé : *Le crocodile est une sorte de…*

– Pour trouver des mots englobants qui remplaceront *pluvian*, cherche dans un dictionnaire ou une encyclopédie !

6 **Voici trois verbes mal écrits : doner, metre, prandre.**

Étape 1 **Corrige-les et vérifie tes corrections dans le dictionnaire.**

Étape 2 **Ces verbes ont plusieurs sens. Pour chacun de ces verbes, trouve dans le dictionnaire deux synonymes qui correspondent à des sens différents.**

Étape 3 **Écris une phrase pour illustrer le sens de chacun des synonymes.**

Étape 4 **Récris chaque phrase en remplaçant le synonyme par le verbe de départ.**

Quelles phrases préfères-tu ?

7 **Prends connaissance du texte ci-dessous.**

Quelle soirée **ratée** ! D'abord, ma mère a voulu que je porte ma robe **multicolore**, celle que je trouve **affreuse**. Ensuite, au restaurant, le repas était **infect**. Le film que nous sommes allés voir était **ennuyeux**. Vraiment, j'ai **détesté** ma soirée.

Récris le texte en remplaçant chaque mot en gras par un antonyme.

➡ p. 279A à 281

8 **Dans chacune des listes suivantes, il y a un mot qui n'est pas de la même famille que les autres. Trouve cet intrus !**

a) pensée, repenser, pension, pensif, pensivement

b) cassure, concasser, incassable, jacasser, casser

c) raison, irraisonné, déraisonné, raisonnable, livraison

d) lent, lentille, ralentir, lentement, lenteur

e) méchant, rechanter, chantonner, déchanter, chant

9 **Recopie les mots ci-dessous.**

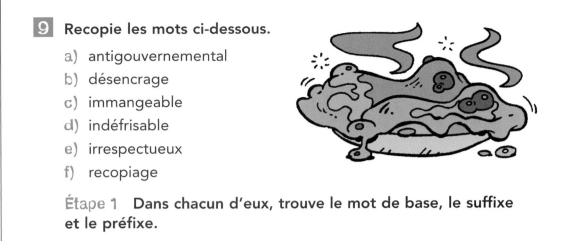

a) antigouvernemental
b) désencrage
c) immangeable
d) indéfrisable
e) irrespectueux
f) recopiage

Étape 1 **Dans chacun d'eux, trouve le mot de base, le suffixe et le préfixe.**

Étape 2 **Explique chacun de ces mots sans consulter le dictionnaire, mais en utilisant tes connaissances sur le sens des préfixes et des suffixes.**

10 **Dans les phrases ci-dessous, quelques mots sont mal écrits.**

a) Je ne suis pas d'accort ! Je ne suis pas aussi bavart que tu le dis.

b) Il fait chaud, mais c'est vanteux. Heureusement !

c) J'ai vu un lézar vert sur un rocher tout blan.

d) Viens au chalet. On ira denser et faire du canod.

Étape 1 **Dresse la liste des mots mal écrits.**

Étape 2 **Explique chaque erreur à l'aide de mots de même famille.**

Étape 3 **Corrige chaque erreur.**

➡ p. 283

11 **Le texte ci-dessous compte quelques mots mal écrits. Prends-en connaissance.**

En novembre, Guenevièvе a eu onze ans. Elle a recu une gitare, deux belles paires de pamtalons et trois gros cousins pour son fauteuil. Elle a remercié ses parents. Ca leur a fait plaisir.

Étape 1 **Dresse la liste des mots mal écrits.**

Étape 2 **Explique chaque erreur à l'aide des règles d'orthographe que tu connais.**

Étape 3 **Corrige chaque erreur.**

CHAPITRE

13

Le sens des mots

Les mots ont souvent plusieurs sens. Bien comprendre le sens des mots, c'est aussi enrichir son vocabulaire, mieux s'exprimer et mieux comprendre les textes lus dans toutes les matières. Ce chapitre te donnera des moyens pour y parvenir.

A **Observe** le sens de quelques préfixes

Quels préfixes connais-tu déjà ?

1. – un jeu **interactif**, un appel **interurbain**, une rencontre **interclasse**, un échange **interculturel**

2. – ouvrir son **parachute**, oublier son **parapluie**, installer un **paratonnerre**
   – une activité **parascolaire**, des phénomènes **paranormaux**, du personnel **paramédical**

3. – **survoler** la ville, un évènement **surnaturel**, une force **surhumaine**, une maison **surélevée**
   – une maison **surchauffée**, des enfants **surexcités**, un ordinateur **surpuissant**, un refuge **surpeuplé**

4. – la **télécommande** de la **télévision**, **télécopier** un document, parler au **téléphone**

5. – **transporter** des documents, une **transfusion** sanguine, **transformer** des phrases, **transplanter** un arbre
   – **transpercer** la peau, un plastique **transparent**, la route **transcanadienne**

Trouve le sens des mots en gras dans chaque bloc.

Au besoin, consulte un dictionnaire.

- **Quel préfixe les mots en gras ont-ils en commun dans chaque bloc ?**
- **Quel est le sens de chaque préfixe ? Quels préfixes ont plus d'un sens ?**

Explique pourquoi il est utile de bien connaître le sens des préfixes et leur orthographe.

B Observe le sens de quelques suffixes

Quels suffixes connais-tu déjà ?

1. doucement, lentement, silencieusement, gentiment
2. jappement, divertissement, accouchement, ronflement
3. assiettée, pelletée, cuillerée, gorgée
4. beauté, gratuité, liberté, méchanceté
5. journaliste, cycliste, graphiste, alpiniste, pianiste
6. journalisme, cyclisme, graphisme, alpinisme

Trouve le sens des mots de chaque bloc.

Au besoin, consulte un dictionnaire.

- **Quel suffixe les mots de chaque bloc ont-ils en commun ?**
- **Quel sens apporte chaque suffixe ?**

Décris comment sont formés les mots qui contiennent un suffixe.

- **À quelle classe les mots de chaque bloc appartiennent-ils ? À quelle classe leur mot de base appartient-il ?**
- **Écris tes observations dans un tableau comme celui ci-dessous. Fais un tableau par bloc.**

Bloc	MOT AVEC SUFFIXE (classe du mot) =	MOT DE BASE (classe du mot) +	SUFFIXE
1	doucement Adv.	douce A	*-ment*

Explique comment les suffixes permettent de changer la classe d'un mot.

C Observe le sens figuré des mots

1. Les **moutons** donnent de la laine.
   Le vent fait des **moutons** sur le lac.
   Il y a des **moutons** de poussière partout.
   Comme ces gens sont **moutons** ! Si un fait quelque chose, tous les autres suivent !

2. Il y a des **vagues** sur la mer.
   Des **vagues** de touristes envahissent la plage.
   Une **vague** de chaleur s'abat sur le Québec.

3. Le feu fait une belle **flamme**.
   Janette parle de son nouveau projet avec **flamme**.

Trouve les différents sens du mot répété en gras dans chaque bloc.

- **Dans chaque bloc, quelle phrase emploie le mot dans son sens le plus courant ?**

Au besoin, consulte un dictionnaire.

> **Le mot juste**
>
> De nombreux mots ont un **sens propre** et un **sens figuré** (parfois plusieurs). Le sens propre est le sens le plus courant et le premier sens du mot. Au fil du temps, le mot s'est enrichi d'un ou de plusieurs autres sens, en lien avec le premier mais souvent plus abstraits : ce sont les sens figurés.
>
> Dans la plupart des dictionnaires, le sens figuré est précédé de l'abréviation *fig.*

Explique les liens entre le sens propre et les divers sens figurés du mot répété en gras dans chaque bloc.

D Observe des mots français empruntés à diverses langues

balcon	jogging	sabbat	talc
bazar	klaxon	samba	thème
fiasco	nénuphar	satin	tringle
fjord	opéra	snob	uranium
folklore	pacha	soccer	valse
football	redingote	soja	zouave

Consulte un dictionnaire pour trouver de quelle langue provient chacun de ces mots.

- **Qu'est-ce qui te surprend dans ce que tu viens de découvrir ?**

Vérifie d'abord dans la liste des abréviations de ton dictionnaire pour voir s'il mentionne l'origine des mots.

E Observe des mots anglais qui ne sont pas acceptés en français

1. La «**fanne**» fait trop de vent.

---

2. Dans l'accident, il y a un «**truck**», un «**pick-up**» et une «**van**». Des «**towings**» s'en viennent.

---

3. «**Watche**» ton petit frère deux minutes.

Cherche ces mots dans le dictionnaire.

- **Que constates-tu ?**
- **Lesquels de ces mots emploies-tu ?**
- **Par quel mot français peux-tu remplacer chacun d'eux ?**

NOTE : Toutes les langues empruntent des mots à d'autres langues. C'est un processus naturel et nécessaire dans la vie des langues. Mais quel nombre de mots peut-on emprunter sans perdre sa langue ? Combien de ces mots étrangers peut-on utiliser tout en restant compris des autres personnes qui parlent la même langue ?

Pour préserver le français au Québec, l'*Office québécois de la langue française* s'efforce de créer des termes français pour nommer des inventions faites en pays anglophones. Le mot *baladeur* en est un bel exemple. Mais il arrive que la population n'adopte pas le mot proposé : par exemple, *gaminet* pour «*T-shirt*».

Exercices

➡ p. 280 à 282

Tes mots doivent être différents de ceux de la page 174.

1 **Dans ton dictionnaire, trouve trois mots avec chacun des préfixes suivants: *inter-*, *para-*, *sur-*, *télé-* et *trans-*.**

2 **Combine chacun des mots ci-dessous avec un des préfixes suivants: *inter-, para-, sur-, télé- et trans-.***

a) guider
b) mener
c) national
d) sol
e) vider

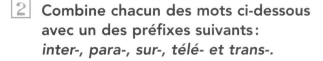

3 **Forme deux mots avec chacun des suffixes suivants: *-ment, -ée, -té, -iste, -isme.***

4 **Prends connaissance des mots ci-dessous.**

a) bon
b) bouche
c) courageuse
d) guitare
e) scout

Étape 1 **Combine chacun de ces mots avec un des suffixes suivants: *-ment, -ée, -té, -iste, -isme.***

Étape 2 **Compose une phrase avec chaque mot de la liste a à e, puis une autre phrase avec chacun des mots que tu as formés à l'étape 1.**

Étape 3 **Indique la classe de chaque mot de la liste et de chaque mot que tu as formé. Laisse des traces de ton raisonnement.**

5 **Utilise tous les suffixes et les préfixes que tu connais pour faire le plus de mots possible à partir des mots ci-dessous. Vérifie si tes mots sont dans le dictionnaire.**

a) monter
b) porter
c) visible
d) classe
e) passer
f) humain

6 **Trouve le sens figuré des mots ci-dessous. Ensuite, compose une phrase avec chacun des mots employés au sens figuré.**

a) piège
b) gamme
c) brûler
d) poids
e) survoler

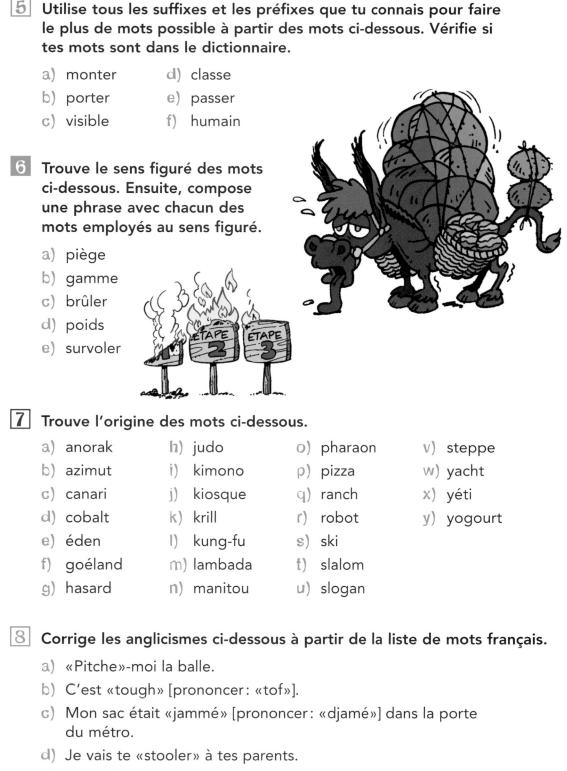

7 **Trouve l'origine des mots ci-dessous.**

a) anorak
b) azimut
c) canari
d) cobalt
e) éden
f) goéland
g) hasard
h) judo
i) kimono
j) kiosque
k) krill
l) kung-fu
m) lambada
n) manitou
o) pharaon
p) pizza
q) ranch
r) robot
s) ski
t) slalom
u) slogan
v) steppe
w) yacht
x) yéti
y) yogourt

8 **Corrige les anglicismes ci-dessous à partir de la liste de mots français.**

a) «Pitche»-moi la balle.
b) C'est «tough» [prononcer: «tof»].
c) Mon sac était «jammé» [prononcer: «djamé»] dans la porte du métro.
d) Je vais te «stooler» à tes parents.
e) Le professeur nous «tchèque».
f) J'ai «scoré» un but.

Mots français: coincer, compter, dénoncer, difficile, lancer, surveiller.

CHAPITRE

14 L'orthographe des mots

Retenir l'orthographe des mots n'est pas toujours facile. Dans ce chapitre, tu observeras des tendances qui t'aideront.

Garde ta liste de mots à portée de main.

A Observe **à quelle fréquence certaines consonnes doublent**

Conserve tous les tableaux que tu feras dans ce chapitre. Ils te serviront de nouveau.

Recherche, dans ta liste, tous les mots qui contiennent les consonnes des séries ci-dessous. Classe ces mots dans un tableau semblable au suivant:

Série n°	
Mots dans lesquels la consonne est double	**Mots dans lesquels la consonne est simple**

Série 1: Mots qui contiennent *h*, *j*, *k*, *q*, *v* ou *x*.

Exemples: cahier, déjà, folklore, piquer, avoir, exiger.

Série 2: Mots qui contiennent *b*, *d*, *g* ou *z*.

Exemples: abeille, adresse, agacer, azur;
abbé, addition, aggraver, pizza.

Série 3: Mots qui commencent par une voyelle suivie de *c*, *f*, *p* ou *r*.

Exemples: accent, affaire, effacer, officier, apporter, arroser;
acrobate, afin, apercevoir, arachide.

Décris, pour chaque série, la tendance qui se dégage des tableaux.

- **Les consonnes de la série 1 doublent-elles souvent, rarement ou jamais? Qu'en est-il des consonnes des séries 2 et 3?**

Il y a d'autres difficultés avec les consonnes doubles, mais ces quelques tendances t'aideront sûrement un peu!

B Observe **les graphies *-y* et *-ill* du son [ye]**

1. un brouillon	un caillou	dérailler	un maillot	la rouille	tailler
2. un crayon	envoyer	joyeux	payer	royal	un tuyau

Prononce les mots de chaque série en découpant les syllabes.

- **Dans quelle série as-tu besoin de deux «*i*» pour dire correctement les mots ?**

Explique selon quelle règle le son [ye] s'écrit *-y* ou *-ill*.

Vérifie cette règle: consulte ta liste de mots et écris, dans un tableau, tous les mots qui suivent la règle. Si tu trouves des exceptions, inscris-les au bas de ton tableau.

Mots qui ont la graphie *-y*	Mots qui ont la graphic *-ill*

C Observe **les noms terminés par le son [oir]**

balançoire	espoir	mémoire	poire
couloir	histoire	miroir	trottoir
devoir	mâchoire	nageoire	

Copie les noms ci-dessus selon les graphies *-oir* ou *-oire*:

Mots qui ont la graphie *-oir*	Mots qui ont la graphie *-oire*

- **Quelle caractéristique les noms de chaque colonne ont-ils en commun ?**

Explique selon quelle règle le son [oir] s'écrit *-oir* ou *-oire* à la fin des noms.

Vérifie dans ta liste de mots si tous les noms qui se terminent par le son [oir] suivent cette règle. Ajoute-les à ton tableau.

- **Trouves-tu des exceptions ? Si oui, écris-les au bas de ton tableau.**

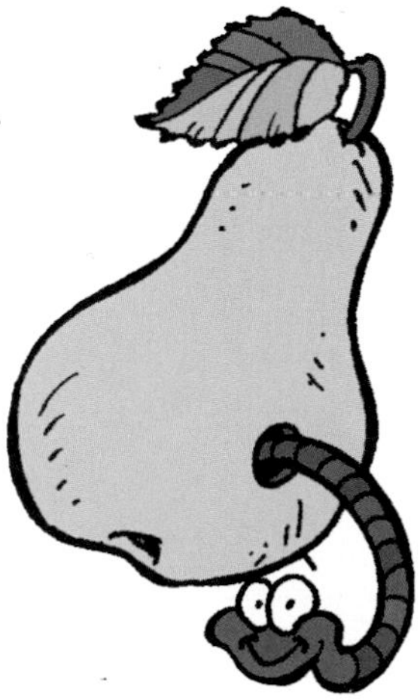

D Observe les noms terminés par les graphies *-ail*, *-aille*, *-eil* et *-eille*

abeille	détail	orteil	travail
bétail	ferraille	réveil	volaille
conseil	médaille	soleil	
corbeille	oreille	taille	

Copie les noms ci-dessus selon leur graphie :

Noms qui se terminent par les lettres...			
-ail	*-aille*	*-eil*	*-eille*

- Quelle caractéristique les noms de chaque colonne ont-ils en commun ?

Explique la règle d'écriture des sons [ail] ou [eil] à la fin des noms.

- Quand faut-il écrire *-ail* ? *-aille* ? *-eil* ? *-eille* ?

Vérifie dans ta liste de mots si tous les noms qui se terminent par les sons [ail] ou [eil] suivent cette règle. Ajoute-les à ton tableau.

- Trouves-tu des exceptions ? Si oui, écris-les au bas de ton tableau.

E Observe les graphies du son [é] à la fin des mots

march**er**	saut**ez**	risqu**é**	us**ée**	je lir**ai**	pi**ed**
fermi**er**	n**ez**	beaut**é**	poup**ée**	j'**ai**	

Repère, dans ta liste de mots, tous les mots qui se terminent par le son [é]. Consulte aussi tes tableaux de conjugaison.
➟ p. 287 à 320

Classe-les dans un tableau selon la graphie du son [é]. Il y aura autant de colonnes que de façons d'écrire le son [é].

Exemple :

Graphie du son [é] à la fin d'un mot			
-er	*-ez*	*-é*	...

- Quelles graphies sont fréquentes ? Lesquelles sont rares ?

Explique, autant que possible, la graphie du son [é] pour les mots de chaque colonne.

- **Quels autres sous-groupes peux-tu établir ? Comment les expliques-tu ?**
- **Quelles stratégies peuvent t'être utiles ? pour quels mots ?**

> Pour t'aider, établis des sous-groupes à l'intérieur des mots d'une même colonne. Par exemple : « Parmi les mots en -er, on trouve des verbes à l'infinitif. »

F Observe les graphies du son [o] à la fin d'un mot

bat**eau**	chev**aux**	boy**au**	ch**aud**	déf**aut**
tr**op**	rep**os**	rob**ot**	pian**o**	

Repère, dans ta liste de mots, tous ceux qui se terminent par le son [o].

Classe-les dans un tableau selon la graphie du son [o]. Il y aura autant de colonnes que de façons d'écrire le son [o].

Exemple :

Graphie du son [o] à la fin d'un mot			
-eau	*-aux*	*-au*	…

- **Quelle graphie est la plus fréquente ? la moins fréquente ?**

Explique, autant que possible, la graphie du son [o] pour les mots de chaque colonne.

- **Quels sous-groupes peux-tu établir ?**
- **Quelles stratégies peuvent t'être utiles ? pour quels mots ?**

Exercices

➞ p. 284 à 286

1 **Crée un exercice de recherche d'erreurs pour tes camarades ! Pour cela, consulte les tableaux que tu as remplis pour faire tes observations.**

Étape 1 **Consulte un de tes tableaux, puis écris un texte d'environ cinq lignes (ou cinq phrases détachées) en utilisant dix mots de ce tableau. Ce sera le corrigé de l'exercice.**

Étape 2 **Copie ton texte (ou tes phrases) à double interligne. Insère une erreur dans cinq des dix mots pris dans le tableau. Révise bien le reste du texte.**

Étape 3 **Donne ton exercice à un ou une camarade, puis corrige-le.**

2 **Trouve et corrige les erreurs dans le texte ci-dessous.**

Dehors, c'est la tempête ! On ne voit pas l'horizon. Tout semble iréel. Le vent aggresse les braves qui osent sortir. Bien enveloppée dans mon parka, j'attends un taxi. Je viens d'en appercevoir un. Il aproche. Zut ! Il accélère et passe tout droit : le chauffeur s'est trompé d'addresse. Malheur ! Il vient d'avoir un accident ! A-t-il commis une ereur ? L'arrière du véhicule a frappé un poteau d'affiche publicitaire. Je monte à l'apartement afin d'appeler les secours. Quelques minutes plus tard, ils arrivent. Quelle eficacité !

3 **Trouve et corrige les erreurs dans le texte que voici.**

Ouch ! Je viens de me frapper l'orteil sur l'armoir. Je cours dans le couloir, saute partout comme une grenouille, mords mon chandaille et me tords les oreils de douleur. Ça fait mal, c'est incroyable ! J'ai essaillé de ne pas pleurer, mais… Ma mère me donne un mouchoire pour essuiyer mes larmes. Pour me changer les idées, mon petit frère vient me chatouyer. Mon père a une idée brillante : il fait couler de l'eau froide dans la baignoir et me suggère de faire tremper mon pied pour calmer la douleur. Mais mon pied est effrayé ! Il ne sait pas nager, il a peur de se noyer et se met à aboiller. J'ai beau lui conseiller de faire trempette, il refuse et ne cesse de crier ! C'est la batail ! Quelle histoire !

4 **Trouve et corrige les erreurs dans le texte que voici.**

C'est le début de la soiré. Le sorcié est arrivé près du peuplié. Il est allé cherché une pelletée de terre brûler. Il attend. Au bout d'un moment, une araigné fait signe au sorcier d'entrée. Il tourne la poignée, pousse la porte, monte dans l'escalier, puis se glisse dans une grande cheminé. Après une glissade de plusieurs minutes, le sorcier aperçoit le nuage de fumer qui dissimule l'entrée des oubliettes. Là, il a caché sa créature. Il la contemple avec fiertée. Quelle beauté ! Elle a un long nez recourber, un pied posé sur un serpent et trois yeux remplis de cruautée ! Son grand nez a détecter l'odeur du sorcié.

5 **Trouve et corrige les erreurs dans le texte suivant.**

Après ma leçon de piano et avant celle de judo, je vais voir mon amie Margot. Je prends le radeau, traverse le ruisseau, salue un crapot et arrive près du château. Je souffle dans le tuyeau et agite le gros grelo. C'est le signal, mon amie vient me rejoindre près du grand bouleau. Elle arrive avec ses chevau. Comme je lui tourne le dot, elle me surprend et je fais un petit sau. Nous montons sur les bêtes et partons au petit tro. Tout à coup, un idio effraie nos chevaux qui partent au grand galot. Quel rodéo ! On finit par calmer les animaux. Nous leur donnons un peu de repo.

PARTIE

5 Tes connaissances à ton service

Cette partie est un aide-mémoire de toutes tes connaissances en grammaire. Consulte-la souvent !

SOMMAIRE

PARTIE 1

PARTIE 2

Tu ne trouves pas ce que tu cherches ? Consulte l'index aux pages 328 à 330.

PARTIE 3

PARTIE 4

Les textes

Chapitre 1 • Raconter

La base des histoires

A **Deux manières de raconter une histoire**

Pour écrire une histoire, il faut choisir une manière de raconter.

Histoire racontée à la 1re personne ou **Histoire racontée à la 3e personne**

La personne qui écrit raconte son histoire ou fait comme si l'histoire lui arrivait. Pour cela, elle emploie des *je* et des *nous*. Si l'histoire de *Panique* (p. 189) était racontée à la 1re personne, on aurait l'impression qu'Isa raconte sa propre histoire:

J'arrive chez les Perron...
La voisine et moi cherchons Tom...
Nous nous précipitons...

La personne qui écrit l'histoire fait comme si elle voyait ses personnages dans un film. Le texte *Panique* (p. 189) en est un exemple.

Isa arrive chez les Perron...
Isa et la voisine cherchent Tom...
Elles se précipitent sur le trottoir...

B **Le narrateur, la narratrice**

Le personnage qui raconte l'histoire s'appelle **narrateur** ou **narratrice**.

Dans une **histoire racontée à la 1re personne**, le narrateur ou la narratrice est un personnage qui participe aux évènements. On connaît ses actions, ses pensées... C'est le cas de Katou, la narratrice du texte *Les esprits du lac* (p. 16 et 17).

Dans une **histoire racontée à la 3e personne**, le narrateur ou la narratrice est un personnage qui ne participe pas aux évènements. On ne sait rien de ce personnage, mais il voit tout ce qui se passe. C'est le cas du narrateur de *La musique de Quatre-Mains* (p. 6 et 7) et de celui de *Pompéi* (p. 11 à 13).

Sauf dans les histoires vécues racontées à la 1re personne, le narrateur n'est pas l'auteur. Dans *Les esprits du lac*, par exemple, l'auteur est un homme (Éric Bernatchez), mais la narratrice est un personnage féminin (Katou).

C L'organisation des idées

Les parties d'une histoire :

La situation initiale

On présente les personnages et ce qui se passe au début.

Le problème (ou l'élément déclencheur)

Un problème survient : une difficulté à surmonter, un besoin à combler, etc.

Sans problème, pas d'histoire !

Un 1er épisode

- Action (ou tentative)
  Un personnage tente de régler le problème.

Le nombre d'épisodes varie d'une histoire à l'autre.

- Dénouement (ou résolution)
  Cela réussit… ou non.

Un 2e épisode

- Action (ou tentative)
  Le personnage essaie autre chose ou un nouveau personnage intervient pour régler le problème.
- Dénouement (ou résolution)
  Cela réussit… ou non.

La fin

On dit comment se termine l'histoire.

La fin est heureuse… ou malheureuse (quand toutes les tentatives échouent).

Panique…

Isa arrive chez les Perron pour garder Tom, 5 ans. Le petit n'est pas là.

— Il est chez la voisine, dit la mère. Il va revenir bientôt.

Sur ce, les parents de Tom s'en vont.

Au bout d'une demi-heure, Tom n'est pas rentré. Tout à coup, le téléphone sonne.

— Isa, dit la voisine paniquée, Tom a disparu ! Il jouait dans la cour avec mon canard, mais il n'est plus là !

— Malheur ! dit Isa. J'arrive !

Isa et la voisine cherchent Tom partout dans la maison. Elles le cherchent aussi dans la cour et alertent les voisins.

Aucune trace de Tom…

Au moment où elles s'apprêtent à téléphoner aux policiers, elles entendent « couac ! ».

Elles se précipitent sur le trottoir et aperçoivent M. Bibeau suivi de Tom et du canard.

Le petit curieux avait suivi l'oiseau jusqu'à la mare du parc et s'était égaré. M. Bibeau avait vu un Tom en peine et le ramenait chez lui.

— Tu vas me chicaner, pleurniche Tom.

— Pas moi, répond Isa. Je laisse ça à tes parents !

D Les expressions qui désignent un personnage

Pour désigner un personnage, on le nomme par son **nom** →	**Isa** arrive chez les **Perron**… **Tom** a disparu !
ou par un **GN**; →	Isa et **la voisine** cherchent Tom partout…
ensuite, on se sert souvent d'un **pronom**. →	**Il** jouait dans la cour… **Elles** se précipitent sur le trottoir…
On utilise parfois toute une **expression synonyme**. →	**Le petit curieux** avait suivi l'oiseau…

E Une manière de faire parler les personnages

On met un tiret à la ligne, au début des paroles du personnage. →

Quand un autre personnage parle, on change de ligne et on met un nouveau tiret. →

… M. Bibeau avait vu un Tom en peine et le ramenait chez lui.

— Tu vas me chicaner, **pleurniche Tom.**

— Pas moi, **répond Isa**. Je laisse ça à tes parents !

← Pour être encore plus clair, on précise qui parle en insérant des phrases comme *pleurniche Tom…* et *répond Isa…* On met une virgule devant la phrase.

F Des mots qui marquent le temps

Pour indiquer **le moment précis** où cela se passe	Pour indiquer qu'un évènement a lieu **subitement**	Pour indiquer qu'un évènement a lieu **après** un autre
hier quand… ce matin le lendemain au moment où… au bout d'une demi-heure… …	aussitôt tout à coup soudain …	alors puis ensuite …

Divers genres d'histoires

1. Un conte classique → Texte 1, p. 6 et 7

A L'univers imaginaire du conte classique

La musique de Quatre-Mains

De nombreux détails montrent que l'histoire se déroule dans un **monde imaginaire**. →	– L'histoire se situe au temps des métronomes. – Il y a les Orchestrins, des petites créatures débordantes d'énergie, et un personnage à quatre mains… – Pour créer leur monde imaginaire, les auteures se sont inspirées du monde de la musique.
Mais surtout, dans ce monde imaginaire, il y a de la **magie**, du **surnaturel**. →	– Velmer aspire les dernières énergies de Maestro. – Flammèche, qui jaillit du sol, lui donne une pierre de magma magique. – Dans le marais, à chaque énigme que Maestro résout, un nénuphar apparaît pour lui permettre de traverser. – Une formule magique transforme Velmer en livre de musique.
Ce monde imaginaire **ressemble** aussi **au nôtre**. →	– On y trouve la musique d'un piano, des partitions, un village, un matin ensoleillé… – Les Orchestrins peuvent naître, mourir, dormir, chanter, danser, glisser… Ils ont des émotions et des sentiments, des qualités et des défauts.

B Le narrateur, la narratrice de conte classique → p. 188

Un conte classique est toujours raconté à la 3e personne par un narrateur ou une narratrice dont on ne sait rien.

C L'organisation des idées dans un conte classique

Le conte a les mêmes parties que n'importe quelle histoire, mais il a des particularités.

Les parties de l'histoire		*La musique de Quatre-Mains* ➡ p. 6 et 7
1. La situation initiale Dans un conte, on décrit un **monde imaginaire**. ➡ p. 191 Le **temps** et le **lieu** restent souvent vagues. *Il était une fois, dans un royaume lointain…*	→	Au temps des métronomes, dans un village lointain…
2. L'élément déclencheur amène **le problème principal**. Dans un conte, **le héros ou l'héroïne reçoit la délicate mission de régler ce problème**. *Un jour, soudain…*	→	Pour Maestro, il s'agit de retrouver les partitions disparues, car, sans elles, le peuple n'aura plus d'énergie. Cette mission entraînera le héros dans une série d'aventures.
3. Les épisodes ou péripéties *Structure de chaque épisode:* *a*) un nouveau lieu avec un nouveau problème; *b*) des actions pour le résoudre; *c*) la résolution de ce nouveau problème. Dans les épisodes d'un conte, il y a souvent **de la magie**. *Chaque épisode est comme une mini-histoire en elle-même.*	→	Ce conte contient **quatre épisodes, chacun contenant une difficulté**: – au début, Maestro perd son énergie; – à la Terre de Feu, il est paralysé; – au Marais de la Solitude, il doit résoudre des énigmes; – au Glacier des Mers Profondes, il se bat contre Velmer. Dans les deux premiers épisodes, Maestro est **sauvé grâce à la magie de nouveaux personnages**: – Acapella et son chant qui fortifie; – Flammèche et sa pierre magique. Ensuite, Maestro agit lui-même, mais la **magie est toujours présente**: – ses bonnes réponses aux énigmes font apparaître des nénuphars qui lui permettent de traverser le marais; – il gagne contre Velmer à l'aide de son chant magique.

4. Le dénouement (ou la résolution du problème principal) → Maestro retrouve les précieuses partitions.

5. La situation finale → Maestro rentre au village et reçoit une récompense. Il vivra dans l'honneur et la fierté pour le reste de sa vie.

Ils se marièrent et eurent beaucoup d'enfants.

D Les temps de verbes dans le conte

L'utilisation de l'**imparfait** et du **passé simple** de l'indicatif → p. 268 donne un style plus classique au texte.

Les paroles des personnages ne sont pas à un temps du passé.

E Une manière de faire parler un personnage

Tu connais l'utilisation du tiret → p. 190 pour insérer un échange de paroles dans une histoire. Voici comment faire lorsqu'un seul personnage parle:

Un **verbe** introduit les paroles du personnage. Dans une histoire racontée au passé, ce verbe est au passé simple.

On met **deux points** et on ouvre les **guillemets** devant les paroles du personnage.

Un combat s'engagea et Velmer lui lança un autre sort: «Do-ré-mi-fa-sol-la-si-danse, Maestro, danse!»

On ferme les **guillemets** à la fin des paroles du personnage.

Les verbes dans les paroles du personnage sont au **présent** (ou à un **autre temps** si nécessaire).

«Maestro, tu mérites une récompense [...], **proclama** le sage. Toi seul **auras** le privilège de chanter la note UT.»

2. Un récit historique → Texte 2, p. 11 à 13

A Un récit historique

Consulte un dictionnaire de noms propres à Pompéi et à Vésuve.

Un récit historique raconte un **évènement qui a réellement eu lieu**. On peut **vérifier** son existence **en consultant d'autres sources**: des **livres d'histoire**, une **encyclopédie**, un **dictionnaire**, **Internet**.

Pompéi

Les **détails** sont **réalistes** pour la vie de l'époque. → Les gens de Pompéi achètent des fruits et des légumes, les enfants s'amusent à glisser…

On donne **des faits**. →
- Une colonne de feu s'élève dans le ciel.
- Une pluie fine de pierres ponces s'abat sur Pompéi.
- Certains toits commencent à s'effondrer.

On raconte aussi **les réactions des gens**, pour mieux faire ressentir l'évènement aux lecteurs et lectrices. →
- Les Pompéiens sont stupéfiés.
- Personne n'a vraiment conscience du danger.
- Les enfants s'en amusent.
- On tente de fuir les cendres qui emplissent les yeux, la bouche, les poumons.

B Les marques de temps

Dans un récit historique, le temps est indiqué le plus précisément possible.

Dans *Pompéi*, on a des marques de temps précises comme intertitres, →
24 août de l'an 79 apr. J.-C. 10 heures du matin
Deux heures plus tard…
Une heure plus tard…

et d'autres marques de temps dans le texte. →
Un beau jour d'été, … Soudain, …
En plein après-midi, … L'aube est là, …

C L'organisation des idées dans un récit historique

Un récit historique peut comporter les mêmes parties que n'importe quelle histoire.

Les parties de l'histoire		*Pompéi*
1. La situation initiale	→	Les habitants de Pompéi mènent une vie normale.
2. L'élément déclencheur	→	Une explosion a lieu, le volcan du Vésuve entre en éruption.
3. Les épisodes Ils suivent les étapes de l'évènement.	→	Les Pompéiens ne peuvent rien contre l'éruption du volcan. D'abord, les gens ne sont pas conscients du problème. Ensuite, ils commencent à fuir, car ils ne peuvent rien faire d'autre.
4. Le dénouement (ou la résolution)	→	La ville est ensevelie sous les cendres, des milliers de personnes sont mortes.
5. La situation finale	→	Pompéi n'existe plus !

Souvent, un récit historique suit un ordre chronologique, exactement comme les textes informatifs en séquence. → p. 205

D Diverses façons de désigner les personnages

Réfère à **un ensemble** de personnages		Réfère à **une partie** des personnages	Ne réfère à **aucun** personnage
GN au pluriel	Pronom singulier		
les gens les Pompéiens hommes	chacun	les plus anciens les adultes les plus avisés ceux qui décident de rester deux mille personnes quelques survivants les enfants certains	personne nul

Ces exemples sont tirés du texte *Pompéi*.

E L'usage du présent narratif → p. 265

L'histoire de *Pompéi* est racontée au présent même si l'éruption du volcan a eu lieu en l'an 79 après Jésus-Christ. C'est ce qu'on appelle **présent narratif**.

3. Une histoire de peur → Texte 3, p. 16 et 17

A Le narrateur, la narratrice

Pour augmenter le suspense, la personne qui écrit peut choisir de raconter l'histoire à la 1re personne. → Dans ***Les esprits du lac***, la narratrice est Katou, la sœur de Chantale.

- **ma sœur** Chantale, **mes parents** et **moi**…;
- avec **nos cousins** Martin, Mathieu et Judith…;
- **Katou** ! Appelle M. Gilbert […] **m'**a lancé Chantale.

Quand le narrateur ou la narratrice fait partie d'un groupe, on trouve souvent la 1re personne du pluriel. → **Nous** avions tous entre 13 et 15 ans, et **nos parents** avaient bien confiance en **nous**.

B L'organisation des idées

Une histoire de peur contient **les mêmes parties qu'une histoire ordinaire**. → p. 189

Tout est dans la manière de dire les choses ! → p. 197

C Comment faire peur dans une histoire

Ce n'est pas sorcier, il faut **laisser la peur s'installer tranquillement**, **faire attendre le lecteur ou la lectrice** en fournissant des détails qui les mettent bien dans l'ambiance, **pour que la peur chemine aussi en eux**.

Quelques moyens à utiliser		*Les esprits du lac*
• Dès **la situation initiale**, on peut choisir des mots qui créent une ambiance de peur.	→	Il est **11 heures du soir**, les jeunes sont **seuls** pour la **nuit**… Chantale fait son numéro de **voyante**…
• **L'élément déclencheur** est inquiétant pour un personnage, mais aussi pour le lecteur ou la lectrice.	→	Dans ce texte, il s'agit d'un bruit inexplicable: TAC! Un coup sec mais fort… — Hein? Qu'est-ce que c'est? a crié Judith, qui était toujours la première à s'inquiéter.
• Dans **les épisodes**, on peut raconter comment la peur gagne les personnages un à un.	→	— Hein? Encore? s'est étonné Martin, de l'autre côté du mur. […] Chantale a froncé les sourcils, soudainement très inquiète. […] Mathieu ne riait plus, Martin était figé et Judith avait la gorge serrée. […] Nous étions tous pris d'effroi…
D'un épisode à l'autre, on peut **ajouter des problèmes inquiétants**, ce qui rend l'histoire encore moins rassurante.	→	Il [M. Gilbert] n'a jamais répondu. L'intercom n'émettait aucun grincement. Tout était mort.

Si tous les personnages avaient peur tout de suite, les lecteurs et lectrices risqueraient de trouver l'histoire ridicule!

NOTE: Le texte *Les esprits du lac* reproduit aux pages 16 et 17 est un extrait de l'histoire originale. Pour connaître la suite des épisodes et le dénouement de l'histoire, il faudrait lire la fin du texte sur le document reproductible.

D Les temps de verbes

Sauf dans les dialogues, l'histoire *Les esprits du lac* est racontée au passé en utilisant l'**imparfait** et le **passé composé** → p. 268. L'utilisation du passé composé donne à l'histoire un style **plus moderne que le passé simple**.

E Le contraste entre la langue écrite et la langue orale

Dans *Les esprits du lac*, on observe un contraste entre la langue écrite et la langue orale qui apparaît dans les paroles de personnages.

Dans les **paroles des personnages**, le **vocabulaire** est plus **familier**, et les **structures de phrases** sont celles de la **langue orale**. →

– Hein ?
– Ah ! Essaye pas !
– Non, je vous jure que c'est pas moi…
– …je gage que…
– …le prof d'anglais…

Le **langage de la narratrice** convient bien à la **langue écrite**, le **vocabulaire** est plus **recherché**. →

Un coup sec mais fort a résonné en provenance du mur de la chambre.
[…]
Trois minutes plus tard, un nouveau TAC !, encore plus fort, prouva l'innocence de Martin.
[…]
Nous étions tous pris d'effroi…

4. Une histoire où les problèmes s'enchaînent

→ Texte 4, p. 20 et 21

A Le narrateur, la narratrice → p. 188

L'histoire *Un jour comme les autres* est racontée à la 3e personne, par un narrateur inconnu.

B L'organisation des idées dans une histoire où les problèmes s'enchaînent

Une telle histoire a les mêmes parties que n'importe quelle autre, mais les épisodes sont particuliers.

Les parties de l'histoire		*Un jour comme les autres*
La situation initiale	→	Robin rentre de l'école en jouant avec son ballon de soccer.
L'élément déclencheur	→	Le ballon brise la vitrine d'un magasin. La vitre cassée tombe à côté d'un chien.
Les épisodes À chaque épisode, il y a un nouveau problème pour un nouveau personnage. L'action de l'un devient un problème pour le suivant. *C'est une vraie réaction en chaîne : une cause produit un effet, qui devient la cause d'un 2e effet, qui devient la cause d'un 3e effet...*	→	• Nouveau problème : en se sauvant, le chien bouscule un chat. Ce chat traverse la rue sans regarder. • Cela devient un problème pour Mlle Chicosse : elle arrive à bicyclette et freine pour éviter le chat, fait un vol plané et atterrit dans la rue. • Cela devient un problème pour le docteur, qui arrive en voiture : il fait un zigzag pour éviter Mlle Chicosse, mais il frappe un camion qui transporte un lion... *ainsi de suite...*
Le dénouement (ou la résolution)	→	On ne sait pas vraiment comment cet enchaînement de problèmes se règle...
La situation finale La fin est surprenante. *Ce qui est drôle, c'est qu'un si petit problème finisse par en causer d'énormes !*	→	Robin est triste d'avoir perdu son ballon... (Son problème est bien ordinaire ! Il ne semble pas conscient de tous les dommages que son ballon a causés...)

C L'usage du présent narratif → p. 265

L'histoire *Un jour comme les autres* est racontée au présent, mais cela n'empêche pas de comprendre que tous les évènements sont terminés, et même, qu'ils ont sans doute été inventés, juste pour faire rire.

Chapitre 2• Informer

1. Texte organisé en constellation

A Le titre, les intertitres, les illustrations

Le texte *La pile électrique* est un texte informatif.

Le titre

De quoi va-t-on parler dans ce texte ? Le titre sert à l'annoncer.

Le rôle des illustrations

Dans un texte informatif, les illustrations aident à mieux comprendre le texte. Elles rendent aussi la page plus agréable à regarder.

Les intertitres

Rien de mieux que des intertitres précis pour donner rapidement au lecteur ou à la lectrice une idée des informations qui se trouvent dans chaque partie du texte.

Des idées regroupées

Les idées ne sont pas toutes mêlées, elles sont regroupées par thèmes ou par aspects, avec un intertitre pour chacun.

Par exemple, dans le paragraphe 2, «La pile de M. Volta», on décrit la toute première pile. Dans le paragraphe 3, «Un contact électrisant…», on explique comment une pile produit de l'électricité.

La pile électrique

1 Depuis leur invention, les piles, que certains appellent «batteries», fonctionnent à peu près de la même manière. Mais les piles d'aujourd'hui sont de plus en plus efficaces.

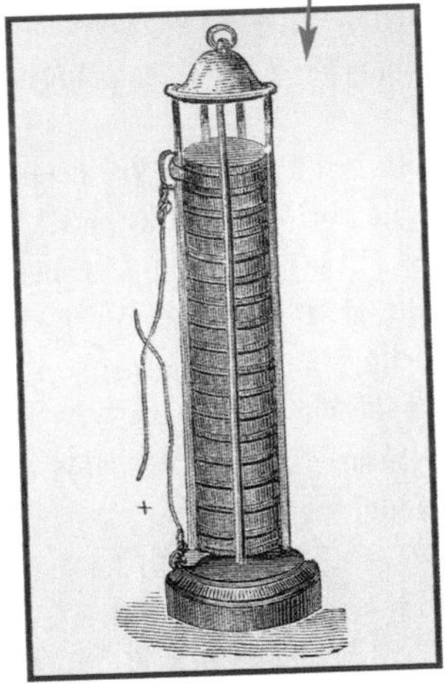

La pile de M. Volta

2 La première pile électrique date de l'an 1800. Elle est attribuable au physicien italien Alexandre Volta. Pour fabriquer sa pile, Volta a utilisé des plaques de zinc et d'argent, séparées par un papier imbibé d'une solution saline. En reliant les deux métaux par un fil, il a créé un courant électrique. Le mot «pile» vient d'ailleurs de l'image créée par ce premier «empilage» de plaques.

Un contact électrisant…

3 Quant à l'électricité, elle résulte d'une réaction générée par le contact des trois substances. Cette réaction implique des déplacements d'électrons, particules invisibles de la matière. Ce sont ces électrons qui sont à l'origine du courant électrique.

Des piles modernes

4 Il existe aujourd'hui plusieurs types de piles. Dans les baladeurs, on retrouve des piles nickel-cadmium, nommées ainsi à cause des différents métaux entrant dans leur composition. Dans les lampes de poche, ce sont des piles dites zinc-carbone. Il existe aussi des piles au lithium, capables de générer de grandes quantités d'électricité. Petites et très légères, ces piles sont utilisées notamment dans les stimulateurs cardiaques.

Les Débrouillards, n° 154, mai 1996.

B L'organisation des idées

L'introduction

Le texte commence par une introduction. Cette première partie permet d'«entrer» dans le texte.

L'introduction donne envie de lire la suite et fournit un aperçu du contenu du texte.

→

La pile électrique

Depuis leur invention, les piles, que certains appellent «batteries», fonctionnent à peu près de la même manière. Mais les piles d'aujourd'hui sont de plus en plus efficaces.

Le développement

Après l'introduction, le reste du texte constitue le développement. C'est le corps du texte, là où se trouvent toutes les idées.

Le développement du texte *La pile électrique* suit une **organisation en constellation** qu'on peut illustrer par un **schéma en marguerite**.

Voici le schéma du texte *La pile électrique*.

Le schéma contient autant de pétales que d'aspects développés dans le texte.

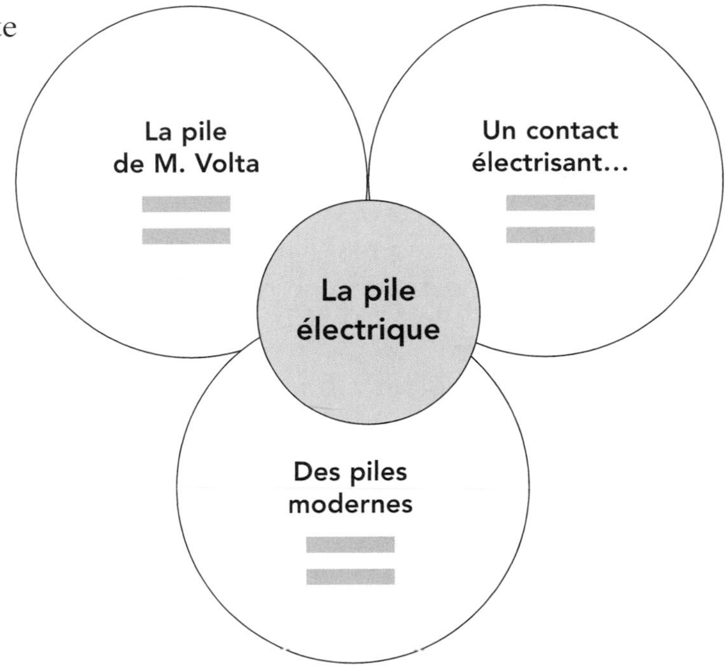

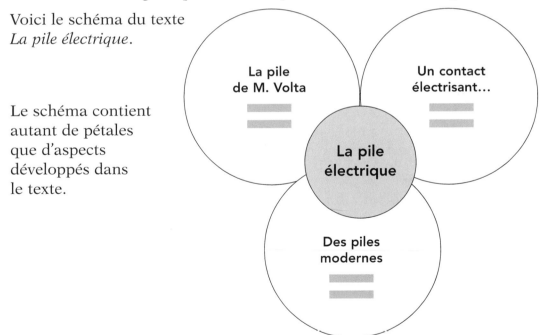

Dans ce genre de texte, on peut **lire** seulement **quelques parties** ou les lire toutes **dans l'ordre qu'on veut**. On comprendra quand même le texte.

Un **schéma en marguerite** peut servir **pour se préparer à écrire** ce genre de texte. On écrit le titre du texte au centre puis, dans de grands pétales, les intertitres ou les thèmes qui organisent le texte. On y écrira ensuite les informations pertinentes au fur et à mesure qu'on les trouvera.

2. Texte organisé en constellation «ordonnée»

Comme tu le sais déjà, dans un texte qui décrit divers aspects (ex.: *La pile électrique*, p. 200), l'ordre de présentation de chaque aspect n'a pas d'importance. C'est pour cela qu'on parle d'une organisation en constellation. Mais très souvent, l'auteur ou l'auteure **organise quand même la présentation des aspects selon un ordre logique**.

A L'organisation des idées

Voici le schéma qui montre **l'organisation des idées** dans le texte 1, *Rire c'est sérieux !* → p. 30

L'introduction

L'auteure a trouvé un moyen pour que les lecteurs se sentent concernés par le sujet du texte. → On aime tous rire de temps en temps...

Cette introduction se termine par l'idée générale qui sera développée dans la suite du texte. → Le rire n'est pas un phénomène simple !

Le développement

Chaque paragraphe élabore un aspect relié au sujet du texte.

Les aspects développés suivent un **ordre logique**: ici, du haut du corps (1) vers le bas (5).

Quand l'ordre logique suit l'ordre chronologique, on a un texte en séquence. → p. 204 et 205

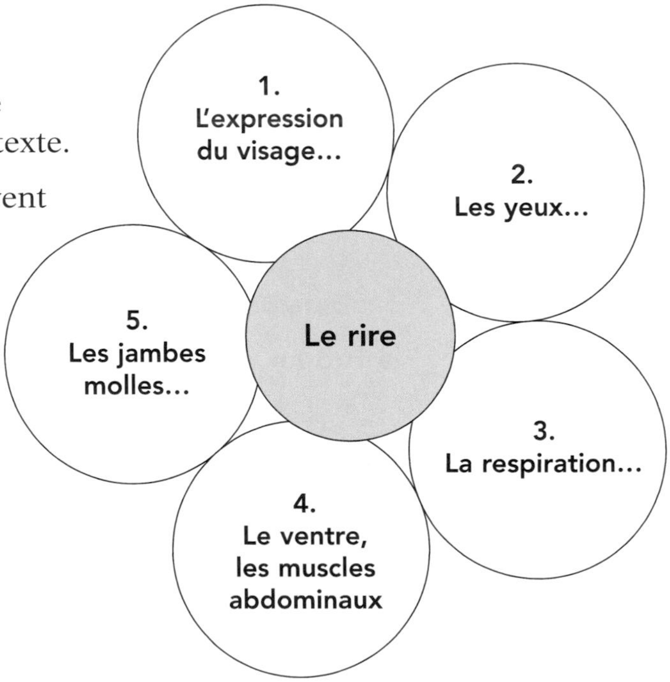

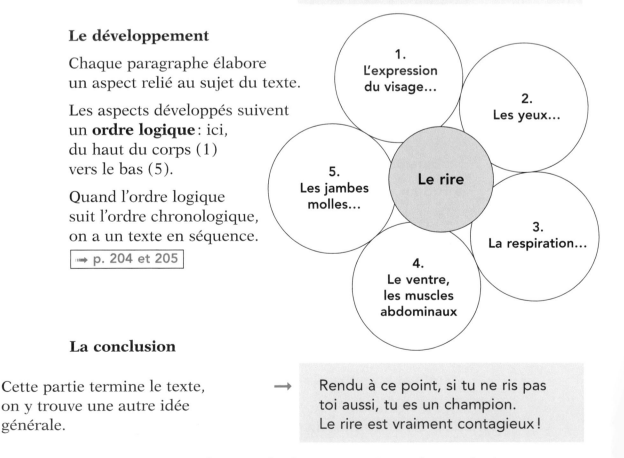

La conclusion

Cette partie termine le texte, on y trouve une autre idée générale. → Rendu à ce point, si tu ne ris pas toi aussi, tu es un champion. Le rire est vraiment contagieux !

NOTE: Les textes descriptifs n'ont pas toujours de conclusion.

B Des moyens de rendre un texte plus vivant

Rire c'est sérieux !

- S'adresser à un jeune lecteur ou à une jeune lectrice en utilisant **la 2e personne du singulier**.

  Le texte devient plus personnel, la personne qui lit se sent plus concernée... comme si l'information devenait plus concrète.

→
- **Fais** rire **un de tes amis**...
- **ton** ami... **ton** sujet... **ton** cobaye...
- si **tu** ne **ris** pas **toi aussi**, **tu es** un champion.

Dans un texte informatif, on trouve souvent des marques de la 2e personne dans l'introduction et dans la conclusion.

- **Varier les types de phrases :** on trouve de nombreuses phrases déclaratives, mais aussi des **interrogatives**,

→
- Mais qu'est-ce que le rire ?
- Ses yeux brillent-ils ? Oui, parce que...
- Ton cobaye rit-il comme le père Noël ?

des **impératives**,

→
- Fais rire un de tes amis... observe-le...
- Remarque comment ton sujet respire...

et l'usage du **point d'exclamation**,

→
- ... il rit littéralement aux larmes !
- ... l'air est expulsé des poumons à presque 100 km/h !

pour transmettre un peu plus d'émotion.

Si le texte *Rire c'est sérieux !* n'avait pas recours à ces moyens, tu le trouverais sûrement plus fade.

3. Texte organisé en séquence

A L'organisation des idées

Dans cet autre genre de texte informatif, on trouve aussi…

un **titre**,

une **introduction**,

des **intertitres** dans le **développement** du texte,

des **idées regroupées** selon les étapes de la séquence (**ordre chronologique**)

et des **illustrations**.

L'agenda des hirondelles

Comme la plupart des oiseaux, les hirondelles noires quittent le Québec pour des régions plus clémentes à l'approche de la saison froide. Puis, au printemps, elles reviennent au Québec où elles se reproduisent.

La construction du nid

Dans le sud du Québec, les hirondelles noires arrivent aux cabanes vers la mi-avril (d'abord le mâle, puis la femelle). Le couple fait son nid en mai. Il est fait de vase et de petits bâtonnets, et il est tapissé de feuilles vertes. Il faut trois semaines au couple pour compléter le nid.

La naissance des petits

La femelle pond ensuite ses œufs (en général 4 ou 5) à raison de un par jour. Chaque œuf est à peine plus gros qu'un dé à coudre. Seize jours plus tard, les œufs éclosent. À leur naissance, les oisillons sont à peine plus lourds qu'un cube de sucre (ils pèsent environ trois grammes). Les petits n'ont pas de plumes. Celles-ci apparaissent au bout de dix jours.

La préparation au grand départ

Les jeunes hirondelles deviennent peu à peu autonomes. Elles accompagnent leurs parents en vol et apprennent ainsi à se nourrir seules. En septembre, les hirondelles noires migrent vers le Brésil.

Texte de René Vézina, photos de Pierre Ducas, *Les Débrouillards*, n° 163, avril 1997.

Dans le développement d'un **texte en séquence**, **l'ordre des idées suit l'ordre du déroulement dans le temps (ordre chronologique)**. On le représente par le schéma d'un train, une étape par wagon.

Voici le schéma du développement du texte ***L'agenda des hirondelles***.

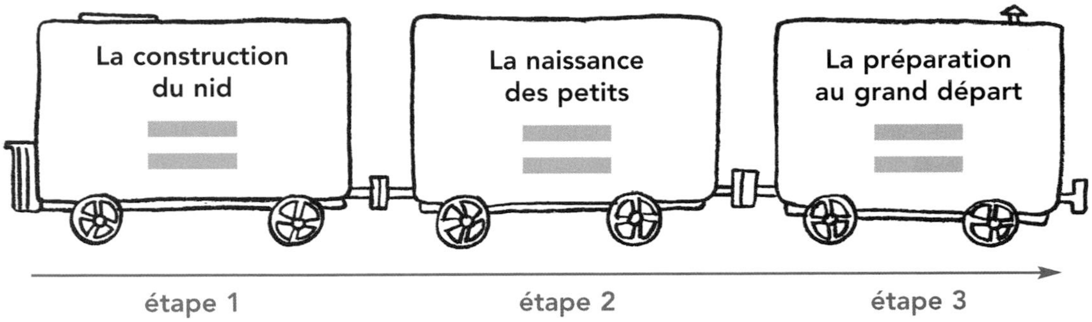

B Des mots qui marquent le temps

Dans un texte en séquence, plusieurs expressions marquent le temps précisément, par exemple:

vers la mi-avril
en mai
Seize jours plus tard
au bout de dix jours

C Des mots substituts

Pour éviter de répéter un mot, on utilise parfois un autre mot au sens plus général. → p. 278

Ces mots deviennent **synonymes dans le texte** mais **pas dans le dictionnaire**.

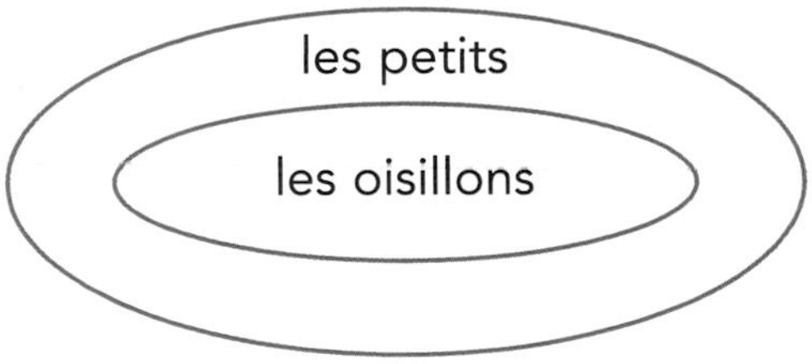

D'une manière générale, «les petits» peuvent désigner des petits enfants, des petits lapins, des petits chats, etc., mais dans le texte *L'agenda des hirondelles*, «les petits» veulent dire: «les oisillons de l'hirondelle noire».

4. Texte organisé en problème – cause – solution

➟ Texte 2, p. 32 à 35

A L'organisation des idées

		La désertification
L'introduction La fin de l'introduction annonce les trois grandes parties du développement : on expose un **problème**, puis on se questionne sur les **causes** et les **solutions**.	→	La désertification appauvrit les sols, menace d'affamer des millions de gens. Quelle est la cause de cette catastrophe ? Comment l'arrêter ?
Le développement **1.** Le problème	→	**Quand le désert avale la terre** Au Sahel, il y a de moins en moins de terres fertiles.
2. Les causes *a*)	→	**Quatre mois sous la douche...** L'eau de pluie ruisselle à la surface, et emporte la mince couche de terre...
b)	→	**...et huit mois sous le séchoir** Pendant la saison sèche, le vent arrache la terre fertile...
c)	→	**Une terre épuisée** Des agriculteurs font des feux de brousse pour fertiliser la terre. Cela déboise et aggrave l'érosion.
3. Les solutions *a*)	→	**La revanche des baobabs** On replante des baobabs qui protègent le sol de l'érosion.
b)	→	**Vive les trous d'eau** On creuse d'immenses trous qui se remplissent d'eau de pluie et permettent d'irriguer les champs.
La conclusion Le texte se termine par une idée plus générale, en lien avec l'ensemble du texte.	→	[...] si on vient à bout de la désertification, ce sera grâce à la persévérance de gens comme lui et les villageois du Sahel.

NOTE : Les intertitres ne laissent pas toujours apparaître les grandes parties du développement d'un texte.

B Les marqueurs de relation

Les **marqueurs de relation** de cause (***car***...) et de conséquence (***donc***, ***alors***) marquent des liens entre les informations. → p. 234

Les **comparaisons** permettent de mieux imaginer ce qu'on connaît peu:

Le sol du désert est **aussi *dur* que** du béton. → p. 235

C Des moyens de rendre le texte vivant

La désertification

- Entremêler divers genres de textes:
  - du **récit** à la 1re personne; → **J**'y ai rencontré Normand Bouthot... Normand **me** fait monter en voiture et **nous** quittons la ville. [...] **Je** l'ai quitté en **me** disant...
  - des extraits qui ressemblent presque à une **entrevue**; → Une question me brûle les lèvres: la désertification est-elle provoquée par la sécheresse? «Non. De l'eau, il y en a ici!» répond Normand... «Mais quelles averses! dit-il.»
  - du **texte informatif** écrit à la 3e personne. → Pendant la longue saison sèche, il ne tombe pas une goutte d'eau. Le vent provoque alors l'érosion. Le vent et la pluie ne sont pas les seules causes de la désertification. Il y a aussi l'augmentation très rapide de la population du Sahel.
- Utiliser une variété de phrases → p. 203:
  - des phrases sans verbe; → – Pas très désert, ce désert! – Quel contraste: pas le moindre brin d'herbe...
  - aussi, des phrases interrogatives et des points d'exclamation.

5. Texte à organisation en cycle, de causes à effets

→ Texte 3, p. 38 et 39

A L'organisation des idées

L'introduction

On y trouve, entre autres, l'idée générale développée dans le texte.

→ *Le cycle de vie*

Tous les cycles de vie ont les mêmes étapes de base : naître, grandir et devenir adulte.

Le développement

On explique un phénomène qui a un **cycle** :

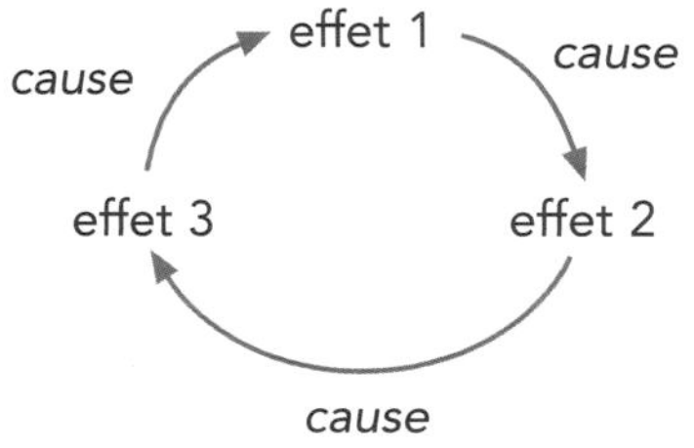

On appelle cette organisation **causalité circulaire** parce que le cycle forme une boucle.

→ Chaque paragraphe explique un cycle :

Grandir et changer

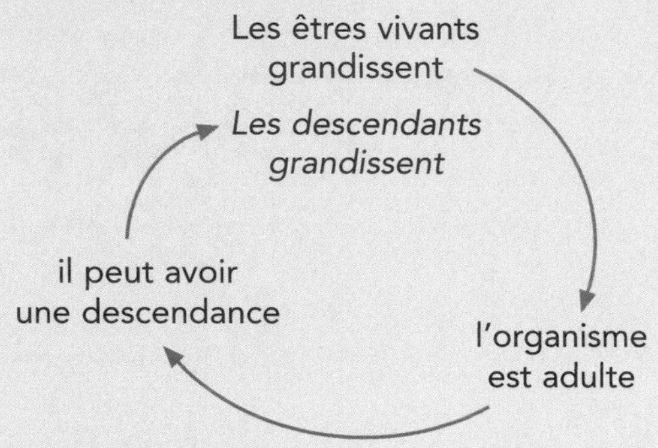

La conclusion

En lien avec le thème, elle apporte une nouvelle idée qui fait réfléchir.

→ **Perpétuer les espèces**

On parle de la survie des espèces ou de leur disparition lorsqu'un cycle de vie est brisé.

B Les schémas, les illustrations et les légendes

Le **schéma** aide à comprendre le texte. À la page 38, le schéma permet de voir le cycle, ce qu'on ne peut pas faire avec les phrases d'un texte.

Les illustrations avec leur légende complètent le texte :

Cette illustration et sa légende précisent l'information plus générale du texte : *Les plantes adultes fabriquent des graines.*

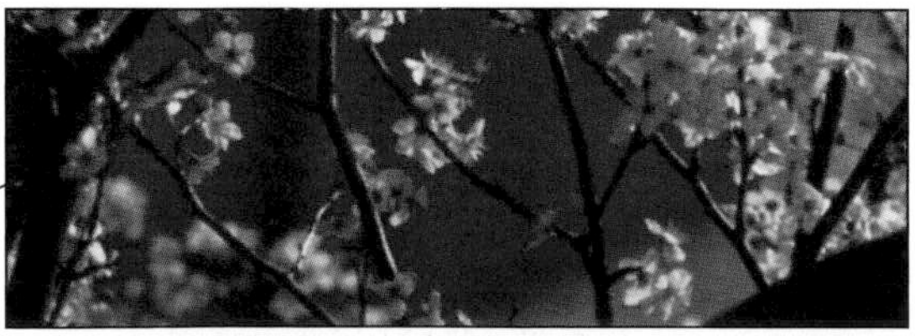

Beaucoup d'arbres ont des fleurs qui se transforment en fruits. Les fruits contiennent les graines qui permettront d'amorcer un nouveau cycle de vie.

Chapitre 3• Jouer avec les mots

1. La base des poèmes et des comptines

De quoi parle-t-on ? On peut parler de tout, par exemple, raconter une histoire, décrire quelque chose ou simplement jouer avec la sonorité des mots.

Ici, on invente une mini-histoire qui explique les yeux brillants du chat.

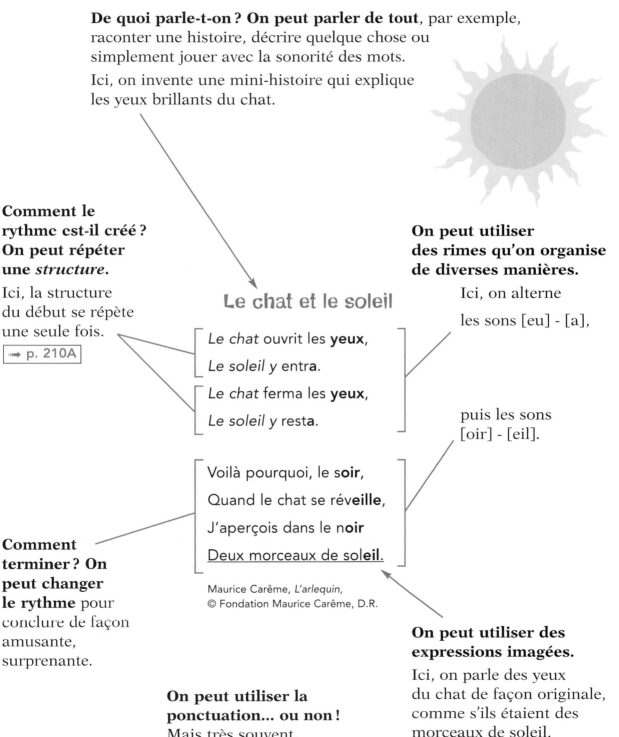

Comment le rythme est-il créé ? On peut répéter une *structure*.

Ici, la structure du début se répète une seule fois.

➟ p. 210A

On peut utiliser des rimes qu'on organise de diverses manières.

Ici, on alterne les sons [eu] - [a], puis les sons [oir] - [eil].

Le chat et le soleil

Le chat ouvrit les **yeux**,
Le soleil y entr**a**.
Le chat ferma les **yeux**,
Le soleil y rest**a**.

Voilà pourquoi, le s**oir**,
Quand le chat se rév**eille**,
J'aperçois dans le n**oir**
<u>Deux morceaux de sol**eil**.</u>

Maurice Carême, *L'arlequin*,
© Fondation Maurice Carême, D.R.

Comment terminer ? On peut changer le rythme pour conclure de façon amusante, surprenante.

On peut utiliser des expressions imagées.

Ici, on parle des yeux du chat de façon originale, comme s'ils étaient des morceaux de soleil.

➟ p. 210C

On peut utiliser la ponctuation… ou non ! Mais très souvent, chaque ligne commence par une majuscule.

2. Un peu de style...

A La répétition → Texte *Au verger*, p. 49

Pour créer le **rythme** dans une comptine, on peut **répéter** une *structure*, mais aussi des **mots**.

Dans un verger,
Un **pommier**.
Dans le **pommier**,
Une pomme.
...
Le ***ver*** tout vert,
Le ***ver*** qui bouge,

B La comparaison → Texte *L'avion*, p. 49

Dans un poème, on trouve des **comparaisons originales**. On les repère facilement par le mot *comme*:

On compare l'avion à un bateau. —

L'avion au fond du ciel clair
Se promène dans les étoiles
Tout ***comme*** les barques à voiles
Vont sur la mer.

C La métaphore → Textes *L'avion* et *L'hymne au printemps*, p. 49 et 50

La métaphore est une **comparaison sous-entendue**, sans le mot *comme*.

On parle de l'avion. —

Mais les enfants le trouvent beau,
Ce grand cerf-volant sans ficelles
Qui va si haut.

On compare les champs en hiver à quelqu'un qui dort. —

Les grands labours **dorment** sous la gelée

D L'inversion → Texte *La Colombe et la Fourmi*, p. 52

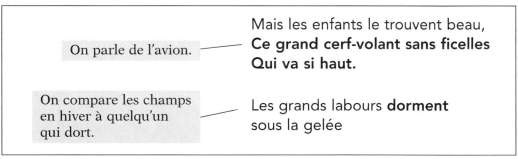

Un **groupe de mots** se trouve dans un **ordre inhabituel**, à cause de la **rime**. —

Il le croit en son pot, et déjà lui fait f**ê**te.
Tandis qu'**à le tuer** mon villageois s'appr**ête**,
La Fourmi le pique au talon.

ordre habituel: — Tandis que mon villageois s'apprête ***à le tuer***,

3. Les fables ➟ Texte *La Colombe et la Fourmi*, p. 52

A La fable : un genre d'histoire

Une **fable** est une **histoire symbolique** qui met souvent en scène des animaux. Le but de l'auteur n'est pas seulement de divertir, mais aussi de **faire la morale**.
Dans *La Colombe et la Fourmi*, la morale est :
On a souvent besoin d'un plus petit que soi.

Plusieurs fables sont écrites sous forme de poème.

B Le schéma du double renversement dans une fable

On peut analyser la fable à l'aide des parties d'une histoire. ➟ p. 189

Dans plusieurs fables, on observe une **relation qui s'inverse entre deux personnages**.

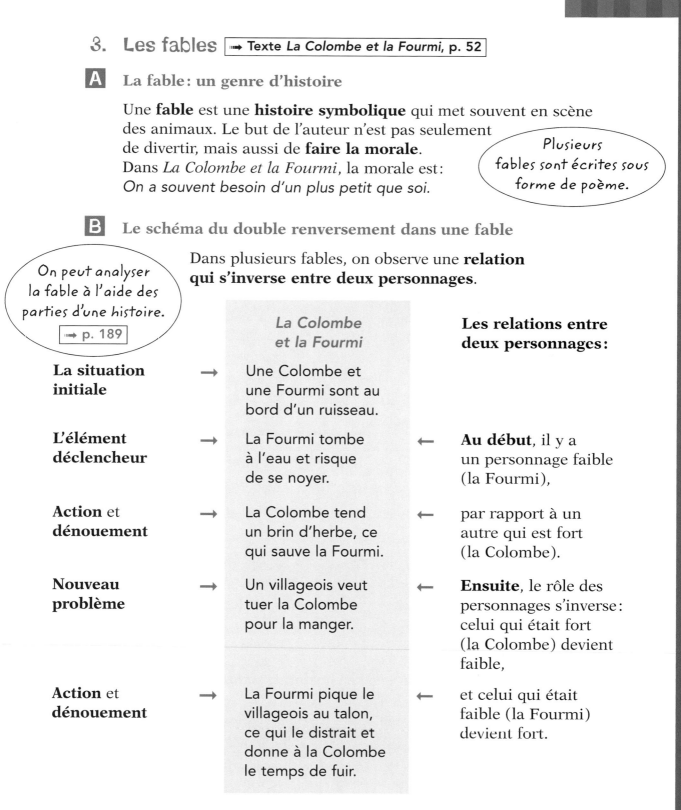

	La Colombe et la Fourmi	Les relations entre deux personnages :
La situation initiale →	Une Colombe et une Fourmi sont au bord d'un ruisseau.	
L'élément déclencheur →	La Fourmi tombe à l'eau et risque de se noyer.	← **Au début**, il y a un personnage faible (la Fourmi),
Action et **dénouement** →	La Colombe tend un brin d'herbe, ce qui sauve la Fourmi.	← par rapport à un autre qui est fort (la Colombe).
Nouveau problème →	Un villageois veut tuer la Colombe pour la manger.	← **Ensuite**, le rôle des personnages s'inverse : celui qui était fort (la Colombe) devient faible,
Action et **dénouement** →	La Fourmi pique le villageois au talon, ce qui le distrait et donne à la Colombe le temps de fuir.	← et celui qui était faible (la Fourmi) devient fort.

Pourquoi appelle-t-on ce schéma le « double renversement » ?

Parce que le rôle change pour chaque personnage :

- le faible du début devient un héros, un fort → **1er renversement**
- le héros du début devient faible ou en danger → **2e renversement**

Chapitre 4• Échanger

1. Les lettres

Il y a toutes sortes de lettres, des lettres pour inviter, envoyer des souhaits, demander des renseignements…

Qui écrit ?
On écrit en notre nom personnel ou pour représenter un groupe.

À qui ?
À une personne ou à des personnes qu'on connaît bien, qu'on connaît un peu ou pas du tout.

Pourquoi ?
Pour toutes sortes de raisons : inviter, envoyer des souhaits, donner des nouvelles, demander des renseignements…

A Les parties d'une lettre

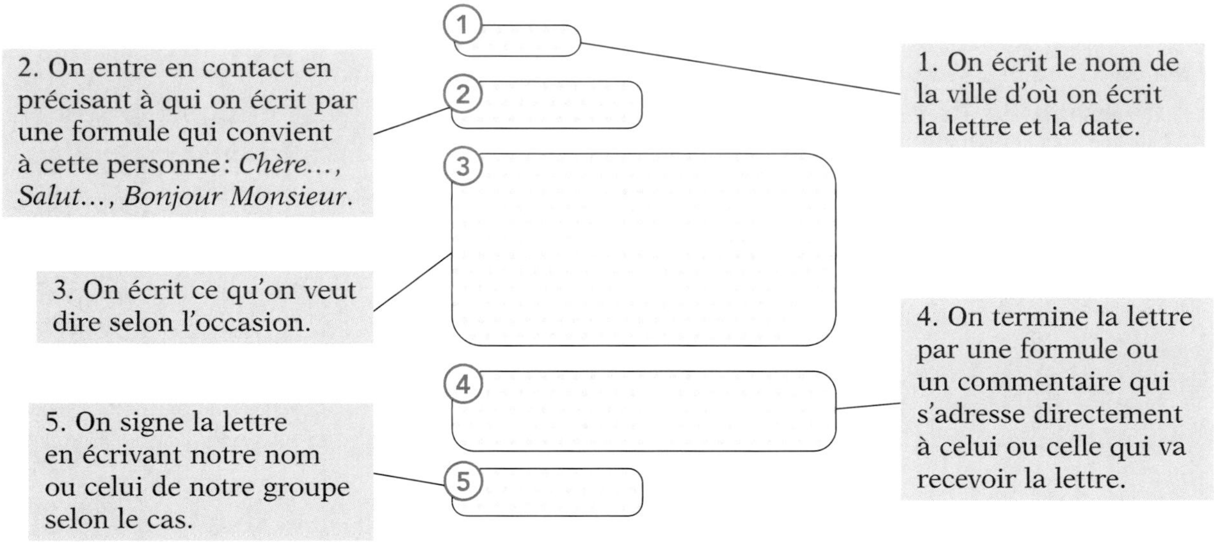
1
2
3
4
5
1. On écrit le nom de la ville d'où on écrit la lettre et la date.
2. On entre en contact en précisant à qui on écrit par une formule qui convient à cette personne : *Chère…*, *Salut…*, *Bonjour Monsieur*.
3. On écrit ce qu'on veut dire selon l'occasion.
4. On termine la lettre par une formule ou un commentaire qui s'adresse directement à celui ou celle qui va recevoir la lettre.
5. On signe la lettre en écrivant notre nom ou celui de notre groupe selon le cas.

B Établir le contact, choisir le style qui convient

On s'exprime en choisissant la manière appropriée selon qu'on connaît bien, un peu ou pas du tout la ou les personnes à qui on écrit.

Puisqu'on est en **contact** avec une ou des personnes, la lettre contient des pronoms de la **2e personne** : *tu*, *te*, *toi*, *vous*… et des déterminants comme *ta*, *ton*, *tes*, *votre*, *vos*…

On utilise le ***vous* de politesse** quand on s'adresse à une personne qu'on connaît peu ou pas du tout.

Dans des lettres où la façon de parler est soignée, il est préférable d'utiliser ***nous*** au lieu de ***on***.

2. Une lettre pour convaincre ➟ Lettres, p. 56 et 58

On y trouve les mêmes parties que dans n'importe quelle lettre, sa **partie principale** sera **adaptée à la situation**.

POUR ➟ p. 56		La personne qui écrit doit avoir:		ou CONTRE ➟ p. 58
Ce projet consiste à réduire les vacances d'été…	←	• **une opinion claire**;	→	Moi, je suis contre le projet de réduire les vacances d'été des élèves.
		• **diverses sortes d'arguments**:		
Nous pensons que si on donnait plus de temps aux élèves pour apprendre, ils réussiraient mieux.	←	– **justification** ou raison qui explique son opinion;	→	L'été, c'est fait pour être avec nos amis et jouer dehors.
Certains parmi vous pensent peut-être que la coupure proposée les empêchera de passer des vacances en famille mais, en vérité, la grande majorité des parents n'ont que deux semaines de vacances par été.	←	– **contre-argument** pour démolir l'argument des opposants ou diminuer son importance;		
		– **avantage** que les lectrices et lecteurs auraient s'ils changeaient d'idée, comme s'ils n'y avaient pas pensé eux-mêmes;	→	Les enseignants feront sûrement la grève si on les oblige à travailler un mois de plus. Laissez tomber votre projet et vous éviterez bien des ennuis.
		– **solution**: proposer une solution différente pour faire changer d'idée.	→	Je vous conseille autre chose pour que les élèves réussissent mieux. […] Si on faisait plus de sport à l'école, on apprendrait plus vite.

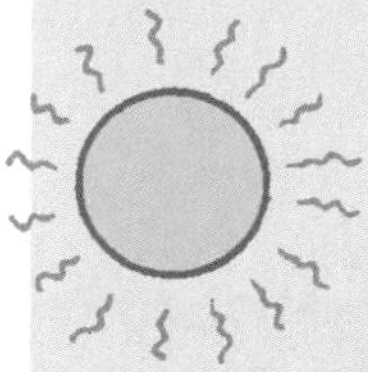

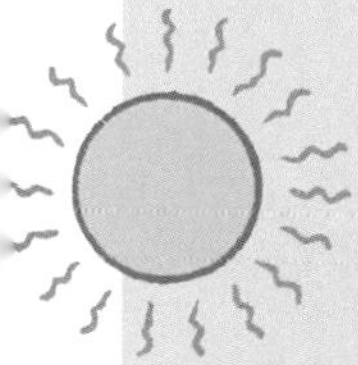

Les phrases

Chapitre 5• La phrase de base

1. Les groupes de mots

A Les groupes dans la phrase

- **La phrase : une double organisation**

  Les **mots** s'organisent en **groupes** et les groupes en **phrases**.

La phrase : Les planchistes envahissent les parcs au printemps.

Les groupes de mots : Les planchistes | envahissent les parcs | au printemps | .

Les mots : Les planchistes envahissent les parcs au printemps.

- **L'organisation générale d'un groupe**
  - Un **noyau** : c'est le mot principal qui donne son nom au groupe. Si c'est un nom, on parlera d'un **groupe du nom** (**GN**). Si c'est un verbe, on parlera d'un **groupe du verbe** (**GV**).
  - Des **expansions** : ce sont des mots qui *complètent* le noyau :

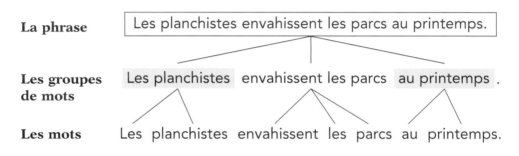

J'ai essayé (la **planche** à roulettes neuve de Jérémie). — GN

noyau : un nom — expansions

- **Le pronom : pour remplacer un groupe de mots**

  Un pronom remplace souvent un groupe du nom mais aussi d'autres sortes de groupes :

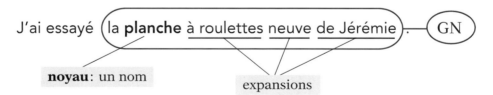

Xavier adore jouer aux quilles.

Il adore ça.

B Le groupe du nom

- **Le minimum dans le groupe du nom**

Pour qu'un GN soit bien construit, deux constructions sont possibles:

1	2
un **nom propre**	un déterminant + un **nom**

Enzo capture une **vipère**.
(Enzo: GN; une vipère: GN)

- **Diverses expansions dans le groupe du nom**

Diverses *expansions* peuvent enrichir un GN minimum:

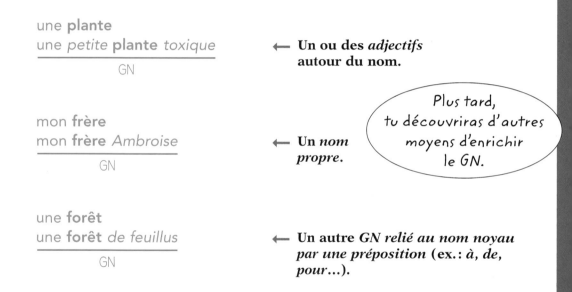

une **plante**
une *petite* **plante** *toxique* (GN) ← **Un ou des *adjectifs* autour du nom.**

mon **frère**
mon **frère** *Ambroise* (GN) ← **Un *nom propre*.**

Plus tard, tu découvriras d'autres moyens d'enrichir le GN.

une **forêt**
une **forêt** *de feuillus* (GN) ← **Un autre *GN relié au nom noyau par une préposition* (ex.: *à, de, pour*…).**

On peut combiner ces moyens, le GN a alors plusieurs *expansions* pour un seul **nom noyau**. Certaines expansions contiennent elles-mêmes un GN:

les *premiers* **patins** *à roues alignées* *de mon frère Ambroise* (GN)

C Le groupe du verbe

- **Le minimum dans le groupe du verbe**

  GV au minimum = **Verbe** + *Expansions obligatoires*

> Les *expansions* sont obligatoires pour comprendre le sens de ces verbes. Elles ne peuvent pas être effacées.
>
> Ce verbe n'a pas besoin d'expansion.
>
> Lambert **voit** *un papillon.* — V + expansion — GV
>
> Romane **demande** *à Kim de l'aider.* — V + 2 expansions — GV
>
> Collin **dort.** — V — GV

- **Autres expansions dans le groupe du verbe**

  Quelques *expansions* peuvent enrichir un GV minimum:

  ***a*) ajouter un *complément* qui n'est pas obligatoire**

Lucette **danse**.
danse *gracieusement*.

Vittorio **joue** du piano.
joue *admirablement* du piano.
joue du piano *avec passion*.

L'expansion précise ici la manière de faire.

***b*) ajouter un *autre verbe*, souvent suivi d'une *préposition* (ex.: *à, de, pour*...)**

Lucette **danse**.
va **danser**.
se met à **danser**.
continue de **danser**.
cesse de **danser**.

L'expansion précise ici si l'action commence, continue, se termine...

Vittorio **joue** du piano.
vient de **jouer** du piano.
finit de **jouer** du piano.

2. La phrase de base et ses constituants

A La phrase de base et la phrase transformée

La phrase de base est toujours construite sur le même modèle.
Elle est un point de départ pour construire des phrases transformées.

Phrase de base (PdeB):

Une équipe gonfle le ballon .

Une phrase transformée est une PdeB qui a subi des manipulations: ajouts, remplacements, déplacements, effacements.

Phrases transformées à partir de la phrase de base:

Une équipe ne le gonfle pas.

Est-ce qu' une équipe gonfle le ballon ?

C'est le ballon qu' une équipe gonfle .

B Les trois constituants de la phrase de base

Les **constituants** sont les trois **groupes qui forment une phrase de base**. Deux sont **obligatoires**: le **groupe du nom sujet** et le **groupe du verbe**. Le 3e constituant est **facultatif** et **mobile**: le **groupe complément de phrase**.

Phrase de base (PdeB)

• ordre:	en 1er	en 2^{e}	en 3e (facultatif)
• sorte de groupe:	**GN**	**GV**	divers **groupes**
• fonction:	**sujet**	**prédicat**	**complément de phrase**
• symbole du constituant:	**GN-S**	**GV**	**G-CdeP**
exemple:	Le ballon	survole une rivière	pendant quelques minutes .

Si on efface le GN-S ou le GV, la PdeB est mal construite. Ce sont deux constituants **obligatoires**.

On peut **effacer** le G-CdeP, la PdeB reste bien construite. On peut aussi **déplacer** le G-CdeP, par exemple au début de la phrase.

La formule suivante résume la construction d'une phrase de base:

PdeB = GN-S + GV + (G-CdeP)

Les parenthèses indiquent que le G-CdeP est un constituant facultatif.

3. Les constructions du GV

A Trois constructions du GV

On classe les GV selon la sorte d'*expansion* qui les complète:

GV = Verbe seul (aucune expansion)	**GV = Verbe + *adjectif***	**GV = Verbe + *un ou deux GN*** parfois précédés d'une préposition comme *à*, *de*…
pédale frappe crie	semble *confiante* est *boueux* devient *noir*	fixe *le sentier* pense *à sa victoire* a promis *une médaille* *à son petit frère*

B Le GV construit avec un verbe seul

Certains verbes n'ont **jamais besoin d'expansion** pour former un GV bien construit.

Exemples: La gardienne dort , elle ronfle .

Cependant, pour de **nombreux verbes**, cela **dépend de la phrase** où ils se trouvent. Par exemple, le verbe *frappe* forme un GV sans expansion dans la phrase:

La malchance frappe .

mais il doit avoir une expansion dans la phrase:

Le vélo frappe un arbre.
GV avec expansion

C Le GV construit sur le modèle «verbe + adjectif»

- **La fonction *attribut du sujet***

L'adjectif dans le GV a la **fonction d'attribut du sujet** parce qu'il décrit le sujet.

L'adjectif décrit le Pron.-S.	L'adjectif décrit le GN-S.
[Elle] est excellente . Pron.-S f.s. V A f.s.	[Ses entraîneurs] semblent compétents . GN-S m.pl. V A m.pl.

L'adjectif attribut du sujet s'accorde en genre et en nombre avec le sujet.
→ p. 256

NOTE : Même si la fonction *attribut du sujet* est très souvent occupée par un adjectif, elle peut aussi être remplie par d'autres groupes.

Exemple : Dr Gagnon est un orthopédiste .
V GN attribut du sujet

- **Les verbes attributifs**

Les verbes attributifs sont les **verbes** qui doivent ou peuvent être **complétés par un adjectif attribut du sujet**. On peut remplacer un verbe attributif par le verbe *être* :

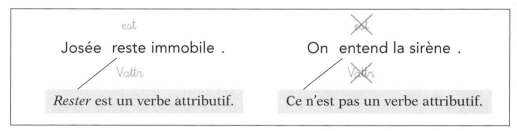

est Josée reste immobile . Vattr *Rester* est un verbe attributif.	~~est~~ On entend la sirène . ~~Vattr~~ Ce n'est pas un verbe attributif.

Les verbes attributifs les plus courants sont ***être***, ***paraître***, ***sembler***, ***demeurer***, ***devenir***, ***rester***…

- **Deux sortes de verbes attributifs**

Verbe avec attribut du sujet obligatoire : sans son adjectif, le GV devient mal construit.	Verbe avec attribut du sujet facultatif : on peut effacer l'adjectif, le GV reste bien construit.
Son visage est enflé . Sa jambe semble fracturée .	Elles montent souriantes dans l'ambulance . Josée part confiante .

- **Éviter l'abus d'attributs du sujet dans un texte**

Un **grand nombre d'attributs** l'un à la suite de l'autre peut entraîner des **répétitions inutiles** dans un texte.

Yann est un infirmier. Il est jeune. Il est doux et il est gentil avec les patients. Il est l'infirmier qui s'occupe de Josée.

On peut **condenser l'information** dans des GN avec expansions.

Yann, un jeune infirmier doux et gentil avec les patients, s'occupe de Josée.

D Les GV construits sur le modèle «verbe + GN» ou «verbe + prép. + GN»

V + *GN*
Le *GN* est complément direct (CD).

Aurélie lance *son cerf-volant* .
V GN

Il touche *le ciel* .
V GN

Le *GN* a la fonction de *complément direct* du verbe, il se trouve directement à sa droite.

V + *prép.* + *GN*
Le *GPrép* (formé de *prép.* + *GN*) est complément indirect (CI).

Il ressemble ***à** un long serpent coloré* .
V GPrép

Il profite ***de** sa liberté* .
V GPrép

Le *GPrép* (préposition + GN) a la fonction de *complément indirect* du verbe. Le GN se trouve aussi à droite du verbe, mais une ***préposition*** l'introduit.

Identifier le complément direct du verbe permet de réussir certains accords du participe passé. → p. 275

- **Une première manipulation pour distinguer les CD des CI**

Le *GN* complément direct (CD) peut être remplacé par:
quelqu'un ou *quelque chose*
à droite du verbe.

Alexis admire *les cerfs-volants.*
→ admirer *quelque chose*
Cela se dit bien: le *GN* est CD.

Alexis remercie *Aurélie.*
→ remercier *quelqu'un*
Cela se dit bien: le *GN* est CD.

Le *GPrép* complément indirect (CI) peut être remplacé par:
***à** quelqu'un* / ***à** quelque chose*
***de** quelqu'un* / ***de** quelque chose*
à droite du verbe.

Aurélie parle ***à** ses parents.*
→ parler ~~*quelqu'un*~~
Cela ne se dit pas.

→ parler ***à** quelqu'un*
Cela se dit. Il faut conserver la préposition. Le *GPrép* est CI.

Ils discutent ***de** ce cerf-volant.*
→ discuter ***de** quelque chose*
Cela se dit. Il faut conserver la préposition. Le *GPrép* est CI.

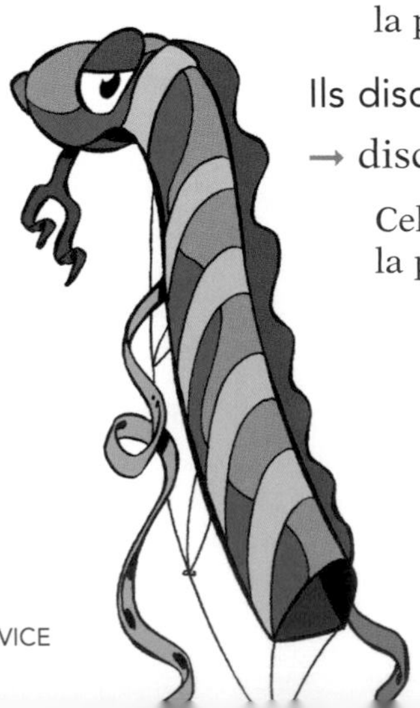

- **Une deuxième manipulation pour distinguer les CD des CI**

Le **CD** peut être pronominalisé par ***le***, ***la*** ou ***les*** devant le verbe, à sa gauche.

Alexis admire les cerfs-volants.

Alexis les admire.

Cela se dit bien.

Alexis remercie Aurélie.

Alexis la remercie.

Cela se dit bien.

Le **CI** peut être pronominalisé par ***lui*** ou ***leur*** devant le verbe, à sa gauche.

Aurélie parle à ses parents.

Aurélie leur parle.

Cela se dit.

Aurélie ~~les~~ parle.

Cela ne se dit pas.

Aurélie téléphone à Alexis.

Aurélie lui téléphone.

Cela se dit.

4. Les pronoms personnels et leurs fonctions

A Les pronoms de la 1re et de la 2e personne

Pronom personnel	Fonction sujet	Fonction complément
1re pers. du s. 2e pers. du s.	je tu	me, moi te, toi
1re pers. du pl. 2e pers. du pl.	nous vous	nous vous

NOTE: Les pronoms compléments *me* et *te* apparaissent toujours devant le verbe, à sa gauche:

Je *me* demande… Je *te* téléphone.

B Les pronoms de la 3e personne

Pronom personnel	Fonction sujet	Fonction complément
3e pers. du s.	il, elle, on	se, le, la, lui, elle
3e pers. du pl.	ils, elles	se, les, leur, eux, elles

NOTE: *Cela* et *ça* sont des pronoms de la 3e personne, mais ce sont des pronoms démonstratifs. Ils peuvent être sujets ou compléments:

Cela est gênant. Regarde *ça* !

a) La position des pronoms de la 3e personne

Les pronoms ***il***, ***on***, ***ils***, ***se***, ***le***, ***la***, ***les*** et ***leur***: toujours devant le verbe, à sa gauche.

Il veut... **On** fait... **Ils** tombent...
Casimir **leur** lance...
Clara et Tom **la** saisissent...

Les pronoms ***elle***, ***elles***, ***lui*** et ***eux***: diverses positions dans la phrase.

Elle tombe...
Il ferait tout pour **elle**...
Casimir **lui** cueille...
Il revient chez **lui**...
C'est **lui** qui demande...
Il veut jouer avec **eux**...
Ce sont **eux** qui courent...

- **Plus d'un pronom devant le verbe**
  - Un pronom sujet + un pronom complément devant le verbe:

en 1er, le pronom sujet

Il lui cueille... Ils la saisissent...

en 2e, le pronom complément

  - Deux pronoms compléments devant le verbe:

en 1er: ***le***, ***la***, ***les*** — en 2e: ***lui***, ***leur***

Ils la lui donnent.

en 1er: ***me***, ***te***, ***se*** — en 2e: ***le***, ***la***, ***les***

Casimir se la remet...

b) Les pronoms de la 3e personne dans un texte

Chaque pronom doit référer à un mot ou groupe de mots à l'intérieur du texte:

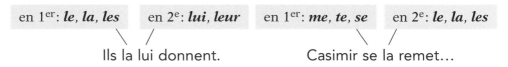

Casimir voit ses amis. Il veut jouer avec eux. Il leur lance son ballon. Tom le lui renvoie.

Chapitre 6• Les types et les formes de phrases

On distingue les types de phrases et les *formes* de phrases.

types	formes
déclaratif **interrogatif** **exclamatif** **impératif**	***positive*** ou ***négative*** ***neutre*** ou avec ***emphase***

Chaque phrase a un seul **type** qui se combine à des ***formes***.

1. La phrase déclarative

La phrase déclarative peut être identique à une phrase de base. Il s'agit alors d'une phrase déclarative aux formes positive et neutre, construite dans l'ordre d'une phrase de base: GN-S + GV + (G-CdeP).

Une phrase déclarative peut aussi être transformée. Par exemple:

- par une transformation à la forme négative ➟ p. 228;
- par le déplacement d'un groupe complément de phrase.

A Construction minimale et ponctuation d'une phrase déclarative

Deux groupes obligatoires, comme dans une phrase de base.

GN-S — GV

Mon oncle Enrique observe les étoiles.

lettre majuscule au début — point à la fin

B Enrichir la phrase déclarative

On peut lui ajouter un ou des groupes compléments de phrase (G-CdeP).

deux G-CdeP à la fin de la phrase

1. Mon oncle observe les étoiles chaque été au mont Mégantic .

Dans les phrases 2 à 5, un ou des G-CdeP ont été déplacés. Attention à la virgule.

2. Chaque été , mon oncle observe les étoiles au mont Mégantic .
3. Mon oncle , chaque été , observe les étoiles au mont Mégantic .
4. Chaque été , au mont Mégantic , mon oncle observe les étoiles .
5. Au mont Mégantic , mon oncle observe les étoiles chaque été .

2. La phrase interrogative

A Son signe de ponctuation

Le point d'interrogation (?) marque la fin d'une phrase interrogative.

Exemple : Aimes-tu observer le ciel ?

B Deux sortes de questions

1 – Questions « en oui-non » ou **2 – Questions « ouvertes »**

1 – Questions « en oui-non »

(On répond par *oui* ou *non*.)

Est-ce que le soleil est un astre ?
Vois-tu des étoiles filantes ?

2 – Questions « ouvertes »

(On répond par un groupe de mots ou plusieurs phrases.)

Depuis quand observes-tu le ciel ?
Pourquoi fais-tu cela ?

Généralement, les questions ouvertes font davantage parler les gens.

C Trois façons de construire une question « en oui-non »

1) On ajoute *Est-ce que* devant la phrase de base.

De la phrase de base	→	à la phrase interrogative
Axelle a un télescope.		Est-ce qu' Axelle a un télescope ?
		Est-ce que + phrase de base + ?

2) On déplace le pronom sujet après le verbe et on ajoute un trait d'union.

De la phrase de base	→	à la phrase interrogative
Il est très puissant.		Est-il très puissant ?
		V + - Pron.-S + ?

3) On ajoute, après le verbe, le pronom sujet correspondant au GN-S.

De la phrase de base	→	à la phrase interrogative
[La comète] est visible.		[La comète] est-elle visible ?
GN-S		GN-S V + - Pron. + ?

D Construire des questions ouvertes

- On remplace l'information inconnue par un **mot interrogatif** au début de la phrase. Comme dans les questions «en oui-non», un pronom sujet est déplacé ou ajouté après le verbe.

De la phrase de base	→	à la phrase interrogative
Vous verrez quelque chose…		Que **verrez-vous** ?
information inconnue		mot interrogatif + V + - Pron.-S + ?

- Si l'**information inconnue** est le **sujet** de la phrase, on utilise tout simplement le mot interrogatif ***qui*** en position sujet.

De la phrase de base	→	à la phrase interrogative
Quelqu'un **voit Vénus**.		Qui **voit Vénus** ?
information inconnue		mot interrogatif **sujet** ?

E Mots interrogatifs ou expressions interrogatives

Qui	Que	Quand	Pourquoi	Où
À qui	De qui	Avec qui	Comment	Combien
À quoi	De quoi	Avec quoi	…	

Le mot interrogatif peut aussi être le **déterminant *quel*** (ou ***quelle***, ***quels***, ***quelles***).

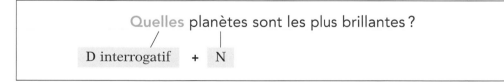

Quelles planètes sont les plus brillantes ?
D interrogatif + N

3. La phrase exclamative

A Son signe de ponctuation

Le point d'exclamation (!) marque la fin d'une phrase exclamative.

Exemple: Que c'est bruyant!

B Deux façons de construire une phrase exclamative

1) On ajoute un mot exclamatif (***comme*** ou ***que***) devant la phrase de base.

De la phrase de base → à la phrase exclamative

Les bolides sont rapides. → Que les bolides sont rapides!
Comme les bolides sont rapides!

mot exclamatif + phrase de base + !

2) On remplace le déterminant du groupe du nom sur lequel on veut s'exclamer par ***quel*** (ou ***quelle***, ***quels***, ***quelles***) et on déplace tout le groupe du nom au début de la phrase.

De la phrase de base → à la phrase exclamative

Elle fait des progrès. (des progrès: GN) → Quels progrès elle fait !

D remplacé + GN déplacé + !

NOTE: Le pronom sujet reste devant le verbe, il n'est pas déplacé comme dans la phrase interrogative.

C D'autres usages du point d'exclamation

- Le point d'exclamation sert souvent pour marquer l'émotion dans des expressions, des groupes de mots ou des phrases qui ne sont pas construites comme des phrases exclamatives.

Exemples: Non!
Enfin! On est arrivé!
Chut!
Attention!
Ah! Quelle chaleur!
Quel dommage!

Cet usage du point d'exclamation est beaucoup plus fréquent que celui des phrases à construction exclamative du point B.

- Le point d'exclamation peut aussi marquer la fin d'une phrase de type impératif → p. 227.

4. La phrase impérative

A Sa ponctuation

Le point d'exclamation (!) ou le point (.) marquent la fin d'une phrase impérative. On a le choix.

Exemples : Range ta chambre ! Montons tout de suite.

B Construire une phrase impérative

On efface le pronom sujet et on conjugue le verbe à l'impératif.

➡ p. 270

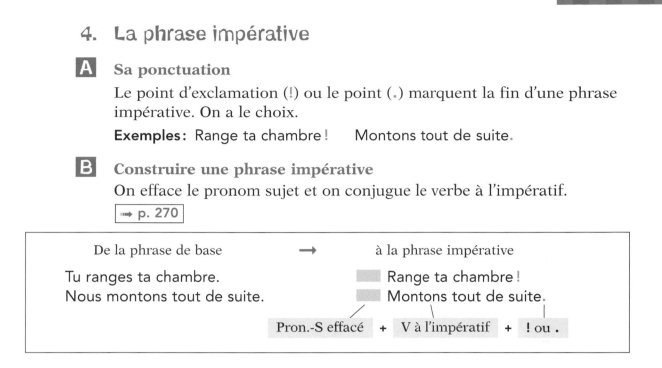

De la phrase de base	→	à la phrase impérative
Tu ranges ta chambre.		Range ta chambre !
Nous montons tout de suite.		Montons tout de suite.

Pron.-S effacé + V à l'impératif + ! ou .

C La position des pronoms compléments

Phrase impérative positive

Le pronom est **après le verbe**, avec un **trait d'union** entre les deux.

V-Pron.

Regarde-le.
Retourne-toi.

Phrase impérative négative

Le pronom est **devant le verbe**.

Ne Pron. **V** *pas*

Ne le **regarde** *pas*.
Ne te **retourne** *pas*.

Devant le verbe, les pronoms *moi* et *toi* deviennent *me* et *te*.

Quand il y a deux pronoms dans une phrase…

impérative positive

en 1er : *le, la, les* — en 2e : *lui, leur, moi, nous*

Prête-les-lui.
Remets-la-moi.

impérative négative

- Deux pronoms à la 3e personne :

en 1er : *le, la, les* — en 2e : *lui, leur*

Ne le leur promets pas.
Ne les lui donne pas.

- Quand un des pronoms est à la 1re personne, il se place en premier :

en 1er : *me, nous* — en 2e : *le, la, les*

Ne me les rends pas.
Ne nous le cache pas.

5. Les phrases à la forme négative

La phrase de base est à la forme positive. Une phrase à la forme négative est donc transformée par rapport à la phrase de base.

A Une première façon de construire une phrase négative

On ajoute *ne* + **un autre mot de négation** autour du verbe conjugué.

De la forme positive	→ à la forme négative
Tu utilises Internet.	Tu n'utilises pas Internet. Tu n'utilises plus Internet. Tu n'utilises jamais Internet.
Tu aides quelqu'un.	Tu n'aides personne.
Tu imprimes un document.	Tu n'imprimes aucun document.
Tu trouves des informations.	Tu ne trouves aucune information.

Les mots de négation encadrent le verbe conjugué.

Divers types de phrases peuvent être mis à la forme négative :

- des phrases déclaratives :
  Tu utilises Internet. → Tu n'utilises plus Internet.
- des phrases impératives :
  Clique là ! → Ne clique pas là !
- des phrases interrogatives :
  Pourquoi veux-tu toujours éteindre l'ordinateur ? → Pourquoi ne veux-tu jamais éteindre l'ordinateur ?

B La position exacte du mot *ne*

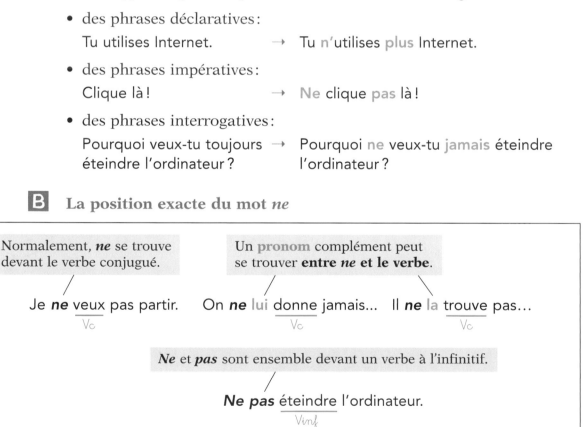

Normalement, ***ne*** se trouve devant le verbe conjugué.

Je ***ne*** veux pas partir. (veux : Vc)

Un pronom complément peut se trouver **entre *ne* et le verbe**.

On ***ne*** lui donne jamais... (donne : Vc) Il ***ne*** la trouve pas... (trouve : Vc)

Ne et ***pas*** sont ensemble devant un verbe à l'infinitif.

Ne pas éteindre l'ordinateur. (éteindre : Vinf)

C Une deuxième façon de construire une phrase négative

mot de négation	+ *ne…*	+ verbe
1. Jamais, je	n'	**avais perdu** un match.
2. Rien au monde	ne	**pourra** chasser ma déception.
3. Personne	ne	**jouait** avec enthousiasme.
4. Aucun but	n'	**a été marqué**.
5. Aucune rondelle	n'	a même **effleuré** le gant du gardien.

Dans les phrases 2 à 5, le **mot de négation** est dans le groupe sujet.

D *Ne … que*: une expression pas du tout négative

Je ne vois qu'un arbitre.	Sens: ***seulement*** un arbitre.
Tu n'assistes qu'à la première période.	Sens: ***seulement*** à la 1re période.
Au téléjournal, on ne montre que les meilleurs buts.	Sens: on montre ***seulement*** les meilleurs buts.

Lorsque tu utilises le mot que dans le sens de seulement, n'oublie pas le ne devant le verbe !

6. L'emphase : une autre forme de phrase

Une phrase à la **forme emphatique** met l'**emphase sur un de ses groupes**. À l'opposé, la **phrase de base** est **neutre** : aucun de ses groupes n'est mis en valeur.

A Construire une phrase à la forme emphatique

- On **déplace le groupe** à mettre en emphase **au début de la phrase** et on **l'encadre** par ***c'est … que*** (sauf pour le sujet).

C'est en Italie que Loïc a gagné la médaille d'or ___.

C'est la médaille d'or que Loïc a gagnée ___ en Italie.

- Lorsque l'**emphase** est mise sur le **sujet**, on l'encadre par ***c'est … qui***.

C'est Loïc qui a gagné la médaille d'or en Italie.

- En emphase, les pronoms **sujets *je*, *tu*, *il*, *ils*** deviennent ***moi*, *toi*, *lui*, *eux***.

Ils seront fiers. → C'est ***eux*** qui seront fiers.

- On peut mettre l'**emphase** sur un groupe dans **divers types et formes de phrases** :

Est-ce que *c'est* Loïc *qui* a gagné la médaille d'or en Italie ?
(Phrase **interrogative** + ***emphase* du sujet**.)

Ce **n'***est* **pas** en Italie *que* Loïc a gagné la médaille d'or.
(Phrase **négative** + ***emphase* du G-CdeP**.)

B L'utilité de l'emphase

a) Mettre en valeur un groupe de mots

C'est **moi** qui annoncerai la nouvelle à mes parents.
C'est **à mes parents** que j'annoncerai la nouvelle.

b) Permettre un meilleur enchaînement des phrases dans un texte

Sans emphase, ces deux phrases s'enchaînent mal.	Avec l'emphase, la 2e phrase s'enchaîne bien.
Je vous présente Loïc. La compagnie commandite le skieur.	Je vous présente Loïc. C'est le skieur que la compagnie commandite.

Chapitre 7 • Les marqueurs de relation

1. Construire une phrase avec un marqueur de relation

A Exemples de marqueurs de relation très fréquents

et	mais	quand	pour que	si
ou	qui	lorsque	pendant que	comme
car	que	parce que	depuis que	puis

B La position des marqueurs de relation

Plusieurs **marqueurs de relation** permettent d'établir un **lien** entre **des phrases à un verbe**. Pour la **ponctuation**, cela fait alors **une seule grande phrase écrite**.

Deux phrases à un verbe conjugué chacune :

Nous voyons tout le parc. Nous sommes dans la grande roue.

Vc Vc

Une seule phrase écrite avec marqueur de relation :

Nous voyons tout le parc parce que nous sommes dans la grande roue.

Vc Vc

majuscule | **marqueur de relation** | minuscule | point (fin de la phrase écrite)

Plusieurs **marqueurs de relation** peuvent **se déplacer au début** de la grande phrase écrite. Attention à la **virgule** :

majuscule | **marqueur de relation** | virgule | minuscule | point (fin de la phrase écrite)

Parce que nous sommes dans la grande roue, nous voyons tout le parc.

Vc Vc

2. Divers marqueurs de relation

A Marqueurs qui indiquent une séquence

Série 1 : premièrement, deuxièmement, troisièmement…
Série 2 : d'abord, ensuite, finalement…

On choisit une série ou l'autre.

Les marqueurs de séquence peuvent indiquer :
– une **séquence** qui se déroule **dans le temps** ;
– ou un **ordre logique**, par exemple pour séparer des arguments.

- **Position des marqueurs de séquence dans la phrase**

  Les deux marqueurs suivants sont rarement en début de phrase. Ils sont généralement **entre deux phrases** à un verbe.

Reconduisez-moi au centre commercial et donnez-moi un peu d'argent de poche.
Je leur verse un jus de fruits, puis je leur sers un bon café.

virgule devant *puis*

Les marqueurs suivants peuvent occuper diverses positions :

Marqueurs en début de phrase, suivis d'une virgule	Marqueurs dans la phrase, à la suite du verbe
D'abord, Ensuite, Finalement, laissez-moi dormir tard.	d'abord ensuite Je leur sers finalement un jus.

Les **marqueurs** suivants se trouvent rarement ailleurs qu'en **début de phrase**. Ils sont suivis d'une **virgule**.

Premièrement, nous sommes trop occupés.
Deuxièmement, le ménage est toujours à recommencer.
Troisièmement, si nous fermons la porte, plus personne ne voit le désastre.

B Marqueurs qui indiquent le temps

De nombreuses expressions peuvent indiquer le temps dans un texte: *hier, demain, le lendemain matin, l'an dernier*... En voici d'autres.

- Les **marqueurs** suivants indiquent qu'un évènement **se passe en même temps** qu'un autre.

Tout se passe en même temps!

Évènement 1 Lorsque / Quand / Pendant que je déjeunais,
Évènement 2 un ovni survolait le quartier
Évènement 3 tandis qu'un autre s'est posé sur la maison des voisins.

- Les marqueurs suivants s'utilisent quand un évènement **se passe après un autre**. **Ces marqueurs** introduisent le 2e évènement.

avant de + verbe à l'infinitif
avant que + verbe au subjonctif

1 Je menais une vie tranquille 2 avant de faire la rencontre de mes voisins.
avant que je fasse la rencontre de mes voisins.

- Les marqueurs suivants s'utilisent quand un évènement **se passe après un autre**. **Ces marqueurs** introduisent le 1er évènement.

1 Dès que / Après que / Depuis qu'ils sont arrivés, 2 il s'est passé des choses étonnantes.

NOTE: Tous les marqueurs ci-dessus relient deux PdeB (phrases à un verbe) en une seule phrase ponctuée. Ils se déplacent avec la phrase de base qu'ils introduisent:

Marqueur au début? Virgule!

Un ovni survolait le quartier pendant que je déjeunais.
Pendant que je déjeunais, un ovni survolait le quartier.

- Les **marqueurs** suivants indiquent que quelque chose s'est passé **subitement**.

Les voisins m'ont vue. **Aussitôt**, ils se sont transformés en plantes carnivores! **Tout à coup**, ils ont disparu.

Marqueur au début? Virgule!

C Marqueurs qui indiquent la cause, la conséquence, le but

- **Marqueurs qui introduisent la cause :**

Car ne se déplace pas.

car / puisque
Samuel a ri parce que Corinne a raconté des blagues.

Parce que
Comme Corinne a raconté des blagues, Samuel a ri.

cause

- **Marqueurs qui introduisent la conséquence :**

Corinne a raconté **tellement** de blagues **que** Samuel a ri.
Corinne a **si** bien raconté des blagues **que** Samuel a ri.
Corinne a raconté des blagues **donc** Samuel a ri.

effet, résultat ou conséquence

Ces marqueurs ne se déplacent pas.

- **Marqueurs qui introduisent le but :**

afin que, pour que + verbe au subjonctif

afin que
Corinne a raconté des blagues pour que Samuel rie.

afin de, pour + verbe à l'infinitif

afin de
Corinne a raconté des blagues pour faire rire Samuel.

but

Ces marqueurs peuvent se déplacer avec ce qu'ils introduisent.

D Marqueurs qui indiquent une restriction, une opposition

- **Deux séries de marqueurs de restriction, d'opposition**
  1re série

Alors que
Même si j'ai bien suivi les directives, mon bateau a coulé.
Malgré des directives claires, mon bateau a coulé. — *Malgré* + GN
Bien que j'aie suivi les directives, mon bateau a coulé.

Bien que + verbe au subjonctif

Ces marqueurs peuvent se déplacer avec ce qu'ils introduisent.

2e série

J'ai bien suivi les directives, mais mon bateau a coulé.
J'ai bien suivi les directives. Pourtant, mon bateau a coulé.
Cependant,
Toutefois,

Remarque bien la ponctuation.

E Marqueurs qui indiquent une comparaison

- **Marqueurs qui comparent deux choses équivalentes ou égales**

Félicie nage comme un poisson.
Elle aime la natation autant que l'escalade.
Elle aime autant la natation que l'escalade.
Félicie est aussi heureuse dans l'eau que sur un rocher.

Remarque les deux positions du GN la natation.

NOTE : En début de phrase, ***comme*** indique la cause. ➟ p. 234

- **Marqueurs qui comparent deux choses différentes**

Marqueur + adjectif + **que**
- La natation est plus sécuritaire que l'escalade.
- La natation est moins chère que l'escalade.

Marqueur + groupe de mots + **que**
- Ils aiment mieux la natation que l'escalade.
- Félicie est meilleure en natation que Sarah.

Selon le **marqueur**, le groupe de mots peut être déplacé à droite ou à gauche.
- Elle est meilleure que Sarah en natation.
- Ils aiment plus la natation que l'escalade.
- Ils aiment la natation plus que l'escalade.

F Marqueurs qui indiquent une condition, une hypothèse

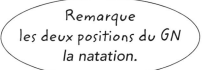

Je danserais bien
- à condition de faire mes exercices. — *à condition de* + verbe à l'infinitif
- en autant que je fasse mes exercices. — *en autant que* + verbe au subjonctif
- si je faisais mes exercices. — *si* + verbe à l'imparfait

(je faisais mes exercices : condition)

Le marqueur si peut être déplacé avec ce qu'il introduit.

Si je faisais mes exercices, je danserais bien.

3. Une structure à surveiller: l'énumération

Lorsqu'on énumère, on fait une liste: une liste d'épicerie, une liste de matériel scolaire, une liste d'ingrédients pour faire un gâteau…

A Comment construire une énumération

D'un point de vue grammatical, on peut énumérer des adjectifs, des GN, des GV et d'autres sortes de groupes.

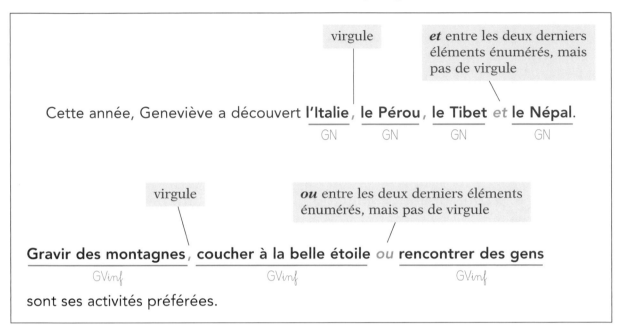

virgule

et entre les deux derniers éléments énumérés, mais pas de virgule

Cette année, Geneviève a découvert **l'Italie** (GN), **le Pérou** (GN), **le Tibet** (GN) et **le Népal** (GN).

virgule

ou entre les deux derniers éléments énumérés, mais pas de virgule

Gravir des montagnes (GVinf), **coucher à la belle étoile** (GVinf) ou **rencontrer des gens** (GVinf) sont ses activités préférées.

B Des erreurs à éviter

La phrase est mal construite.		Il faut compléter les groupes de mots pour que la phrase soit bien construite.
~~Karla apprend l'anglais, français, polonais.~~	→	Karla apprend l'anglais, le français et le polonais.
~~Jean a déjà voyagé au Mexique, Espagne, France et Canada.~~	→	Jean a déjà voyagé au Mexique, en Espagne, en France et au Canada.
~~Max rêve plutôt d'escalader les Rocheuses, faire du surf dans le Pacifique ou traverser le lac Saint-Jean à la nage.~~	→	Max rêve plutôt d'escalader les Rocheuses, de faire du surf dans le Pacifique ou de traverser le lac Saint-Jean à la nage.

Lorsqu'on énumère, il ne faut pas prendre trop de raccourcis!

Les accords

Chapitre 8• Les mots invariables

A Les adverbes

- **Les adverbes indiquent...**

le temps ou le lieu	**une relation entre deux phrases**	**une précision au sens d'un *autre mot***
hier demain maintenant jamais là-bas ici	d'abord ensuite finalement cependant	**L'adverbe précise:** • l'*adjectif* qui le suit; → infiniment *long*, très *nerveuse* • un *autre adverbe* qui le suit; → beaucoup *trop*, vraiment *doucement* • un *verbe* qui le précède. → *j'ai* complètement *raté*, je *monte* fièrement

- **Les adverbes sont invariables.**

L'adverbe ne s'accorde pas, il reste invariable.

Les spectateurs riaient **beaucoup**.

> Un adverbe au féminin ? Cela ne se dit pas !
> demain → ~~demaine~~
> fièrement → ~~fièremente~~

- **La plupart des adverbes en *-ment*** se forment selon l'une de ces règles:

Adverbe = adjectif féminin + *-ment*

douce + *ment* → **douce**ment
complète + *ment* → **complète**ment
A f. Adv.

Adverbe = adjectif masculin terminé par une voyelle + *-ment*

infini + *ment* → **infini**ment
absolu + *ment* → **absolu**ment
A m. Adv.

NOTE: On écrit *gentiment* (sans le *l* de l'adjectif au masculin).

- **Les adverbes en *-amment* ou *-emment*** conservent le *a* ou le *e* de l'adjectif de base et doublent le *m*:

Adverbe en *-amment*

bruy**a**nt → bruy**a**mment
élég**a**nt → élég**a**mment
A m. Adv.

Adverbe en *-emment*

impati**e**nt → impati**e**mment
viol**e**nt → viol**e**mment
A m. Adv.

B Les prépositions

- **Les prépositions sont invariables.**

Ces mots ne sont jamais au pluriel ni au féminin.

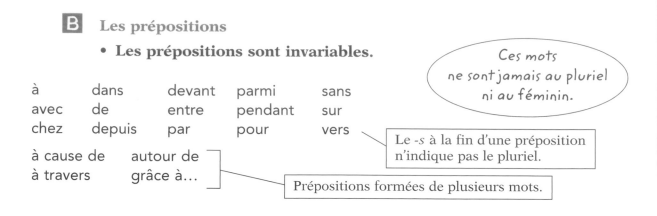

à	dans	devant	parmi	sans
avec	de	entre	pendant	sur
chez	depuis	par	pour	vers

Le *-s* à la fin d'une préposition n'indique pas le pluriel.

à cause de / autour de
à travers / grâce à…

Prépositions formées de plusieurs mots.

- La **préposition** introduit un groupe de mots et forme avec lui un **groupe prépositionnel** (**GPrép**).

Prép. + GN = GPrép	**Prép**. + Pronom = GPrép	**Prép**. + GVinf = GPrép
parmi les icebergs **dans** les Caraïbes **à** ses vacances **de** sable blanc	**chez** elle **de** lui **à** tous	**pour** se dépayser un peu **à** visiter **de** paresser **d'**envoyer des cartes

NOTE: Une préposition est toujours accompagnée d'un autre groupe pour former un GPrép. On ne l'utilise jamais seule.

- **Le sens des prépositions:**

Une *préposition* peut indiquer:

le lieu	le temps	le but
sur / sous / à côté de / loin de / dans / devant / face à / près de la boîte	*avant / après / pendant / depuis / dès* le lever du soleil	*pour / afin de* partir

- Les prépositions *à* ou *de* n'ont pas toujours un sens précis. Il faut savoir laquelle utiliser.

V		GPrép
penser	**à**	ses vacances
profiter	**de**	son voyage
rire	**de**	quelqu'un
ressembler	**à**	un touriste

Penser ~~de~~ ses vacances… Cela ne se dit pas!

GN1 + GPrép (*à* / *de* + GN2)

GN		GPrép
le projet	**de**	mon ami Charlie
une plage	**de**	sable blanc
un maillot	**à**	fleurs géantes
un chapeau	**à**	larges rebords

Il ne faut pas écrire: le projet ~~à~~ mon ami…

C Les conjonctions

- **Les conjonctions sont invariables.**

lorsque	mais	parce que
quand	et	dès que
que	car	tandis que
si	ou	pour que
	donc	…

Impossible de mettre une conjonction au féminin ou au pluriel.

- **Les conjonctions établissent un lien entre des phrases:**

Lorsque [je suis à table,]P [il veut sentir ma nourriture.]P

[Il n'y goûte jamais,]P **mais** [il inspecte tout.]P

Dès qu'[il a fini de renifler,]P [il miaule]P **pour que** [je le flatte.]P

[J'ai **donc** appris à manger d'une seule main.]P

Cette conjonction établit un lien avec la phrase précédente.

Les conjonctions *et, ou, mais* peuvent aussi relier:

– deux GN

Il hume l'air, le museau en l'air (GN) **et** les yeux mi-clos (GN).

– deux adjectifs

Ses yeux rieurs (A) ***mais*** moqueurs (A)…

Il est tyrannique (A) ***ou*** insupportable (A).

NOTE: Toutes les conjonctions servent de marqueurs de relation, mais, parmi les marqueurs de relation, on trouve aussi d'autres classes de mots, comme des adverbes (*cependant, finalement…*) et des prépositions (*à, pour…*).

Chapitre 9• L'accord dans le groupe du nom (GN)

Pour **réussir l'accord dans le groupe du nom**, il faut…

1) **repérer** le GN en identifiant:
   - le **nom**,
   - le ou les **déterminants** devant ce nom,
   - le ou les **adjectifs qui décrivent ce nom**;

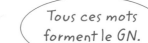

Tous ces mots forment le GN.

2) **accorder tous les mots du GN** en genre et en nombre: le nom donne son genre et son nombre aux déterminants et aux adjectifs du groupe.

   Règle générale: on ajoute ***-e* au féminin**, ***-s* au pluriel**.

1. Le nom

A Les noms propres

Le **nom propre**, c'est le nom de quelqu'un, le nom qu'on lui donne à la naissance (ou le nom d'un personnage imaginaire). C'est aussi le nom qu'on donne à un lieu particulier comme une ville, un pays.

Pour l'anniversaire de **Zoé** et de **Victor**, on organise une fête à ***Sorel*** chez **Pierre-Luc Marcoux**.

nom propre de lieu — nom propre de personne

N'oublie pas la lettre majuscule au début des noms propres.

B Les noms communs

Le **nom commun** est une classe de mots qui se dit bien avec un **déterminant** comme *un, une, du, des* devant lui.

Le *déterminant* est souvent obligatoire. La preuve: **en effaçant le déterminant, la phrase devient mal construite**.

Les GN sont bien construits. La phrase se dit bien.	ou	Les GN sont mal construits. La phrase ne se dit pas bien.
Mes **amis** apportent un **gâteau**. (D N = GN ; D N = GN)		▬ ~~**amis**~~ apportent ▬ ~~**gâteau**~~ (déterminants effacés)

- **Un test pour repérer les noms communs**

  Pour s'assurer qu'un mot est bien un nom, on lui fait passer un test! **On vérifie si ce mot se dit bien après un déterminant bien connu comme *un, une, du* ou *des*.**

Avec quelques lumières tamisées et de la musique entraînante, les invités auront envie de danser.

Quels mots sont des noms communs?

Avec *un, une, du* ou *des* devant…

cela se dit bien: le mot est un nom commun.	cela ne se dit pas bien: le mot n'est pas un nom.
une lumière, des lumières	~~un quelque? des quelques?~~
une musique, des musiques	~~un tamisé? une tamisée?~~
un invité, des invités	~~une entraînante? des entraînantes?~~
une envie, des envies	~~un danser? des dansers?~~

Ces mots sont des noms: ils ont passé le test.

Ces mots ne sont pas des noms: ils n'ont pas passé le test.

C Le genre (*féminin* ou *masculin*) d'un nom

- **Le genre des noms**
  - Si le nom désigne une **fille**, une **femme** ou une **femelle** (chez les animaux) → le nom est **féminin**.
  - Si le nom désigne un **garçon**, un **homme** ou un **mâle** (chez les animaux) → le nom est **masculin**.
  - **Tous les autres noms** ont un genre **soit féminin, soit masculin**. On ne peut pas l'expliquer.

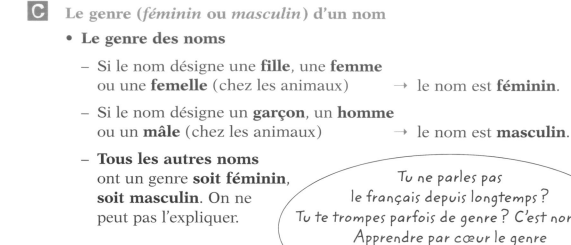

Tu ne parles pas le français depuis longtemps? Tu te trompes parfois de genre? C'est normal! Apprendre par cœur le genre de chaque nom, cela prend du temps!

- **Pour trouver le genre d'un nom**

On peut souvent se fier à l'oreille:

1. Le nom se dit bien avec *une* ou *la*: le nom est féminin.

la joie
une énigme
une carte
la Côte-Nord

ou

2. Le nom se dit bien avec *un* ou *le*: le nom est masculin.

le plaisir
un gâteau
le français
le Brésil

On peut vérifier le genre d'un nom dans le dictionnaire.

D Le nombre (*singulier* ou *pluriel*) d'un nom

Le **nombre singulier ou pluriel** d'un nom dans une phrase **dépend de ce qu'on veut dire**.

Les **amis** de mon **frère** fabriquent une **guirlande**.
Ces grands **gaillards** forment une joyeuse **équipe**!

Quel est le nombre des noms de ces phrases?

On parle d'*un*... d'*une*..., le nom est singulier.

On parle d'*un* frère;
d'*une* guirlande;
d'*une* équipe.

ou

On parle de *plusieurs*... (*deux ou plus*), le nom est pluriel.

On parle de *plusieurs* amis;
de *plusieurs* gaillards.

E Les noms dénombrables et indénombrables

On peut classer les noms selon qu'ils sont dénombrables ou indénombrables.

- **Les noms dénombrables : des réalités qu'on peut compter**

Ces noms se disent bien avec un déterminant numéral devant. Ce sont des noms dénombrables.

Dnum	+ N	Dnum	+ N
un	igloo	*deux*	igloos
deux	pelles	*dix-huit*	pelles
cinq	jours	*vingt-trois*	jours
une	équipe	*six*	équipes

- **Les noms indénombrables : des réalités qui ne se comptent pas**

Ces noms ne se disent pas bien avec un déterminant numéral devant. Ce sont des noms indénombrables.

Dnum	+ N	Dnum	+ N
~~*deux*~~	~~neiges~~	~~*deux*~~	~~fiertés~~
~~*trois*~~	~~imaginations~~	~~*dix*~~	~~courages~~
~~*cinq*~~	~~patiences~~	~~*douze*~~	~~pluies~~

- **Comment exprimer une quantité avec un nom indénombrable**

  Certains déterminants comme *un peu de*, *beaucoup de*, permettent d'exprimer une *quantité* imprécise avec un nom indénombrable. Ce nom reste au singulier.

un peu de	pluie	*beaucoup de*	neige
un peu de	patience	*beaucoup d'*	imagination

- **Des noms tantôt dénombrables, tantôt indénombrables**

  ATTENTION ! Certains noms peuvent être tantôt dénombrables, tantôt indénombrables selon le sens de la phrase où ils se trouvent.

J'ai trouvé *beaucoup de* **skis** brisés dans la montagne.

On parle de l'équipement, on peut dire : *J'ai trouvé trois skis brisés.*

Le nom ski est dénombrable dans cette phrase.

Tu as fait *beaucoup de* **ski** pendant les vacances.

On parle du sport comme activité. Dans cette phrase, on ne peut pas dire : *Tu as fait ~~trois~~ skis pendant tes vacances.*

Le nom ski est indénombrable dans cette phrase.

2. Les déterminants

A Repérer les déterminants

Les déterminants les plus connus sont ***le, la, les, un, une, du, des***. Il y en a d'autres.

- **Un premier moyen de repérer d'autres déterminants**
  Vérifie si le mot que tu crois être un déterminant **se dit bien seul devant un nom**.

Zoé et Victor apprécient cette merveilleuse fête.

Quel est le déterminant du nom fête ?

Le mot se dit bien seul devant un nom.

cette fête
D N

Le mot cette est un déterminant.

Le mot ne se dit pas bien seul devant un nom.

~~**merveilleuse**~~ fête
~~D~~ N

Ce mot n'est pas un déterminant.

- **Un deuxième moyen de repérer des déterminants**
  Vérifie si le mot que tu crois être un déterminant **peut être remplacé par un autre déterminant** bien connu.

On peut remplacer le mot par *la*.

la
Zoé et Victor apprécient **cette** merveilleuse fête.

Le mot cette a passé le test. Cette est un déterminant.

On ne peut pas remplacer le mot par *la*.

~~la~~
… apprécient cette **merveilleuse** fête.

Le mot merveilleuse n'est pas un déterminant. Il n'a pas passé le test.

B Les déterminants annonceurs de genre

Certains déterminants annoncent le genre		**D'autres déterminants n'annoncent pas le genre**
Féminin	**Masculin**	
la, une ma, ta, sa cette aucune toute, toutes[2] quelle, quelles[2]	le, un, du mon, ton, son[3] au ce, cet[1] aucun tout, tous[2] quel, quels[2]	l' notre, votre, leur chaque *Les déterminants pluriels :* les, des, aux, ces mes, tes, ses, nos, vos, leurs deux…, dix…, vingt…, mille… quelques, plusieurs beaucoup de, plein de

Ces déterminants se disent aussi bien avec un nom féminin que masculin.

NOTE 1 : Devant un nom masculin qui commence par une voyelle ou un *h* muet, on écrit ***cet*** (**ex. :** *cet arbre, cet homme*).

NOTE 2 : Attention ! Les différences de genre ne s'entendent pas toujours pour ces déterminants.

NOTE 3 : *Mon, ton* et *son* se disent aussi devant un nom féminin qui commence par une voyelle ou un *h* muet (**ex. :** *mon amie, son hélice*).

C Les déterminants annonceurs de nombre

Certains déterminants annoncent le nombre		**D'autres déterminants n'annoncent pas le nombre**
Singulier	**Pluriel**	
le, la, un, une, du ma, mon, ta, ton, sa, son notre, votre ce, cet, cette aucun, aucune chaque	les, des mes, tes, ses nos, vos ces deux…, dix…, vingt…, mille… quelques plusieurs	au, aux leur, leurs tout, tous toute, toutes quel, quelle, quels, quelles beaucoup de, plein de → p. 243 (*beaucoup de biscuits* *beaucoup de nourriture*)

On n'entend pas de différence entre le singulier et le pluriel de ces déterminants. Attention en les écrivant !

Quelques sortes de déterminants

A Les déterminants articles

Les articles sont les déterminants les plus fréquents.

le, la, l', les
un, une, du, des

On se sert des articles pour identifier un nom ➟ p. 241 et pour identifier d'autres déterminants ➟ p. 244.

B Les déterminants numéraux

Des déterminants pluriels sans -s à la fin, c'est bizarre !

Singulier		Pluriel	
un	une	deux	douze
		trois	vingt-huit
		quatre	cent*
		cinq	…

NOTE : Ce déterminant numéral est le seul qui varie en genre et qui est aussi un article.

La liste des déterminants numéraux est infinie.

ATTENTION !
vingt-huit carottes.

* *Cent* s'accorde dans certains cas que tu verras au secondaire.

C Les déterminants possessifs

Un déterminant possessif indique la personne, le genre et le nombre.

Selon la personne à qui cela appartient :	Selon le genre et le nombre du nom dans le GN : m.s.	f.s.	m.pl. ou f.pl.
1re pers. s. (*à moi*) 2e pers. s. (*à toi*) 3e pers. s. (*à lui / à elle*)	**mon** **ton** **son** livre	**ma** **ta** **sa** revue	**mes** **tes** livres **ses** revues
1re pers. pl. (*à nous*) 2e pers. pl. (*à vous*) 3e pers. pl. (*à eux / à elles*)	**notre** **votre** **leur** livre	**notre** **votre** **leur** revue	**nos** **vos** livres **leurs** revues

NOTE : *Mon*, *ton* et *son* se trouvent aussi devant un nom féminin qui débute par une voyelle ou un *h* aspiré. (Ex. : *ton aventure, mon activité, son hélice.*)

- Les **déterminants possessifs** indiquent une **relation de possession** ou d'appartenance:

> Cher Clovis,
>
> [le sourire de Clovis]
>
> J'imagine **ton sourire** quand...
>
> Dposs m.s. N m.s.

- Les déterminants possessifs permettent d'éviter des répétitions dans un texte.

> [la végétation de l'île] [le climat de l'île]
>
> L'île est un paradis. **Sa végétation** est abondante et **son climat**, très doux.

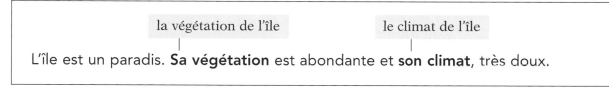

D Les déterminants démonstratifs

- Les déterminants démonstratifs sont ***ce***, ***cet***, ***cette***, ***ces***.
  Ils désignent un nom comme si on le montrait du doigt.

> [*= ces journaux-là*] [*= ces revues-là*] [*= ce roman-là*]
>
> J'ai déjà lu **ces** journaux, **ces** revues et **ce** roman.
>
> GN m.pl. GN f.pl. GN m.s.

- Les déterminants démonstratifs permettent d'éviter des répétitions dans un texte.

[*= le livre dont on vient de parler*]

Le livre s'intitule *Robinson Crusoé*. Ce livre a été écrit par Daniel De Foe en 1719.

[*= le personnage de Robinson*]

Robinson est un naufragé. **Ce personnage** se retrouve sur une île déserte.

NOTE: Dans un texte, les déterminants démonstratifs sont souvent utilisés devant un nom englobant. ➟ p. 278

3. L'adjectif

L'adjectif est une classe de mots qui **sert à décrire ou à préciser un nom**.

A Les positions de l'adjectif dans le GN

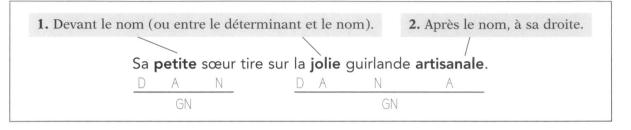

1. Devant le nom (ou entre le déterminant et le nom).

2. Après le nom, à sa droite.

Sa **petite** sœur tire sur la **jolie** guirlande **artisanale**.

D A N — GN

D A N A — GN

B L'accord de l'adjectif

L'adjectif **s'accorde en genre et en nombre avec le nom qu'il décrit** dans le groupe du nom.

Le nom féminin singulier donne ses caractéristiques aux adjectifs du groupe.

Les adjectifs du GN **reçoivent le genre féminin et le nombre singulier** du **nom** qu'ils décrivent.

la **jolie guirlande** artisanale

D f.s. A f.s. N f.s. A f.s.

C Les différences entre l'oral et l'écrit

À l'oral, la variation de l'adjectif...			
en genre ***(du masculin au féminin)...***		**en nombre** ***(du singulier au pluriel)...***	
s'entend souvent	ne s'entend pas	s'entend parfois	ne s'entend pas
vert → verte grand → grande amusant → amusante rond → ronde long → longue sec → sèche vilain → vilaine méchant → méchante gros → grosse	naturel → naturelle mondial → mondiale noir → noire rouge → rouge* pédestre → pédestre*	amical → amicaux oral → oraux	vert → verts verte → vertes long → longs longue → longues pédestre → pédestres peureuse → peureuses peureux → peureux*

* Parfois, il n'y a pas de différences à l'écrit.

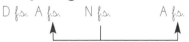

D Un test pour vérifier qu'un mot est un adjectif

On utilise deux caractéristiques de l'adjectif:

1. L'adjectif se dit bien **autour d'un nom** (même si dans la phrase, il n'est pas «collé» au nom).
2. L'adjectif, qui **varie en genre**, peut se dire avec un nom masculin et avec un nom féminin (on entend souvent la différence).

On fait le test avec quelques noms masculins et féminins qu'on connaît bien: *une personne, un personnage* ou *un objet, une chose*.

Zoé trouve ce grand gâteau tellement appétissant!

Quels mots sont des adjectifs?

Cela se dit bien, le mot est un adjectif.

une grande personne,
un grand personnage
un objet appétissant,
une chose appétissante

Les mots grand et appétissant ont passé le test. Ce sont des adjectifs.

Cela ne se dit pas bien, le mot n'est pas un adjectif.

~~un objet tellement,~~
~~une chose tellemente~~

Le mot tellement n'a pas passé le test. Ce n'est pas un adjectif.

E Des participes passés devenus adjectifs

Tu constateras dans un tableau de conjugaison ➡ p. 290 à 320 que le participe passé est une forme du verbe, mais de nombreux participes passés sont employés exactement comme des adjectifs.

Dans un GN, le PP devenu adjectif s'accorde avec le nom qu'il décrit:

Laurent habite <u>une maison fleurie</u>.
GN f.s.

<u>Un pot renversé</u> abrite un crapaud.
GN m.s.

L'emploi et l'accord des participes passés sont traités au chapitre 12. ➡ p. 273 à 275

Attention! Ne confonds pas les terminaisons du verbe avec celles de l'adjectif. Il arrive qu'elles se prononcent de la même manière.

Le rosier fleurit tôt.
V

Il faut renverser ce pot.
Vinf

4. Les marques de genre des noms et des adjectifs

POUR MARQUER LE GENRE FÉMININ DES NOMS ET ADJECTIFS

Règle générale pour passer du masculin au féminin

On **ajoute un *-e*** au nom ou à l'adjectif masculin:

un grand ami	→	une grande amie
un cousin poli	→	une cousine polie

Règles particulières pour passer du masculin au féminin

N° 1

On **double la consonne finale** et on **ajoute un *-e***.

masculin en		féminin en
-en	→	***-enne,***
-on	→	***-onne,***
-et	→	***-ette,***
-el	→	***-elle,***
-s	→	***-sse***
un espion muet	→	une espionne muette
un gros chien cruel	→	une grosse chienne cruelle

Exceptions à la règle particulière nº 1:

complet → complète
inquiet → inquiète
secret → secrète
prêt → prête

Lorsqu'on entend le son [z] au féminin, on ne double pas le *-s*:
gris → grise, précis → précise

N° 2

masculin en ***-er***	→	féminin en ***-ère***
le premier policier	→	la première policière
un écolier fier	→	une écolière fière

N° 3

masculin en ***-eau***	→	féminin en ***-elle***
un beau jumeau	→	une belle jumelle
nouveau	→	nouvelle
un chameau	→	une chamelle

N° 4

masculin en ***-f***	→	féminin en ***-ve***
un veuf naïf	→	une veuve naïve
neuf	→	neuve
attentif	→	attentive

N° 5

masculin en ***-eux***	→	féminin en ***-euse***
un amoureux	→	une amoureuse
furieux	→	furieuse
heureux	→	heureuse
sérieux	→	sérieuse
exception: vieux	→	**vieille**

N° 6

masculin en ***-eur***	→	féminin en ***-euse***
un chanteur	→	une chanteuse
un voleur rieur	→	une voleuse rieuse

N° 7

Pour certains noms et adjectifs:

masculin en ***-teur***	→	féminin en ***-trice***
un directeur	→	une directrice
un acteur	→	une actrice

N° 8

Autres transformations diverses pour quelques adjectifs:

blanc → blanche
franc → franche
fou → folle
mou → molle
long → longue

N° 9

Aucun changement au féminin:

masculin **déjà en *-e***	→	féminin en ***-e***
un élève	→	une élève
un acrobate	→	une acrobate

drôle, jaune, rouge, scolaire, solaire, etc.

NOTE: Pour certains noms, le féminin est complètement différent:
garçon/fille, homme/femme, père/mère, oncle/tante, taureau/vache...

5. Les marques de nombre des noms et des adjectifs

POUR MARQUER LE NOMBRE PLURIEL DES NOMS ET ADJECTIFS	
Règle générale pour passer du singulier au pluriel	**Exceptions**
On **ajoute un *-s*** au nom ou à l'adjectif singulier : un chaton fou → des chatons fous un chandail rouge → des chandails rouges une piste cyclable → des pistes cyclables une jolie veste chaude → des jolies vestes chaudes un cou mou → des cous mous un détail intéressant → des détails intéressants un centre équestre → des centres équestres un enfant espiègle → des enfants espiègles	• **quelques noms en *-ou*** prennent un ***-x*** au pluriel : des bijoux, des cailloux, des choux, des genoux, des hiboux, des joujoux, des poux. • **quelques noms en *-ail*** se transforment en ***-aux*** au pluriel : un travail → des travaux, du corail → des coraux, un émail → des émaux, un vitrail → des vitraux.
Règles particulières	**Exceptions**
N° 1 singulier en ***-al*** → pluriel en ***-aux*** un cheval loyal → des chevaux loyaux le journal municipal → les journaux municipaux un animal génial → des animaux géniaux	• **quelques noms et adjectifs en *-al*** suivent la règle générale, ils prennent un ***-s*** au pluriel : des bals, des carnavals, des festivals, des récitals, fatal → fatals, final → finals, naval → navals.
N° 2 singulier en ***-au, -eau, -eu*** → pluriel en ***-aux, -eaux, -eux*** un beau tuyau → des beaux tuyaux un nouveau marteau → des nouveaux marteaux un jeu, un cheveu → des jeux, des cheveux	• **de rares noms (et un adjectif)** en ***-eu*** ou ***-au*** suivent la règle générale, ils prennent un ***-s*** au pluriel : des pneus bleus, des landaus.
N° 3 **Aucun changement** au pluriel : singulier en ***-s***, ***-x*** ou ***-z*** → pluriel en ***-s***, ***-x*** ou ***-z*** un gros nez → des gros nez une souris → des souris un tapis → des tapis un autobus → des autobus un lynx nerveux* → des lynx nerveux un prix curieux* → des prix curieux * Les adjectifs qui se terminent par le son [eu] s'écrivent avec un ***-x*** à la fin, même au singulier.	

NOTE : Quelques noms ont un pluriel irrégulier :
madame/mesdames, mademoiselle/mesdemoiselles, monsieur/messieurs, un œil/des yeux...

6. L'accord dans le GN : des cas difficiles

A Le nom n'est pas toujours précédé d'un déterminant

Dans ce cas, **il faut réfléchir** à son genre et, surtout, **à son nombre** :

On parle d'**une** fête → le nom est singulier.

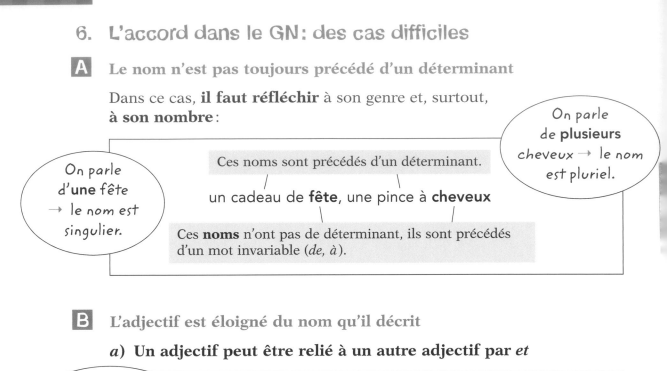

Ces noms sont précédés d'un déterminant.

un cadeau de **fête**, une pince à **cheveux**

Ces **noms** n'ont pas de déterminant, ils sont précédés d'un mot invariable (*de*, *à*).

On parle de **plusieurs** cheveux → le nom est pluriel.

B L'adjectif est éloigné du nom qu'il décrit

a) Un adjectif peut être relié à un autre adjectif par *et*

Tous les adjectifs qui décrivent un même nom reçoivent le genre et le nombre de ce nom.

deux **adjectifs** reliés par ***et***

Victor a reçu des cadeaux **originaux et amusants.**

D N m.pl. A m.pl. A m.pl.

GN m.pl.

b) Il peut y avoir un mot invariable entre le nom et l'adjectif

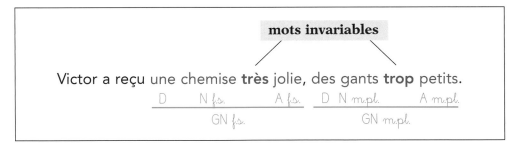

mots invariables

Victor a reçu une chemise **très** jolie, des gants **trop** petits.

D N f.s. A f.s. D N m.pl. A m.pl.

GN f.s. GN m.pl.

Des mots comme *très* ou *trop* n'ont pas les caractéristiques des adjectifs. La preuve : on ne peut pas les dire au féminin en ajoutant un *-e* : très/~~trèse~~ ??? trop/~~trope~~ ???

Cela ne se dit pas !

C Les mots n'appartiennent pas toujours à la même classe

Les mots peuvent changer de classe. Cela dépend de leur position dans la phrase.

a) Des mots qui ne sont pas toujours des déterminants

Les mots ***le***, ***la*** et ***les*** sont très souvent des déterminants, mais peuvent aussi être des pronoms.

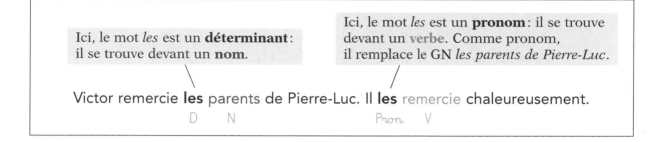

Ici, le mot *les* est un **déterminant** : il se trouve devant un **nom**.

Ici, le mot *les* est un **pronom** : il se trouve devant un **verbe**. Comme pronom, il remplace le GN *les parents de Pierre-Luc*.

Victor remercie **les** parents de Pierre-Luc. Il **les** remercie chaleureusement.
D N Pron. V

b) Des mots qui ne sont pas toujours des noms

Certains mots peuvent être un nom ou un verbe.

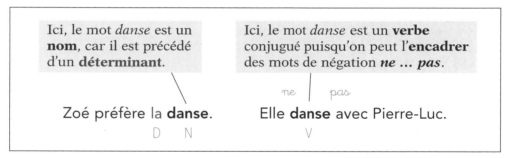

Ici, le mot *danse* est un **nom**, car il est précédé d'un **déterminant**.

Ici, le mot *danse* est un **verbe** conjugué puisqu'on peut l'**encadrer** des mots de négation ***ne … pas***.

Zoé préfère la **danse**.
D N

Elle (ne) **danse** (pas) avec Pierre-Luc.
V

NOTE : Repérer les verbes conjugués de chaque phrase **avant** de vérifier les accords dans les groupes du nom permet d'éviter bien des confusions quand on corrige un texte.

c) Des mots qui ne sont pas toujours des adjectifs

- Plusieurs mots peuvent être un nom ou un adjectif.

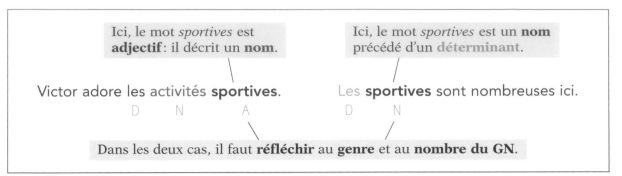

Ici, le mot *sportives* est **adjectif** : il décrit un **nom**.

Victor adore les activités **sportives**.
D N A

Ici, le mot *sportives* est un **nom** précédé d'un **déterminant**.

Les **sportives** sont nombreuses ici.
D N

Dans les deux cas, il faut **réfléchir** au **genre** et au **nombre du GN**.

- Comme quelques autres mots, *fort* peut être un adjectif et s'accorder avec le nom qu'il décrit ou être un adverbe et rester invariable.

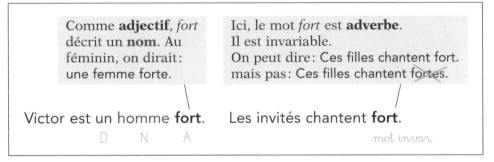

Comme **adjectif**, *fort* décrit un **nom**. Au féminin, on dirait : une femme forte.

Victor est un homme **fort**.
D N A

Ici, le mot *fort* est **adverbe**. Il est invariable. On peut dire : Ces filles chantent fort. mais pas : Ces filles chantent ~~fortes~~.

Les invités chantent **fort**.
mot invar.

D Des déterminants qui se combinent

- Deux déterminants devant le nom :

D pl. + **Dnum pl.** + N pl.			**tout/toute** **tous/toutes** + **D** + N			**D pl.** + **quelques** + N pl.		
mes	**cinq**		**tout**	**ce**	bruit	**vos**	**quelques**	voitures
vos	**douze**		**toute**	**une**	musique	**ces**	**quelques**	livres
les	**dix**		**tous**	**les**	enfants	**les**	**quelques**	minutes
ces	**deux**	chiens	**toutes**	**leurs**	voitures			

Accorde bien tous les déterminants d'un GN (sauf les déterminants numéraux pluriels).

- Trois déterminants devant le nom :

tous / **toutes** + **les** + **Dnum pl.** + N

Exemples :

tous	**les**	**deux**	jours
toutes	**les**	**trois**	semaines

- D'autres combinaisons sont impossibles :

~~plusieurs trois chiens~~ ~~tous deux enfants~~ ~~toutes quelques minutes~~

E Des GN avec un nom commun sans déterminant

Quelques structures de GN avec un nom commun sans déterminant:

1 Titre d'un livre ou d'un article de journal

Il faut penser au sens pour trouver le nombre des **noms** sans déterminant.

Poèmes pour un vampire
Panique au Bic

2 Expression formée sur le modèle: verbe + nom singulier

Le nom est souvent abstrait.

Chloé et Yann ont peur.
Chloé perd connaissance.
Elle lui fait confiance.

3 GPrép formé de: préposition + nom singulier

Le nom est souvent abstrait, indénombrable.

Janick avance avec crainte.
Elle veut sortir en vitesse.
Avec soulagement, elle aperçoit la sortie.

4 GN attribut du sujet: V attributif + N

nom de métier

Sandrine sera costumière.
Dean et Jimmy sont cinéastes.
Justin deviendra cascadeur.

5 Long GN qui contient deux noms: D + N1 + prép. + N2 (prép. + N2 = GPrép)

La préposition + N2 forment un GPrép qui complète N1.

un nid de guêpes / des nids de guêpes
une planche à roulettes / des planches à roulettes
une goutte de ***sang*** / des gouttes de ***sang***

Quand ***N2*** a un sens ***indénombrable***, il reste au singulier.

Chapitre 10• L'accord de l'attribut du sujet

A La fonction attribut du sujet

- **Deux positions des adjectifs dans une phrase : deux fonctions**

1) Adjectifs dans un GN :
fonction →
complément du nom

Dans un GN, l'adjectif décrit le nom et s'accorde avec lui. → p. 248

Par un beau samedi glacial,
GN m.s.

Lucas se dirige vers la patinoire municipale.
GN f.s.

2) Adjectifs dans un GV :
fonction →
attribut du sujet

Dans un GV, l'*adjectif* décrit le sujet (GN-S ou Pron.-S).

Quand [Louna] était ***petite***,
GN-S f.s. GV

[elle] semblait ***douée*** pour la danse.
Pron.-S f.s. GV

[Elle] devient ***meilleure*** de jour en jour.
Pron.-S f.s. GV

- **Accord de l'adjectif attribut du sujet**

Le GN-S ou le Pron.-S donne son genre et son nombre à l'***adjectif attribut du sujet***.

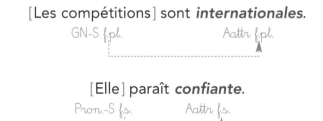

[Les compétitions] sont ***internationales***.
GN-S f.pl. → Aattr f.pl.

[Elle] paraît ***confiante***.
Pron.-S f.s. → Aattr f.s.

- **L'attribut du sujet n'est pas toujours un adjectif**

Par exemple, un GN peut aussi occuper la fonction d'attribut du sujet. → p. 219

[Dave] est un bon patineur de vitesse.
GN-S GN attribut du sujet

B Les verbes attributifs

Les verbes qui sont complétés par un attribut du sujet sont appelés verbes attributifs.

Attention ! Il y en a d'autres...

- **Verbes attributifs fréquents :**
  être, paraître, sembler, devenir.
- **Un verbe attributif peut être remplacé par le verbe *être* :**

sont sont
Les pirouettes ***paraissent*** *faciles*, mais elles ***restent*** *difficiles*.
Vattr Vattr

est
Parfois, mon entraîneuse ***semble*** *découragée*.
Vattr

C Écrire *c'est...* ou *ce sont...*

- **À l'écrit**, on écrit ***c'est**...* quand le GN attribut est singulier. Quand le GN attribut est pluriel, on écrit ***ce sont**...*

Un patineur qui en pousse un autre, ***c'est*** un tricheur.
Voici de grands athlètes. ***Ce sont*** des patineurs de vitesse.
Les lames de leurs patins, ***ce sont*** de vrais couteaux.

- **À l'oral**, que l'attribut soit un GN singulier ou pluriel, on a tendance à toujours dire ***c'est**...* (dans le sens de *voici* ou de *voilà*).

Regarde ! ***C'est*** des patineurs de vitesse !
Hé ! Il a poussé mon idole ! ***C'est*** un tricheur !

Chapitre 11 • L'accord sujet-verbe

Pour accorder le verbe, il faut:
1) repérer le verbe,
2) repérer le groupe sujet,
3) écrire la bonne terminaison du verbe selon le temps et selon la personne et le nombre du sujet.

1. Repérer le verbe

A Trois moyens pour reconnaître le verbe

Le **verbe** est une classe de mots qui présente **trois caractéristiques**.

1) La négation

On peut **encadrer le verbe** par les mots *ne* et *pas* ou *n'* et *pas*.

> *ne* *pas*
> Christophe **parle** avec Julie.
> V

2) Le temps

Le verbe indique le temps. La fin du verbe change selon le moment où cela se passe sur la ligne du temps.

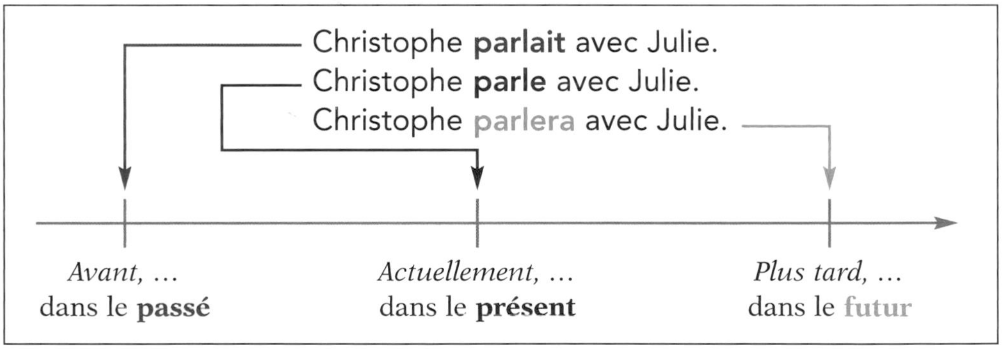
Christophe **parlait** avec Julie.
Christophe **parle** avec Julie.
Christophe **parlera** avec Julie.
Avant, ... dans le **passé**
Actuellement, ... dans le **présent**
Plus tard, ... dans le **futur**

3) La conjugaison

On peut **conjuguer le verbe** en plaçant un pronom devant: *je, tu, il, elle*.

> Christophe **parle** avec Julie.
> je parle
> tu parles
> il parle
> elle parle...

B Distinguer le verbe conjugué du verbe à l'infinitif

Dans une phrase, on peut trouver:

- des **verbes conjugués** (**ex.**: *trouvait, prends, veux…*),
- des **verbes à l'infinitif** (**ex.**: *trouver, prendre, vouloir…*).

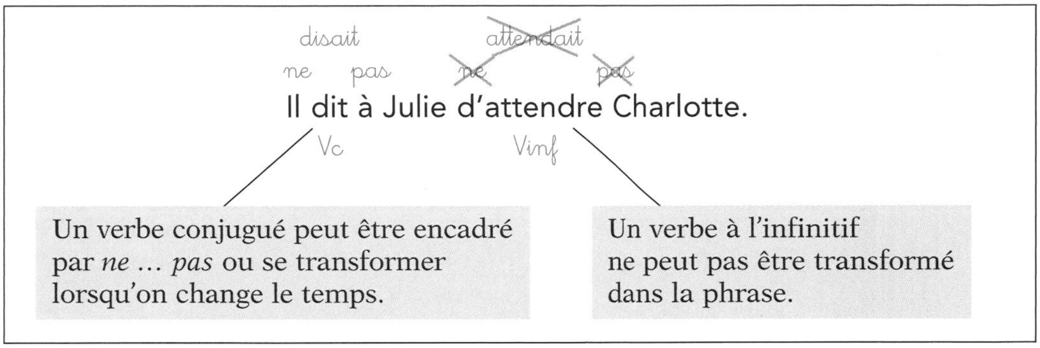
disait
ne pas
attendait
ne pas
Il dit à Julie d'attendre Charlotte.
Vc
Vinf
Un verbe conjugué peut être encadré par *ne … pas* ou se transformer lorsqu'on change le temps.
Un verbe à l'infinitif ne peut pas être transformé dans la phrase.

C Deux moyens pour trouver l'infinitif d'un verbe conjugué

1. Penser à la **forme** qu'on chercherait dans le **dictionnaire**.

ils courent: dans le dictionnaire, on trouve *courir*.

2. Transformer le verbe **en ajoutant les mots *il va* devant**.

il sortait → ***il va*** *sortir*: ***sortir*** est la forme à l'infinitif du verbe conjugué *sortait*;

tu rêvais → ***il va*** *rêver*: ***rêver*** est la forme à l'infinitif du verbe conjugué *rêvais*.

2. Repérer le sujet dans la phrase

A Le groupe du nom en fonction sujet ou GN-S

Dans la phrase, c'est très souvent un **groupe du nom** qui occupe la fonction de **sujet**. Pour abréger, on parle du **GN-S.**

- On trouve **souvent le GN-S devant le verbe**, à sa gauche.
- Le GN-S **influence la finale d'un verbe conjugué**, pas celle des verbes à l'infinitif.
- **Le verbe s'accorde avec le GN-S** en recevant le **même nombre** (*singulier* ou *pluriel*) et la **même personne** que le GN-S.
- Le GN-S ne donne pas son genre (*féminin* ou *masculin*) au verbe conjugué.

ATTENTION ! Le pluriel d'un verbe ne s'écrit pas de la même façon que le pluriel d'un nom.

B Trois moyens pour reconnaître le GN-S dans la phrase

1) Remplacer le GN-S par un pronom : *il, elle, ils* ou *elles*

Tout le GN-S doit être effacé pour faire place au pronom. On choisit le pronom selon que le GN-S qu'il remplace est féminin ou masculin, singulier ou pluriel.

Il
[L'acteur principal] est sensationnel .
GN-S

Le pronom *Il* peut remplacer *L'acteur principal*. Ce **GN** est donc le **sujet** de la phrase.

Elles
[Plusieurs personnes] trouvent ce film excellent .
GN-S

Le pronom *Elles* peut remplacer *Plusieurs personnes*. Ce **GN** est donc le **sujet** de la phrase.

2) Encadrer le GN-S par l'expression *C'est ... qui*

C'est [Mon ami Sacha] qui ira au cinéma .
GN-S

C'est [La représentation] qui commence à sept heures .
GN-S

3) Remplacer le GN-S par *Qui est-ce qui* ou *Qu'est-ce qui* devant le verbe

Le GN effacé est le sujet de la phrase. Il constitue en même temps la réponse à la question.

«[Cette sortie] fera du bien à Sacha », pense [Mylène].
GN-S GN-S

Qu'est-ce qui fera du bien à Sacha ?
Cette sortie

Qui est-ce qui pense ?
Mylène

Attention !

- Dans les deux derniers moyens, il est très important d'utiliser le mot ***qui*** devant le verbe, jamais le mot *que*.
- Dans la phrase, le GN-S n'est pas toujours devant le verbe, mais pour le trouver, le mot ***qui*** est toujours **devant**.

C Le pronom en fonction sujet dans la phrase

Un **pronom** peut aussi occuper la fonction **sujet**. Pour conjuguer un verbe, on utilise les pronoms sujets.

Pronoms sujets (*ou* Pronoms de conjugaison)			
Nombre	**1re personne**	**2e personne**	**3e personne**
Singulier	*je, j'*	*tu*	*il, elle, cela, ça, on*
Pluriel	*nous*	*vous*	*ils, elles*

Il y a…

- **des pronoms toujours sujets :** ***je, tu, il, on, ils.***
  Lorsqu'un de ces pronoms se trouve dans une phrase, on sait tout de suite qu'il est sujet.
- **des pronoms souvent sujets… mais pas toujours :** ***elle, elles, nous, vous, cela, ça.*** Pour savoir si un de ces pronoms est sujet, il faut utiliser les deux derniers moyens de la page précédente pour identifier le GN-S.

ATTENTION ! Les pronoms de la 3e personne (sauf *on*) doivent remplacer un groupe de mots qui se trouve aussi dans le texte et qui est facile à identifier. → p. 222b)

3. Ce qui peut rendre difficile l'identification du verbe et du sujet

A Des mots qui sont des verbes… mais pas toujours

Selon la phrase où ils se trouvent, certains mots peuvent être soit un verbe, soit un mot d'une autre catégorie (nom, adjectif…).

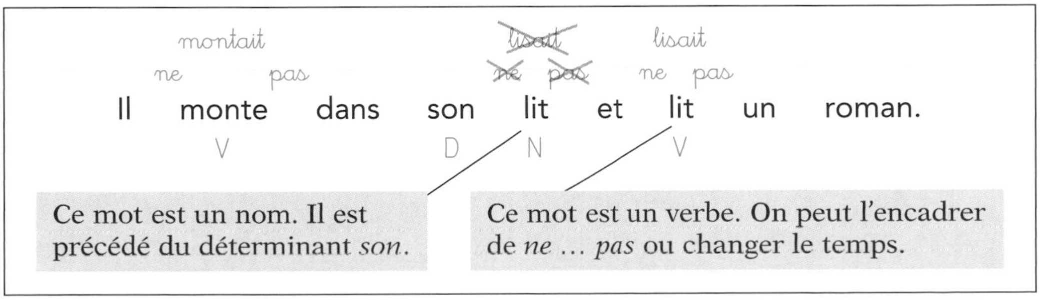
montait
ne pas
lisait
ne pas
lisait
ne pas
Il monte dans son lit et lit un roman.
V
D N
V
Ce mot est un nom. Il est précédé du déterminant *son*.
Ce mot est un verbe. On peut l'encadrer de *ne … pas* ou changer le temps.

B Le GN-S est un long groupe qui contient plusieurs noms

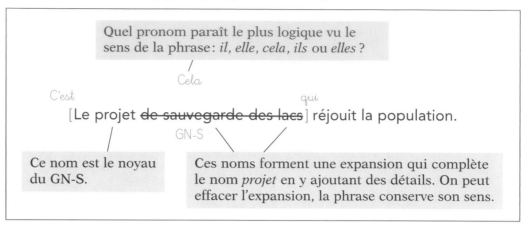

Quel pronom paraît le plus logique vu le sens de la phrase : *il*, *elle*, *cela*, *ils* ou *elles* ?

Cela

C'est [Le projet ~~de sauvegarde des lacs~~] qui réjouit la population.

GN-S

Ce nom est le noyau du GN-S.

Ces noms forment une expansion qui complète le nom *projet* en y ajoutant des détails. On peut effacer l'expansion, la phrase conserve son sens.

C Deux noms sont reliés par le mot *et*

Ils

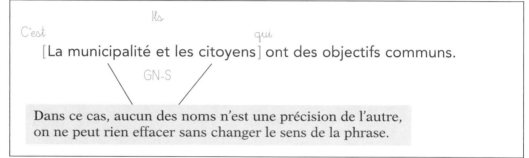

C'est [La municipalité et les citoyens] qui ont des objectifs communs.

GN-S

Dans ce cas, aucun des noms n'est une précision de l'autre, on ne peut rien effacer sans changer le sens de la phrase.

D Le sujet est éloigné du verbe

Des mots forment un écran entre le sujet et le verbe.

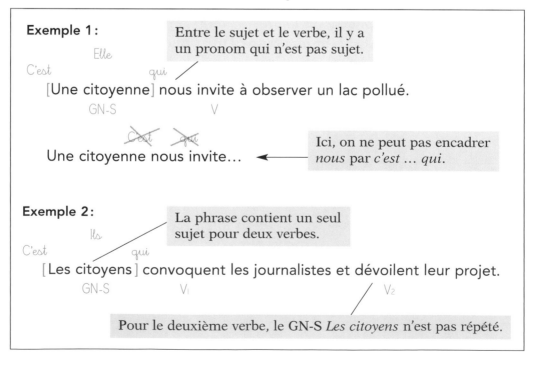

Exemple 1 :

Entre le sujet et le verbe, il y a un pronom qui n'est pas sujet.

Elle

C'est [Une citoyenne] qui nous invite à observer un lac pollué.

GN-S V

~~C'est~~ ~~qui~~

Une citoyenne nous invite… ← Ici, on ne peut pas encadrer *nous* par *c'est … qui*.

Exemple 2 :

La phrase contient un seul sujet pour deux verbes.

Ils

C'est [Les citoyens] qui convoquent les journalistes et dévoilent leur projet.

GN-S V_1 V_2

Pour le deuxième verbe, le GN-S *Les citoyens* n'est pas répété.

E Le nom du GN-S est un nom collectif

Les **noms collectifs** désignent **un ensemble** de personnes ou de choses (exemples : *un groupe, une collection, un troupeau*).

Elle
C'est qui
[La population] accepte le projet.
GN-S f.s.

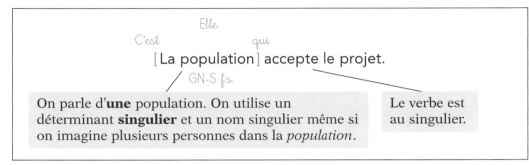

On parle d'**une** population. On utilise un déterminant **singulier** et un nom singulier même si on imagine plusieurs personnes dans la *population*.

Le verbe est au singulier.

F Le GN-S est un nom collectif suivi d'un autre nom

Le GN-S contient deux noms :

1) le premier, le nom noyau, est un nom collectif au singulier;
2) le deuxième nom précise de quoi se compose le nom collectif; il est au pluriel.

nom collectif au singulier — nom au pluriel

le **troupeau** de cerfs — les cerfs composent le troupeau
un **groupe** de touristes — les touristes forment le groupe

Le verbe peut alors être accordé avec le 1er nom ou le 2e.

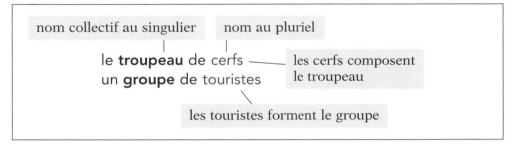

[Un **groupe** de touristes] **observe** la scène.
[Un groupe de touristes] observent la scène.
GN-S

Le verbe peut être au **singulier** ou au pluriel.

On a le choix. C'est rare !

Attention ! Il ne faut pas confondre les GN-S ci-dessus avec ceux du point B de la page précédente :

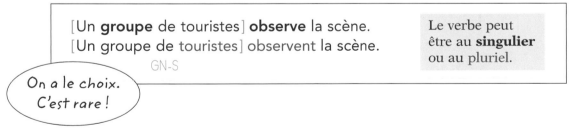

Panier n'est pas un nom collectif.

[Un *panier* de pêches] a attiré l'ours.
GN-S ~~ont~~ attiré l'ours.

Même si le panier contient des pêches, les pêches ne forment pas le panier lui-même !

Dans ce cas, le verbe s'accorde obligatoirement avec le *nom noyau* du GN-S.
→ p. 262B

G Le sujet a deux ou trois têtes...

Lorsque le GN-S contient une énumération de personnes, on trouve le pronom qui convient pour désigner l'ensemble de ces personnes. On accorde le verbe avec ce pronom.

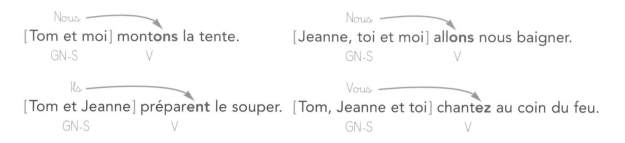

Nous → [Tom et moi] mont**ons** la tente.
GN-S V

Nous → [Jeanne, toi et moi] all**ons** nous baigner.
GN-S V

Ils → [Tom et Jeanne] prépar**ent** le souper.
GN-S V

Vous → [Tom, Jeanne et toi] chant**ez** au coin du feu.
GN-S V

H Le pronom *qui* est sujet

- Le mot ***qui*** est un **pronom** qui permet de réunir deux phrases de base en une seule grande phrase ponctuée, tout en évitant une répétition.

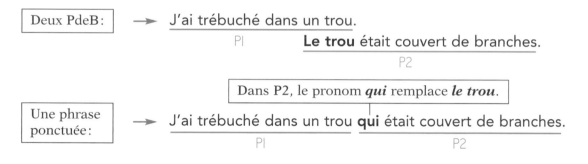

Deux PdeB: → J'ai trébuché dans un trou. (P1)
Le trou était couvert de branches. (P2)

Dans P2, le pronom ***qui*** remplace ***le trou***.

Une phrase ponctuée: → J'ai trébuché dans un trou (P1) **qui** était couvert de branches. (P2)

- Le pronom ***qui*** est **toujours sujet** du verbe de P2 dans la grande phrase. Pour accorder le verbe avec le pronom ***qui***, on cherche le groupe que ce pronom remplace.

qui = *une ourse et son petit* = *ils*

Le verbe de P2 est à la 3e pers. du pl.

J'aperçois une ourse et son petit (P1) [**qui**] (Pron.-S) approch**ent** de moi. (P2)

4. Le mode et le temps des verbes

4.1 Les deux parties du verbe : radical et terminaison

Le **radical** donne le sens du verbe. La **terminaison** donne des renseignements sur le temps, la personne et le nombre.

Elles **apport**ai**ent**

radical — **terminaison** du verbe : imparfait, 3e personne du pluriel

4.2 Les temps du mode indicatif

A Le présent de l'indicatif

- **Divers usages du présent**

Le présent de l'indicatif est le temps le plus souvent utilisé. Il n'exprime pas toujours le moment exact où la personne parle.

1) Cela se produit au moment exact où la personne parle.

2) Cela se produit à un moment proche du moment où la personne parle, mais pas en même temps.

3) Cela se produit régulièrement, c'est une habitude.

4) On considère que cela est vrai à n'importe quelle époque.

5) Le présent est aussi utilisé dans les histoires. C'est le **présent narratif**. → p. 195 et 199

- **Les terminaisons du présent de l'indicatif**

LE PRÉSENT				
Personne	**Verbes réguliers en *-er* ex.: *sauter***	**Les autres verbes ex. 1: *rougir***	**ex. 2: *lire***	**Exceptions (regroupées par personne)**
1re du s. *je*	je saut**e**	je roug**is**	je l**is**	• *cueillir, accueillir, recueillir, couvrir, découvrir, ouvrir, offrir, souffrir*: **-e** je cueill**e**, j'accueill**e**, je recueill**e**, je couvr**e**, je découvr**e**, j'ouvr**e**, j'offr**e**, je souffr**e** • *aller*: je **vais**, *avoir*: j'**ai** • *pouvoir, vouloir, valoir*: **-x** je peu**x**, je veu**x**, je vau**x**
2e du s. *tu*	tu saut**es**	tu roug**is**	tu l**is**	• *pouvoir, vouloir, valoir*: **-x** tu peu**x**, tu veu**x**, tu vau**x**
3e du s. *il/elle* *on* *cela/ça*	il saut**e**	elle roug**it**	on l**it**	• *cueillir, accueillir, recueillir, couvrir, découvrir, ouvrir, offrir, souffrir*: **-e** elle cueill**e**, il accueill**e**, elle recueill**e**, elle couvr**e**, il découvr**e**, il ouvr**e**, elle offr**e**, il souffr**e** • *aller*: il **va** • *avoir*: elle **a** • *pren**dre*** (et autres verbes à l'infinitif en *-dre* comme *compren**dre*** et *répon**dre***): **-d** il pren**d**, elle compren**d**
1re du pl. *nous*	nous saut**ons**	nous rougiss**ons**	nous lis**ons**	• *être*: nous **sommes**
2e du pl. *vous*	vous saut**ez**	vous rougiss**ez**	vous lis**ez**	• *être*: vous **êtes** • *faire*: vous **faites** • *dire*: vous **dites** ATTENTION ! Les formes *vous disez, vous faisez* sont incorrectes.
3^e^ du pl. *ils/elles*	elles saut**ent**	ils rougiss**ent**	elles lis**ent**	• *être*: ils **sont** • *avoir*: elles **ont** • *aller*: ils **vont** • *faire*: elles **font**

B L'imparfait de l'indicatif

L'IMPARFAIT		
Personne	**Singulier**	**Pluriel**
	Tous les verbes	Tous les verbes
1re	je pens**ais** je rugiss**ais** je voy**ais**	nous pens**ions** nous rugiss**ions** nous voy**ions**
2e	tu pens**ais** tu rugiss**ais** tu voy**ais**	vous pens**iez** vous rugiss**iez** vous voy**iez**
3e	elle pens**ait** il rugiss**ait** on voy**ait**	ils pens**aient** elles rugiss**aient** ils voy**aient**

Il n'y a pas d'exceptions.

C Le passé simple de l'indicatif

LE PASSÉ SIMPLE				
Personne	**Verbes réguliers en *-er* ex.: *penser***	**Verges réguliers en *-ir/-issant* ex.: *grandir***	**Verbes irréguliers: le radical et la terminaison varient**	
3e du singulier	il pens**a**	elle grand**it**	il m**it** (mettre) elle entend**it** (entendre) on part**it** (partir)	il s**ut** (savoir) elle voul**ut** (vouloir) on véc**ut** (vivre)
3e du pluriel	elles pens**èrent**	ils grand**irent**	elles m**irent** ils entend**irent** elles part**irent**	ils s**urent** elles voul**urent** ils véc**urent**

NOTES:

1. Le verbe *aller* est un verbe irrégulier, mais au passé simple, il suit la conjugaison des verbes réguliers en *-er*: *elle all**a**, ils all**èrent***.
2. Quelques verbes irréguliers suivent un autre modèle, par exemple: *il v**int**, elles v**inrent*** (*venir* → p. 306).
3. Quelques verbes sont semblables à la 3e personne du singulier au passé simple et au présent de l'indicatif: *elle grandit, il dit*. Pour bien identifier le temps de ces verbes dans une phrase, il suffit de les mettre au pluriel ou de les remplacer par un autre verbe dont la terminaison au passé simple est *-a* ou *-ut*.

D Le passé composé de l'indicatif

Le **passé composé** se conjugue en **deux mots**:

Verbe auxiliaire ***avoir* ou *être*** au présent de l'indicatif.	+	**Participe passé** du verbe qu'on conjugue	=	**Passé composé**

Elle *a* crié.
Nous *avons* crié. — Verbe *crier* au passé composé.

Je *suis* parti.
Nous *sommes* partis. — Verbe *partir* au passé composé.

- L'auxiliaire *être* ou *avoir* s'accorde avec son sujet, comme n'importe quel autre verbe conjugué.
- Le participe passé donne son sens au verbe de la phrase. Pour l'accord: → p. 274 et 275.

Attention de choisir le bon auxiliaire ! → p. 290 et 291

E L'usage des temps du passé dans une histoire

Dans une histoire racontée au passé, on utilise **deux temps du passé**.

l'imparfait et **le passé simple**

Le soleil plombait sur la savane. Josh l'orphelin chassait.

Les bébés lions étaient si petits qu'ils avaient les yeux à peine ouverts.

Tout à coup, Josh entendit des petits cris. Il aperçut deux lionceaux abandonnés. Il les mit dans son panier. Josh les nourrit et les aima. Un jour, ils regagnèrent la savane.

ou

l'imparfait et **le passé composé**

La chaleur cuisait la savane. La faim torturait nos petits corps. Mon frère et moi étions seuls dans un fourré.

Tout à coup, nous avons entendu des pas. Nous avons crié. Josh nous a pris délicatement. Nous avons grandi… Un jour, nous sommes partis…

L'imparfait sert à la description: temps, lieux, personnages, situation initiale…

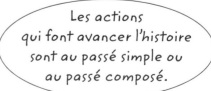

Les actions qui font avancer l'histoire sont au passé simple ou au passé composé.

F Le futur simple de l'indicatif

LE FUTUR SIMPLE				
Personne	**Singulier**		**Pluriel**	
	Verbes réguliers en ***-er***	Tous les autres verbes	Verbes réguliers en ***-er***	Tous les autres verbes
1re	je pens**erai**	je rugi**rai** je ver**rai**	nous pens**erons**	nous rugi**rons** nous ver**rons**
2e	tu pens**eras**	tu rugi**ras** tu ver**ras**	vous pens**erez**	vous rugi**rez** vous ver**rez**
3e	elle pens**era**	il rugi**ra** on ver**ra**	ils pens**eront**	elles rugi**ront** ils ver**ront**

Il n'y a pas d'exceptions.

G Le conditionnel présent de l'indicatif

LE CONDITIONNEL PRÉSENT				
Personne	**Singulier**		**Pluriel**	
	Verbes réguliers en ***-er***	Tous les autres verbes	Verbes réguliers en ***-er***	Tous les autres verbes
1re	je pens**erais**	je rugi**rais** je ver**rais**	nous pens**erions**	nous rugi**rions** nous ver**rions**
2e	tu pens**erais**	tu rugi**rais** tu ver**rais**	vous pens**eriez**	vous rugi**riez** vous ver**riez**
3e	elle pens**erait**	il rugi**rait** on ver**rait**	ils pens**eraient**	elles rugi**raient** ils ver**raient**

Il n'y a pas d'exceptions.

H La formation du futur proche de l'indicatif

Le **futur proche** est un temps composé du mode indicatif.
Il se conjugue en deux mots:

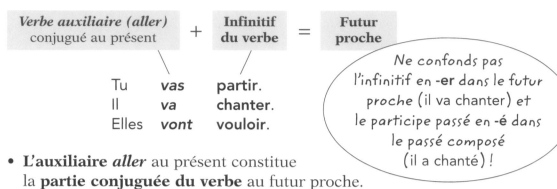

Verbe auxiliaire (aller) conjugué au présent	+	**Infinitif du verbe**	=	**Futur proche**

Tu	*vas*	partir.
Il	*va*	chanter.
Elles	*vont*	vouloir.

Ne confonds pas l'infinitif en **-er** dans le futur proche (il va chanter) et le participe passé en **-é** dans le passé composé (il a chanté)!

- **L'auxiliaire *aller*** au présent constitue la **partie conjuguée du verbe** au futur proche. Il **s'accorde avec** le **sujet** de la phrase.
- L'infinitif donne son sens à la phrase. L'infinitif reste invariable.

4.3 Le présent du mode impératif

LE PRÉSENT DE L'IMPÉRATIF			
Personne	**Singulier**		**Pluriel**
	Verbes réguliers en *-er*	Tous les autres verbes	Tous les verbes
1re			regard**ons** finiss**ons** part**ons**
2e	regard**e**	fini**s** par**s**	regard**ez** finiss**ez** part**ez**

La 1re et la 3e personne du singulier et la 3e personne du pluriel n'existent pas au mode impératif.

Quelques exceptions, seulement pour la 2e personne du singulier:

- *aller*: **va** (mais on écrit *vas-y*)
- *cueillir, accueillir, recueillir, couvrir, découvrir, ouvrir, offrir, souffrir*: **-e**
  cueill**e**, accueill**e**, recueill**e**, couvr**e**, découvr**e**, ouvr**e**, offr**e**, souffr**e**

Quelques verbes qui font exception à l'impératif:

avoir	**être**	**savoir**	**vouloir**
aie	sois	sache	*
ayons	soyons	sachons	*
ayez	soyez	sachez	veuillez

* jamais utilisé

4.4 Le présent du mode subjonctif

LE PRÉSENT DU SUBJONCTIF				
Personne	**Singulier**		**Pluriel**	
	Tous les verbes	Deux exceptions: *être* et *avoir*	Tous les verbes	Deux exceptions: *être* et *avoir*
1re	que je pass**e** que je finiss**e** que je vienn**e**	que je so**is**	que nous pass**ions** que nous finiss**ions** que nous ven**ions**	que nous soy**ons** que nous ay**ons**
2e	que tu pass**es** que tu finiss**es** que tu vienn**es**	que tu so**is**	que vous pass**iez** que vous finiss**iez** que vous ven**iez**	que vous soy**ez** que vous ay**ez**
3e	qu'il pass**e** qu'elle finiss**e** qu'il vienn**e**	qu'il so**it** qu'elle a**it**	qu'elles pass**ent** qu'ils finiss**ent** qu'elles vienn**ent**	

NOTE: Pour plusieurs verbes, le **radical au subjonctif** = le **radical** de la **3e personne du pluriel** au **présent de l'indicatif** (ex.: *elles* ***prenn****ent, que je* ***prenn****e*).

Parfois, le radical est complètement différent (ex.: *faire: ils font, que je fasse*).

- **L'usage du subjonctif**

  Voici quelques expressions qui introduisent un verbe au subjonctif:

il faut que	attendre que	il est important que	avant que
vouloir que	souhaiter que	il est possible que	pour que

4.5 Les temps du mode participe

Comme pour le mode infinitif, **les verbes au mode participe ne se conjuguent pas** avec un pronom devant.

A Les verbes au participe présent

Radical + ***-ant*** = **Verbe au participe présent**

Le participe présent reste invariable.

Sach*ant* que les lièvres se sauveraient en me **voy*ant***,
je m'approche d'eux en ne **march*ant*** pas trop vite.

Le participe présent peut être encadré des **mots de négation** même s'il n'est pas un verbe conjugué.

NOTE: Pour plusieurs verbes, c'est le radical de la 1re personne du pluriel du présent de l'indicatif qui forme le participe présent (ex.: *nous* ***pren****ons,* ***pren****ant*).

B Les verbes au participe passé

• La formation du participe passé

Verbes réguliers		Verbes irréguliers (ex.: *sortir, courir, suivre, rendre*) Terminaison: *-i* ou *-u*.	
en *-er* (ex.: *réaliser, trouver*)	en *-ir*/*-issant* (ex.: *réussir, bondir*)		
réalis**é** trouv**é**	réuss**i** bond**i**	sort**i** suiv**i**	cour**u** rend**u**

Quelques exceptions aux terminaisons des verbes au participe passé			
Verbe à l'infinitif	**Participe passé masculin / féminin**	**Verbe à l'infinitif**	**Participe passé masculin / féminin**
être	été (jamais au féminin)	faire	fait / faite
ouvrir	ouvert / ouverte	dire	dit / dite
couvrir	couvert / couverte	écrire	écrit / écrite
découvrir	découvert / découverte	asseoir	assis / assise
offrir	offert / offerte	mettre	mis / mise
souffrir	souffert (jamais au féminin)	prendre	pris / prise
conduire	conduit / conduite	surprendre	surpris / surprise

NOTE: Quelques caractéristiques du participe passé:

- ce n'est pas un verbe conjugué (~~je~~ trouvé, ~~tu~~ rendu);
- il ne peut pas être encadré des mots de négation (~~ne~~ rendu ~~pas~~ à Longueuil...);
- il sert à former les temps composés ➡ p. 268 et 287 à 320;
- son accord est très différent des autres verbes ➡ p. 273 à 275.

Pour savoir si un participe passé se termine par un **-s** ou un **-t** muet au masculin, on peut le dire au féminin.

Chapitre 12• L'accord du participe passé

A Les positions des participes passés dans la phrase

Savoir où se trouvent les participes passés dans une phrase peut t'aider à les reconnaître.

1. Après les verbes *avoir* ou *être*

La visite *est* enfin **arrivée** ! Elle *a* **envahi** la maison. Les jeunes *sont* **excités**.

Vêtre PP — Vavoir PP — Vêtre A (PP)

Avec son auxiliaire, le PP forme un temps composé. → p. 268

Ce PP est considéré comme un adjectif. Il est attribut du sujet. → p. 256

2. Dans un GN

Dans un GN, le **PP** est employé comme un **adjectif** → p. 256.

La campagne **endormie** rêve sous son manteau de neige fraîchement **tombée**.

D N A (PP) = GN — N Adv. A (PP) = GN

Les enfants rêvent à ces cadeaux **aperçus** sous le sapin.

D N A (PP) + expansion = GN

3. Seul... avec ou sans expansion

Arrivés à l'aéroport, mon frère et sa bien-aimée nous téléphonent.

PP + expansion

Rendus à la maison, ils nous apprennent qu'ils attendent un bébé.

PP + expansion

Ravie, ma mère pleure de joie.

PP

On trouve souvent ces PP en début de phrase.

B Distinguer le participe passé en *-é* du verbe à l'infinitif en *-er*

Le participe passé ne se retrouve pas dans les mêmes positions qu'un verbe à l'infinitif.

> Le remplacement par un verbe irrégulier est un bon moyen : rendre ou rendu ? Vinf ou PP ? Lequel se dit le mieux ?

Position du **participe passé**	Position du **verbe à l'infinitif**
• Il y a le verbe ***avoir* ou *être*** devant le PP. voulu ~~vouloir~~ Phil *a* préféré la guitare. Je *suis* devenue son admiratrice.	• Un autre verbe (sauf *avoir* ou *être*) se trouve devant le Vinf. faire ~~fait~~ Phil aime **jouer** de la guitare. Nous devons **partir** ensemble.
• Un PP n'est jamais précédé d'une préposition.	• Il y a une préposition devant le Vinf. partir ~~parti~~ Pour **arriver** à Gaspé, il faut… Phil apprend à **jouer** du violon. Mets ton chapeau avant de **sortir** !
• Le PP est devant le GN-S. ravie ~~ravir~~ Charmée, [la foule] applaudit. Arrivé à Gaspé, [Phil] se repose.	• Le Vinf est le sujet de la phrase. entendre ~~entendu~~ [**Voyager**] est merveilleux.

C Accorder le participe passé

***a*) Le PP s'accorde comme un adjectif** dans tous les cas suivants :

- **PP dans un GN :** Le PP reçoit le genre et le nombre du nom.

  la campagne **endormie**
  D f.s. N f.s. A (PP) f.s.

- ***être* + PP :** Le PP reçoit le genre et le nombre du sujet.

  [Les jeunes] *sont* **excités.**
  GN-S m.pl. A (PP) m.pl.

> Les marques d'accord du PP : -e au féminin, -s au pluriel.

- **PP seul en début de phrase :** Le PP reçoit le genre et le nombre du sujet.

  Arrivée à Gaspé, [Léonie] cherche son ami.
  PP f.s. GN-S f.s.

b) Le participe passé employé avec *avoir* ne s'accorde pas (sauf exception):

- ***avoir* + PP ⟶** Le PP reste invariable.

Les musiciens *ont* invité Léonie au spectacle.
V*avoir* + PP
Elle *a* accepté l'invitation avec plaisir.

Exception: Lorsque le **complément direct** (CD) se trouve **devant le participe passé**, le **PP employé avec *avoir* s'accorde** avec le CD:

- **CD + *avoir* + PP ⟶ Le PP** reçoit le genre et le nombre du CD.

Pour trouver le CD dans une phrase: ⟶ p. 220.

l' est le CD de *inviter*. Il remplace *Léonie*.

C'est Léonie. Les musiciens **l'** *ont* invit**ée** au spectacle.
Pron. f.s. V*avoir* PP f.s.

- Il y a un **CD devant le verbe** dans trois cas:

1) Le CD est un pronom.

P1 — Tu cherchais tes partitions. P2 — Tu as trouvé tes partitions dans ton sac. (CD)

P2 transformée: **CD** remplacé par un pronom et déplacé devant le verbe — Tu **les** *as* trouv**ées** dans ton sac.
Pron. f.pl. V*avoir* PP f.pl.

2) Le mot **que** (ici, pronom) sert à joindre deux PdeB.

P1 — J'adore cette musique. P2 — Ma mère a composé cette musique. (CD)

P transformée — J'adore cette musique **que** ma mère *a* compos**ée**.
Pron. f.s. V*avoir* PP f.s.

3) Le CD est déplacé au début d'une phrase interrogative.

PdeB — Vous avez emprunté des instruments. (CD)

P interrogative — **Quels instruments** *avez*-vous emprunt**és**?
CD m.pl. V*avoir* PP m.pl.

Dans ces trois structures, le PP avec avoir s'accorde car le **CD** est devant le verbe.

Les mots

Chapitre 13 • Le sens des mots

1. Consulter un dictionnaire

A Des informations qu'on trouve dans un article de dictionnaire

[1] **silencieux, silencieuse** [2] adjectif. [3] **1.** [5] *La nuit, tout est silencieux,* [6] on n'entend aucun bruit. • Synonymes : [7] calme, tranquille. Contraire : [8] bruyant.
[4] **2.** [5] *Pendant tout le repas, Anaïs est restée silencieuse,* [6] elle n'a pas parlé.

Dictionnaire Larousse des débutants, © Larousse / HER 2000.

1 orthographe
2 classe du mot (sa catégorie en grammaire)
3 chiffre indiquant le 1er sens du mot
4 chiffre indiquant un 2e sens pour ce mot
5 exemple où on met le mot dans une phrase
6 explication du sens du mot
7 mots de même sens
8 mot de sens contraire

B Les mots-repères : un outil pour la recherche dans le dictionnaire

nation — navire

… m, n, o, p, q, r, s, t, u, v, w, x…

naufrage

Grâce aux *mots-repères*, on sait qu'on est à la bonne page pour trouver *naufrage*.

… m, n, o, p, q, r, s, t, u, v, w, x…

narine

Grâce aux *mots-repères*, on sait qu'on n'est pas à la bonne page pour trouver *narine*.

2. Explorer le vocabulaire

A Une constellation de mots

Pour choisir quoi développer dans un projet, tu peux faire une constellation de mots. C'est un ensemble de mots rassemblés et organisés autour d'un thème.

Voici comment faire :

1. On pense à un thème (par exemple, *arbre*) et on fait une *tempête d'idées*: on écrit autour du thème les mots qui viennent à l'esprit.
2. Ensuite, on classe les mots obtenus. On trouve un **sous-titre** pour chaque ensemble de mots.

Exemple de constellation de mots

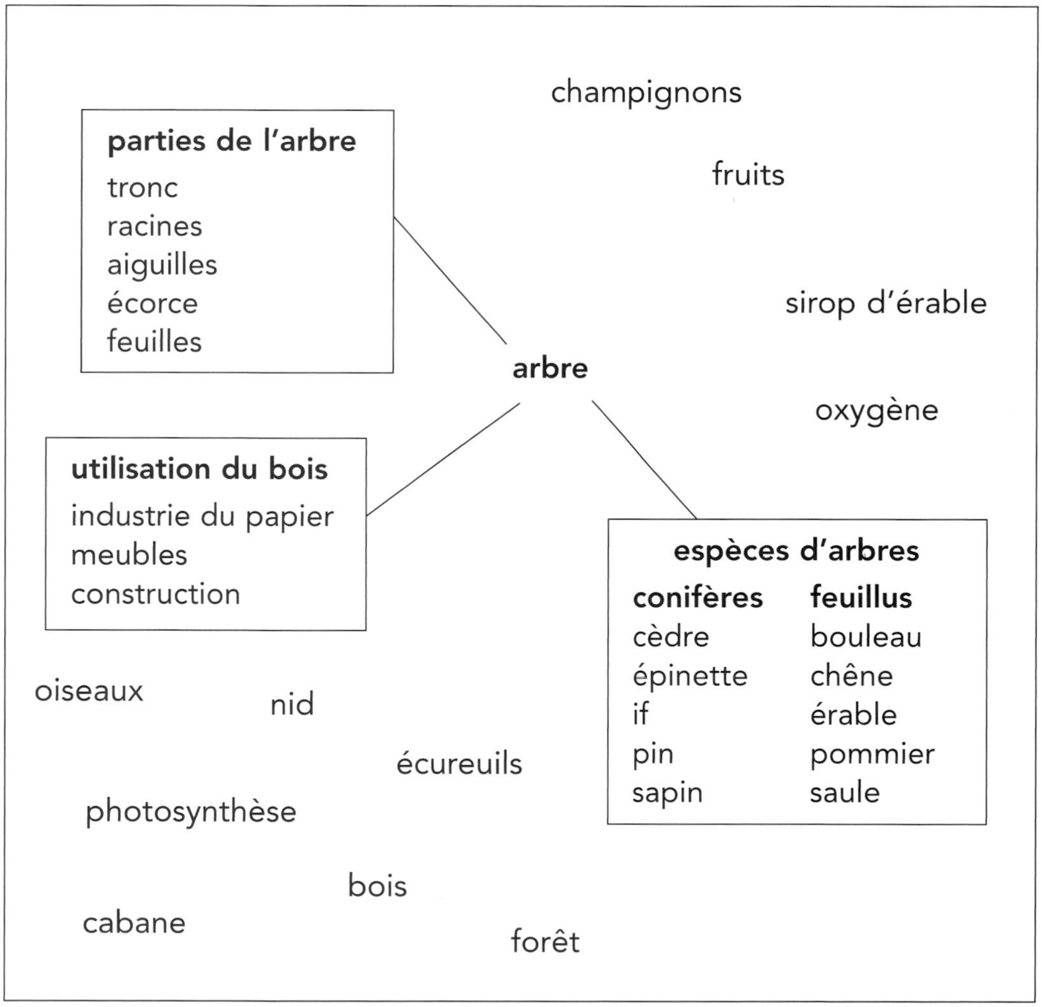

B Le mot englobant : un mot de sens général

- Un **mot englobant inclut des mots plus précis**. Par exemple :

Animal englobe *félin* qui englobe *tigre*.

- Pour trouver des **mots englobants** : la phrase **... *est une sorte de...***

Le tibia *est une sorte d'*os. — *os* englobe le sens de *tibia*

- Les mots englobants sont très utiles pour définir les mots :

Tibia **n.m.** Os du devant de la jambe.
[...]

Le Robert Junior illustré, © 2000 Dictionnaires Le Robert.

- Le mot englobant permet d'éviter les répétitions dans un texte.

Ce félin
Le **tigre** est mon animal préféré. ~~Le **tigre**~~ a un pelage jaune à rayures noires.

C Les synonymes : des mots qui ont le même sens dans une phrase

docteur
Luc est malade. Il doit voir un **médecin**. — Ces mots sont **synonymes** dans cette phrase.

Les mots *médecin* et *docteur* ne sont **pas toujours synonymes**. — ~~***médecin***~~
Jean est ***docteur*** en astrophysique.

- Un mot vague peut avoir des synonymes très différents :

Je vais **faire** une mangeoire = **construire**...
Je vais **faire** ma chambre = **ranger**...
Je vais **faire** mes leçons = **étudier**...

Cherche **faire** dans un dictionnaire. Tu trouveras d'autres synonymes.

- Un synonyme permet d'éviter les répétitions dans un texte :

étudie
Après avoir **fait** ta chambre, ~~fais~~ tes leçons !

D Les antonymes : des mots de sens contraire

méchant ≠ gentil
amusant ≠ ennuyeux

allumer ≠ éteindre
savoir ≠ ignorer

- Un antonyme permet d'éviter les répétitions dans un texte :

Judy **sait** jouer de la guitare mais elle ~~**ne sait pas**~~ **ignore** comment lire la musique.

3. Les familles de mots

A Les deux caractéristiques d'une famille de mots

Les mots de même famille…
- sont formés à partir du **même mot de base** ;
- ont une parenté de sens.

Famille du mot terre
dé**terre**r
en**terre**ment
terrestre
terrien

B La formation de mots de même famille

Mot de base : **poli**
- ajout d'un préfixe → im**poli** ;
- ajout d'un suffixe → **poli**ment ;

On peut combiner ces moyens : im**poli**ment.

Ajouter un suffixe peut changer la classe du mot :

beau (A) *la beauté* (N)

C L'utilité des mots de même famille pour l'orthographe

- Les mots de même famille servent souvent à trouver la consonne muette à la fin d'un mot.

profond →	profondeur	profondément
d muet	on entend le ***d*** dans les mots de même famille	

- Dans les mots d'une famille, on retrouve souvent l'orthographe du mot de base.

lent → lentement lenteur
coiffer → coiffure coiffeuse

D Tableau de préfixes

Préfixe	Sens du préfixe	Exemples
anti-	contre	antidouleur, antivol
bi-	deux	bicyclette, bimoteur
dé-, dés-	contraire de	décharger, décoiffer désobéir, désordre
il-, im-, in-, ir-		illlégal, illisible immobile, impolie inachevé, incorrect irréel, irréparable
inter-	entre deux (ou plusieurs)	interculturel, interurbain
para-	1) contre 2) «à côté de»	parachute, parapluie paranormal, parascolaire
pré-	d'avance	préaviser, précuit
r-, re-, ré-	de nouveau	racheter, rallumer reconstruire, redire réactiver, réélire
sur-	1) au-delà de 2) trop	surhumain, surnaturel surchauffé, surpeuplé
télé-	à distance	télécommande, téléphone
trans-	1) passage de l'un à l'autre 2) à travers	transfusion, transplanter transparent, transpercer
tri-	trois	tricorne, tricycle

E Tableau de suffixes

Suffixe	Sens du suffixe	Classe du mot avec le suffixe	Exemples
-able	qui peut être	adjectif	effaçable, réparable
-ible			lisible, submersible
-al/-ale, *-ial/-iale*	qui a rapport à		théâtral/théâtrale racial/raciale
-ade	action de	nom	baignade, rigolade
-age			lavage, patinage
-tion, *-ation,* *-ition*			détection, protection coloration, formation définition, disparition
-ant/-ante, *-eur/-euse,* *-teur/-trice,* *-ateur/-atrice,* *-iteur/-itrice*	qui fait l'action de	nom et adjectif	amusant/amusante plongeur/plongeuse sculpteur/sculptrice organisateur/organisatrice compositeur/compositrice
-er/-ère, *-ier/-ière*	qui exerce le métier de		horloger/horlogère costumier/costumière
-eux/-euse	indique une caractéristique		chanceux/chanceuse dangereux/dangereuse
-ment	1) de manière... 2) action de...	1) adverbe 2) nom	doucement, lentement, vraiment accouchement, déménagement
-ée	contenu de	nom	année, bouchée, gorgée
-té	le fait d'être	nom	beauté, électricité, liberté
-iste	personne: 1) qui pratique une activité, un art, une profession 2) adepte du... *-isme*	1) nom 2) nom (ou adjectif)	alpiniste, chimiste, journaliste, pianiste capitaliste, féministe, socialiste
-isme	indique: 1) une activité 2) un phénomène social ou culturel	nom	alpinisme, cyclisme, journalisme capitalisme, féminisme, romantisme, socialisme

4. La face cachée des mots

A Le sens figuré des mots

Le sens propre est le premier sens d'un mot, et souvent le plus concret.

Le sens figuré, souvent plus abstrait, est un autre sens du mot, créé par comparaison avec le sens propre.

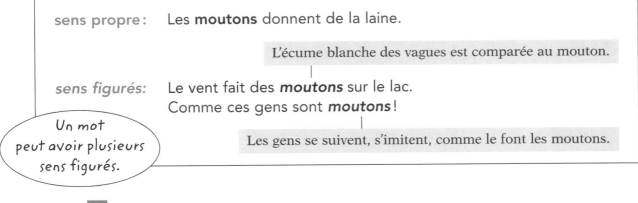

sens propre : Les **moutons** donnent de la laine.

L'écume blanche des vagues est comparée au mouton.

sens figurés: Le vent fait des ***moutons*** sur le lac.
Comme ces gens sont ***moutons*** !

Les gens se suivent, s'imitent, comme le font les moutons.

Un mot peut avoir plusieurs sens figurés.

B Des mots français empruntés à diverses langues

De nombreux mots français viennent d'autres langues. On les trouve dans les dictionnaires du français.

de l'allemand
valse
uranium

de l'anglais
folklore
football
klaxon
redingote

de l'arabe
nénuphar
talc
satin
sofa

du brésilien
samba

du chinois
soja

du grec
thème

de l'hébreu
sabbat

du hollandais
tringle

de l'italien
balcon
fiasco
opéra

du turc
bazar
pacha

On ne considère plus ces mots comme des mots étrangers.

NOTE : Plusieurs dictionnaires précisent l'origine des mots.

C Des mots anglais qui ne sont pas acceptés en français

Plusieurs mots anglais que tu emploies peut-être ne se trouvent pas dans un dictionnaire du français. On les considère toujours comme des mots étrangers, ce sont des anglicismes.

Mieux vaut utiliser le mot français !

Le ventilateur
~~La fanne~~ fait trop de vent.

camion
J'aime me promener en ~~truck~~.

Chapitre 14• L'orthographe des mots

A Des régularités orthographiques

Voici quelques règles concernant des sons et des lettres.

Les sons [an], [on], [in] s'écrivent...

le plus souvent

an ou en	*on*	*in*
chance tendre	bonjour fond	invisible matin

devant les lettres b, p et m

am ou em	*om*	*im*
chambre remplir emmener	ombre pompier	timbre grimper

La lettre *g*...

a le son du «*g* dur» devant les lettres a, o, u

galerie, rigolo, légume

La lettre **u** permet d'obtenir le son du «g dur» devant *e*, *i* et *y*

blague, guitare, Guy

a le son du «*g* doux» devant les lettres e, i, y

étrange, girafe, gymnase

La lettre **e** permet «d'adoucir» le son du *g* devant *a* et *o*.

orangeade, plongeon, mangeons

La lettre *c*...

a le son [k] devant les lettres a, o, u

canard, école, cube

a le son [s] devant les lettres e, i, y

trace, ici, cygne

NOTE: La lettre **ç** a le son [s]: français, leçon, déçu.
La lettre **ç** est utilisée seulement devant a, o et u.

La lettre *s*...

a le son [z] entre 2 voyelles

diviser, rose

a le son [s] ailleurs

savon, biscuit, pinson

NOTES:
- Les lettres **ss** entre 2 voyelles font le son [s]: dessin.
- La lettre **s** est souvent muette à la fin des mots: les amis, une souris.

B Quelques consonnes qui doublent souvent, rarement, jamais...

Entre deux voyelles...	
h, **j**, **k**, **q**, **v**, **w**, **x** • ne doublent jamais	ca**h**ier, dé**j**à, bi**k**ini, pi**q**uer, a**v**oir, ki**w**i, e**x**ercice
b, **d**, **g**, **z** • doublent rarement	a**b**eille, ha**b**it, a**d**orer, ra**d**io, ru**d**e, a**g**acer, re**g**ard, a**z**ur, a**z**alée, a**z**imut (mais *a**bb**é*, *a**dd**ition*, *su**gg**érer*, *pi**zz**a*)
m et **n** • doublent rarement après *i* et *u*	cusi**n**e, fi**n**e, li**m**e lu**m**ière, lu**n**e, plu**m**e, pu**n**ir, volu**m**e (mais *i**mm**obile*, *i**nn**ombrable*, *tu**nn**el*)
c, f, p, r sont le plus souvent doubles dans les mots qui commencent par...	
acc son [ak] ou [aks]	**acc**éder, **acc**élérer, **acc**ent, **acc**ident, **acc**ord, **acc**rocher (mais ***ac**adémie*, ***ac**robate*)
occ son [ok]	**occ**asion, **occ**uper
aff	**aff**aiblir, **aff**aire, **aff**amer, **aff**iche (mais ***af**in*, ***Af**rique*)
eff	**eff**acer, **eff**ectuer, **eff**icace, **eff**ort
app	**app**araître, **app**eler, **app**étit, **app**rocher, **app**ui (mais ***ap**ercevoir*, ***ap**latir*, ***ap**rès*)
opp	**opp**oser, **opp**rimer (mais ***op**aque*, ***op**érer*)
arr	**arr**acher, **arr**anger, **arr**êt, **arr**êter, **arr**ière, **arr**iver, **arr**ogant, **arr**oser (mais ***ar**abe*, ***ar**achide*, ***ar**ôme*)
diff	**diff**érence, **diff**icile, **diff**orme, **diff**user

C Les graphies *-y* et *-ill* du son [ye]

Graphie *-ill*

On écrit: **brouillon caillou tailler**

On dit: [brou-yon] [ca-you] [ta-yer]

> Le «*i*» ne se prononce pas avec la voyelle qui précède.

Graphie *-y*

On écrit: **crayon joyeux tuyau**

On dit: [crai-yon] [joi-yeux] [tui-yau]

> La lettre «*y*» vaut deux «*i*»: le 1er fait partie de la voyelle qui précède; le 2e sert au son [ye].

D Les noms terminés par le son [oir]

Noms masculins : graphie *-oir*

un coul**oir**, **un** dev**oir**, **un** esp**oir**,
le mir**oir**, **le** n**oir**, **le** s**oir**, **le** trott**oir**

Noms féminins : graphie *-oire*

une hist**oire**, **une** mâch**oire**,
une nage**oire**, **une** p**oire**,
la balanç**oire**, **la** mém**oire**

NOTE : Quelques exceptions : ***un*** *laborat**oire***, ***un*** *observat**oire***, ***un*** *territ**oire***.

E Les noms terminés par les graphies *-ail*, *-aille*, *-eil* et *-eille*

Noms masculins : *-ail* et *-eil*

du bét**ail**, **un** dét**ail**, **le** trav**ail**
un cons**eil**, **un** ort**eil**, **le** rév**eil**,
le sol**eil**

Noms féminins : *-aille* et *-eille*

une méd**aille**, **la** t**aille**, **une** vol**aille**
une ab**eille**, **une** corb**eille**,
une or**eille**

ATTENTION ! Ne confonds pas les noms et les verbes :
Je me réveille quand mon réveil sonne. Marc travaille.

F Les graphies du son [o] à la fin d'un mot

Graphie	Exemples	Remarques
-eau (pl. : ***-eaux***)	bat**eau**, b**eau**, cad**eau**, chap**eau**, gât**eau**, mart**eau**, nouv**eau**, rid**eau**	De nombreux noms et adjectifs se terminent par *-eau*.
-au	1) boy**au**, noy**au**, tuy**au** (pl. : ***-aux***) 2) land**au**	1) Attention : on écrit *-yau*, jamais *-~~veau~~*.
-aud	ch**aud**, crap**aud**, réch**aud**	
-aut	artich**aut**, déf**aut**, h**aut**, s**aut**	
-aux	1) chev**aux**, journ**aux**, roy**aux** 2) f**aux**	1) Ces noms et adjectifs pluriels se terminent par *-al* au singulier.
-o	1) aut**o**, métr**o**, radi**o**, vidé**o** 2) caca**o**, concert**o**, pian**o**, rigol**o**	1) Ce sont des mots tronqués : automobile, métropolitain…
-oc	accr**oc**, cr**oc**, escr**oc**	
-op	gal**op**, sir**op**, tr**op**	
-os	d**os**, gr**os**, hér**os**, rep**os**	
-ot	can**ot**, haric**ot**, matel**ot**, paqueb**ot**, rob**ot**, tric**ot**, tr**ot**	

Un autre mot de même famille est souvent une aide précieuse : dossier, galoper, reposer, tricoter…

G Les graphies du son [é] à la fin d'un mot

Tous les noms en -er sont masculins.

Graphie	Exemples	Remarques
-er	all**er**, chant**er**, tomb**er**, vals**er**	En français, il y a 12 000 verbes à l'infinitif en *-er*.
	boulang**er**, charcuti**er**, fermi**er**, lég**er**, menuisi**er**, passag**er**, premi**er**, réguli**er**	Ces noms de métiers et autres noms ou adjectifs en *-er* font *-ère* au féminin.
	banani**er**, poiri**er**, pommi**er**	Noms d'arbres fruitiers.
	évi**er**, levi**er**, terri**er**	Autres noms masculins.
-é	aim**é**, all**é**, chant**é**, tomb**é**	Tous les participes passés des verbes à l'infinitif en *-er* (***-é***, ***-ée***, ***-és*** **et** ***-ées*** **selon le genre et le nombre** quand ils s'accordent).
	amiti**é**, beaut**é**, électricit**é**, libert**é**	Ces noms féminins sont formés avec le suffixe *-té* ou *-tié*.
	béb**é**, caf**é**, carr**é**, comit**é**, karat**é**, th**é**	Quelques noms masculins.
-ée	ann**ée**, bouch**ée**, pellet**ée**, poign**ée**, soir**ée**	Ces noms féminins sont formés du suffixe *-ée* (sens: *contenu de*).
	araign**ée**, f**ée**, id**ée**, pens**ée**, poup**ée**	Autres noms féminins.
	un mus**ée**, un troph**ée**	De rares noms masculins se terminent par *-ée*.
-ai	je chanter**ai**, je partir**ai**, je prendr**ai**	Tous les verbes à la 1re pers. du s. au futur.
	j'**ai**	Verbe *avoir* au présent de l'indicatif.
	g**ai**, m**ai**, qu**ai**	Quelques autres mots.
-ez	vous finiss**ez**, vous preni**ez**, vous tomber**ez**, vous vals**ez**, vous voy**ez**	Tous les verbes à tous les temps à la 2e pers. du pl., sauf trois verbes au présent: *vous dites*, *vous faites*, *vous êtes*.
	ass**ez**, ch**ez**, n**ez**	Quelques autres mots.

Autres graphies très rares

-et: **et**	***-ef:*** cl**ef**	***-ae:*** regg**ae**
-ers: volonti**ers**	***-ed:*** pi**ed**	***-ey:*** hock**ey**, pon**ey**, voll**ey**

ANNEXE

1 Tableaux de conjugaison

Dans cette annexe, les 31 verbes modèles rendent compte de la conjugaison de milliers de verbes du français, y compris la majorité des verbes irréguliers.

Voici comment ces verbes modèles sont classés:

		pages
Les verbes auxiliaires	avoir, être	290 et 291
Les verbes réguliers en **-ER**	trouver, jouer, commencer, manger, appeler, geler, acheter, jeter, payer	292 à 300
Le seul verbe irrégulier en **-ER**	aller	301
Les verbes réguliers en **-IR/-ISSANT**	grandir	302
Les verbes irréguliers en **-IR**	courir, ouvrir, partir, venir	303 à 306
Les verbes irréguliers en **-OIR**	devoir, pouvoir, savoir, voir, vouloir	307 à 311
Les verbes irréguliers en **-RE**	connaître, croire, dire, écrire, faire, lire, mettre, prendre, rendre	312 à 320

Index des verbes traités dans l'annexe

Les **verbes modèles** sont en **gras**. Le chiffre renvoie à la page où se trouve le verbe modèle.

A

B

C

D

E

F

G

H

Avoir

MODE INFINITIF	MODE PARTICIPE	
présent	présent	passé
avoir	ayant	eu (f. -e; pl. -s)

Aucun autre verbe ne se conjugue comme *avoir*.

MODE INDICATIF

présent		passé composé			passé simple	
j'	ai	j'	ai	eu	j'	eus
tu	as	tu	as	eu		
il/elle	a	il/elle	a	eu	il/elle	eut
nous	avons	nous	avons	eu		
vous	avez	vous	avez	eu		
ils/elles	ont	ils/elles	ont	eu	ils/elles	eurent

imparfait		plus-que-parfait		
j'	avais	j'	avais	eu
tu	avais	tu	avais	eu
il/elle	avait	il/elle	avait	eu
nous	avions	nous	avions	eu
vous	aviez	vous	aviez	eu
ils/elles	avaient	ils/elles	avaient	eu

futur simple		futur antérieur			futur proche		
j'	aurai	j'	aurai	eu	je	vais	avoir
tu	auras	tu	auras	eu	tu	vas	avoir
il/elle	aura	il/elle	aura	eu	il/elle	va	avoir
nous	aurons	nous	aurons	eu	nous	allons	avoir
vous	aurez	vous	aurez	eu	vous	allez	avoir
ils/elles	auront	ils/elles	auront	eu	ils/elles	vont	avoir

conditionnel présent		conditionnel passé		
j'	aurais	j'	aurais	eu
tu	aurais	tu	aurais	eu
il/elle	aurait	il/elle	aurait	eu
nous	aurions	nous	aurions	eu
vous	auriez	vous	auriez	eu
ils/elles	auraient	ils/elles	auraient	eu

MODE SUBJONCTIF		MODE IMPÉRATIF	
présent		présent	
que j'	aie		
que tu	aies	2e pers. s.	aie
qu'il/qu'elle	ait		
que nous	ayons	1re pers. pl.	ayons
que vous	ayez	2e pers. pl.	ayez
qu'ils/qu'elles	aient		

NOTE :
Le verbe *avoir* sert d'auxiliaire pour former les temps composés (sauf le futur proche) de presque tous les verbes.

➟ Index des verbes, p. 288 et 289

Être

MODE INFINITIF	MODE PARTICIPE	
présent	présent	passé
être	étant	été (ce PP est invariable)

Aucun autre verbe ne se conjugue comme *être*.

MODE INDICATIF

présent	passé composé	passé simple
je suis	j' ai été	je fus
tu es	tu as été	
il/elle est	il/elle a été	il/elle fut
nous sommes	nous avons été	
vous êtes	vous avez été	
ils/elles sont	ils/elles ont été	ils/elles furent
imparfait	**plus-que-parfait**	
j' étais	j' avais été	
tu étais	tu avais été	
il/elle était	il/elle avait été	
nous étions	nous avions été	
vous étiez	vous aviez été	
ils/elles étaient	ils/elles avaient été	
futur simple	**futur antérieur**	**futur proche**
je serai	j' aurai été	je vais être
tu seras	tu auras été	tu vas être
il/elle sera	il/elle aura été	il/elle va être
nous serons	nous aurons été	nous allons être
vous serez	vous aurez été	vous allez être
ils/elles seront	ils/elles auront été	ils/elles vont être
conditionnel présent	**conditionnel passé**	
je serais	j' aurais été	
tu serais	tu aurais été	
il/elle serait	il/elle aurait été	
nous serions	nous aurions été	
vous seriez	vous auriez été	
ils/elles seraient	ils/elles auraient été	

MODE SUBJONCTIF	MODE IMPÉRATIF
présent	présent
que je sois	
que tu sois	2e pers. s. sois
qu'il/qu'elle soit	
que nous soyons	1re pers. pl. soyons
que vous soyez	2e pers. pl. soyez
qu'ils/qu'elles soient	

NOTES :

◆ Le verbe *être* sert d'auxiliaire pour former les temps composés (sauf le futur proche) de quelques dizaines de verbes. Voici les plus fréquents :

aller (je suis allé-e), arriver, décéder, devenir, entrer, intervenir, mourir, naître, partir, redevenir, rester, retomber, revenir, sortir, survenir, tomber, venir.

◆ Il sert aussi d'auxiliaire pour de nombreux autres verbes lorsqu'ils sont employés avec *me, te, se* devant :
se lever,
se promener,
se sauver (je *me suis* sauvé-e, mais j'*ai* sauvé...)
...

➟ Index des verbes, p. 288 et 289

Verbes réguliers en -ER

Verbe modèle : Trouver

MODE INFINITIF	MODE PARTICIPE	
présent	présent	passé
trouver	trouvant	trouvé (f. -e; pl. -s)

Parmi les milliers de verbes qui se conjuguent sur ce modèle, en voici de très fréquents :

aimer, arriver, chercher, demander, donner, écouter, entrer, laisser, marcher, monter, montrer, parler, passer, penser, porter, regarder, rentrer, rester, sembler, tomber, travailler.

MODE INDICATIF

présent		passé composé			passé simple	
je	trouve	j'	ai	trouvé	je	trouvai
tu	trouves	tu	as	trouvé		
il/elle	trouve	il/elle	a	trouvé	il/elle	trouva
nous	trouvons	nous	avons	trouvé		
vous	trouvez	vous	avez	trouvé		
ils/elles	trouvent	ils/elles	ont	trouvé	ils/elles	trouvèrent

imparfait		plus-que-parfait		
je	trouvais	j'	avais	trouvé
tu	trouvais	tu	avais	trouvé
il/elle	trouvait	il/elle	avait	trouvé
nous	trouvions	nous	avions	trouvé
vous	trouviez	vous	aviez	trouvé
ils/elles	trouvaient	ils/elles	avaient	trouvé

futur simple		futur antérieur			futur proche		
je	trouverai	j'	aurai	trouvé	je	vais	trouver
tu	trouveras	tu	auras	trouvé	tu	vas	trouver
il/elle	trouvera	il/elle	aura	trouvé	il/elle	va	trouver
nous	trouverons	nous	aurons	trouvé	nous	allons	trouver
vous	trouverez	vous	aurez	trouvé	vous	allez	trouver
ils/elles	trouveront	ils/elles	auront	trouvé	ils/elles	vont	trouver

conditionnel présent		conditionnel passé		
je	trouverais	j'	aurais	trouvé
tu	trouverais	tu	aurais	trouvé
il/elle	trouverait	il/elle	aurait	trouvé
nous	trouverions	nous	aurions	trouvé
vous	trouveriez	vous	auriez	trouvé
ils/elles	trouveraient	ils/elles	auraient	trouvé

Attention ! Un seul verbe en -er est irrégulier : aller.

→ p. 301

MODE SUBJONCTIF		MODE IMPÉRATIF	
présent		présent	
que je	trouve		
que tu	trouves	2ᵉ pers. s.	trouve
qu'il/qu'elle	trouve		
que nous	trouvions	1ʳᵉ pers. pl.	trouvons
que vous	trouviez	2ᵉ pers. pl.	trouvez
qu'ils/qu'elles	trouvent		

NOTE : Plus de 12 000 verbes en français sont des verbes réguliers à l'infinitif en *-er*. Leurs terminaisons sont identiques à celles du modèle *trouver*, mais leur radical présente parfois quelques difficultés :

- verbes en *-eler* : appeler → p. 296
  geler → p. 297
- verbes en *-eter* : acheter → p. 298
  jeter → p. 299
- verbes en *-ouer* (ou *-uer*, ou *-ier*) : jouer → p. 293
- verbes en *-cer* : commencer → p. 294
- verbes en *-ger* : manger → p. 295

Verbes réguliers en -ER

Cas des verbes en : *-ier/-ouer/-uer*

Jouer

MODE INFINITIF	MODE PARTICIPE	
présent	présent	passé
jouer	jouant	joué (f. -e; pl. -s)

MODE INDICATIF

présent	passé composé	passé simple
je joue	j' ai joué	je jouai
tu joues	tu as joué	
il/elle joue	il/elle a joué	il/elle joua
nous jouons	nous avons joué	
vous jouez	vous avez joué	
ils/elles jouent	ils/elles ont joué	ils/elles jouèrent

imparfait	plus-que-parfait	
je jouais	j' avais joué	
tu jouais	tu avais joué	
il/elle jouait	il/elle avait joué	
nous jouions	nous avions joué	
vous jouiez	vous aviez joué	
ils/elles jouaient	ils/elles avaient joué	

futur simple	futur antérieur	futur proche
je jouerai	j' aurai joué	je vais jouer
tu joueras	tu auras joué	tu vas jouer
il/elle jouera	il/elle aura joué	il/elle va jouer
nous jouerons	nous aurons joué	nous allons jouer
vous jouerez	vous aurez joué	vous allez jouer
ils/elles joueront	ils/elles auront joué	ils/elles vont jouer

conditionnel présent	conditionnel passé	
je jouerais	j' aurais joué	
tu jouerais	tu aurais joué	
il/elle jouerait	il/elle aurait joué	
nous jouerions	nous aurions joué	
vous joueriez	vous auriez joué	
ils/elles joueraient	ils/elles auraient joué	

MODE SUBJONCTIF	MODE IMPÉRATIF
présent	présent
que je joue	
que tu joues	2e pers. s. joue
qu'il/qu'elle joue	
que nous jouions	1re pers. pl. jouons
que vous jouiez	2e pers. pl. jouez
qu'ils/qu'elles jouent	

Autres verbes qui se conjuguent sur ce modèle :

avouer, clouer, colorier, continuer, crier, distribuer, éternuer, étudier, lier, louer, nouer, oublier, parier, photographier, plier, remuer, scier, secouer, trier.

La difficulté pour ces verbes :
le *-e* (muet) se colle à une autre voyelle :
il jou**e**,
elle jou**e**ra.

➟ Index des verbes, p. 288 et 289

Verbes réguliers en -ER

Cas des verbes en : *-cer*

Commencer

MODE INFINITIF	MODE PARTICIPE	
présent	présent	passé
commencer	commençant	commencé (f. -e; pl. -s)

MODE INDICATIF

présent		passé composé			passé simple	
je	commence	j'	ai	commencé	je	commençai
tu	commences	tu	as	commencé		
il/elle	commence	il/elle	a	commencé	il/elle	commença
nous	commençons	nous	avons	commencé		
vous	commencez	vous	avez	commencé		
ils/elles	commencent	ils/elles	ont	commencé	ils/elles	commencèrent

imparfait		plus-que-parfait		
je	commençais	j'	avais	commencé
tu	commençais	tu	avais	commencé
il/elle	commençait	il/elle	avait	commencé
nous	commencions	nous	avions	commencé
vous	commenciez	vous	aviez	commencé
ils/elles	commençaient	ils/elles	avaient	commencé

futur simple		futur antérieur			futur proche		
je	commencerai	j'	aurai	commencé	je	vais	commencer
tu	commenceras	tu	auras	commencé	tu	vas	commencer
il/elle	commencera	il/elle	aura	commencé	il/elle	va	commencer
nous	commencerons	nous	aurons	commencé	nous	allons	commencer
vous	commencerez	vous	aurez	commencé	vous	allez	commencer
ils/elles	commenceront	ils/elles	auront	commencé	ils/elles	vont	commencer

conditionnel présent		conditionnel passé		
je	commencerais	j'	aurais	commencé
tu	commencerais	tu	aurais	commencé
il/elle	commencerait	il/elle	aurait	commencé
nous	commencerions	nous	aurions	commencé
vous	commenceriez	vous	auriez	commencé
ils/elles	commenceraient	ils/elles	auraient	commencé

MODE SUBJONCTIF		MODE IMPÉRATIF	
présent		présent	
que je	commence		
que tu	commences	2e pers. s.	commence
qu'il/qu'elle	commence		
que nous	commencions	1re pers. pl.	commençons
que vous	commenciez	2e pers. pl.	commencez
qu'ils/qu'elles	commencent		

Autres verbes qui se conjuguent sur ce modèle :

amorcer, annoncer, avancer, déplacer, effacer, enfoncer, exercer, forcer, influencer, lancer, menacer, percer, placer, prononcer, remplacer, s'efforcer.

La difficulté pour ces verbes : pour conserver le son du « **c** doux », **c** devient **ç** devant les terminaisons *-ant*, *-ons*, *-ai*, *-a*, *-ais*, *-ait* et *-aient*.

→ Index des verbes, p. 288 et 289

Verbes réguliers en -ER

Manger

Cas des verbes en : *-ger*

MODE INFINITIF	MODE PARTICIPE	
présent	présent	passé
manger	mangeant	mangé (f. *-e*; pl. *-s*)

MODE INDICATIF

présent	passé composé	passé simple
je mange	j' ai mangé	je mangeai
tu manges	tu as mangé	
il/elle mange	il/elle a mangé	il/elle mangea
nous mangeons	nous avons mangé	
vous mangez	vous avez mangé	
ils/elles mangent	ils/elles ont mangé	ils/elles mangèrent
imparfait	**plus-que-parfait**	
je mangeais	j' avais mangé	
tu mangeais	tu avais mangé	
il/elle mangeait	il/elle avait mangé	
nous mangions	nous avions mangé	
vous mangiez	vous aviez mangé	
ils/elles mangeaient	ils/elles avaient mangé	
futur simple	**futur antérieur**	**futur proche**
je mangerai	j' aurai mangé	je vais manger
tu mangeras	tu auras mangé	tu vas manger
il/elle mangera	il/elle aura mangé	il/elle va manger
nous mangerons	nous aurons mangé	nous allons manger
vous mangerez	vous aurez mangé	vous allez manger
ils/elles mangeront	ils/elles auront mangé	ils/elles vont manger
conditionnel présent	**conditionnel passé**	
je mangerais	j' aurais mangé	
tu mangerais	tu aurais mangé	
il/elle mangerait	il/elle aurait mangé	
nous mangerions	nous aurions mangé	
vous mangeriez	vous auriez mangé	
ils/elles mangeraient	ils/elles auraient mangé	

MODE SUBJONCTIF	MODE IMPÉRATIF
présent	présent
que je mange	
que tu manges	2e pers. s. mange
qu'il/qu'elle mange	
que nous mangions	1re pers. pl. mangeons
que vous mangiez	2e pers. pl. mangez
qu'ils/qu'elles mangent	

Autres verbes qui se conjuguent sur ce modèle :

arranger, bouger, changer, charger, corriger, dégager, déranger, diriger, échanger, encourager, engager, exiger, juger, négliger, obliger, partager, plonger, prolonger, rédiger, songer, soulager, voyager.

La difficulté pour ces verbes : pour conserver le son du « ***g*** doux », ***g*** devient ***ge*** devant les terminaisons *-ant*, *-ons*, *-ai*, *-a*, *-ais*, *-ait* et *-aient*.

→ Index des verbes, p. 288 et 289

Verbes réguliers en -ER

Cas des verbes en: *-eler*

Appeler

MODE INFINITIF	MODE PARTICIPE	
présent	**présent**	**passé**
appeler	appelant	appelé (f. -e; pl. -s)

MODE INDICATIF

présent		passé composé			passé simple	
j'	appelle	j'	ai	appelé	j'	appelai
tu	appelles	tu	as	appelé		
il/elle	appelle	il/elle	a	appelé	il/elle	appela
nous	appelons	nous	avons	appelé		
vous	appelez	vous	avez	appelé		
ils/elles	appellent	ils/elles	ont	appelé	ils/elles	appelèrent

imparfait		plus-que-parfait		
j'	appelais	j'	avais	appelé
tu	appelais	tu	avais	appelé
il/elle	appelait	il/elle	avait	appelé
nous	appelions	nous	avions	appelé
vous	appeliez	vous	aviez	appelé
ils/elles	appelaient	ils/elles	avaient	appelé

futur simple		futur antérieur			futur proche		
j'	appellerai	j'	aurai	appelé	je	vais	appeler
tu	appelleras	tu	auras	appelé	tu	vas	appeler
il/elle	appellera	il/elle	aura	appelé	il/elle	va	appeler
nous	appellerons	nous	aurons	appelé	nous	allons	appeler
vous	appellerez	vous	aurez	appelé	vous	allez	appeler
ils/elles	appelleront	ils/elles	auront	appelé	ils/elles	vont	appeler

conditionnel présent		conditionnel passé		
j'	appellerais	j'	aurais	appelé
tu	appellerais	tu	aurais	appelé
il/elle	appellerait	il/elle	aurait	appelé
nous	appellerions	nous	aurions	appelé
vous	appelleriez	vous	auriez	appelé
ils/elles	appelleraient	ils/elles	auraient	appelé

MODE SUBJONCTIF		MODE IMPÉRATIF	
présent		**présent**	
que j'	appelle		
que tu	appelles	2e pers. s.	appelle
qu'il/qu'elle	appelle		
que nous	appelions	1re pers. pl.	appelons
que vous	appeliez	2e pers. pl.	appelez
qu'ils/qu'elles	appellent		

Autres verbes qui se conjuguent sur ce modèle:

amonceler, atteler, chanceler, ensorceler, étinceler, morceler, niveler, rappeler, renouveler.

Attention ! Vérifie si ton verbe en -eler se conjugue comme geler.

→ p. 297

La difficulté pour ces verbes: *l* devient *ll* lorsqu'on entend le son [**è**] devant:

j'appe**lle**
↓
son [**è**]

nous appe**lons**
↓
son [**e**]

→ Index des verbes, p. 288 et 289

Verbes réguliers en -ER

Geler

Cas des verbes en : *-eler*

MODE INFINITIF	MODE PARTICIPE	
présent	présent	passé
geler	gelant	gelé (f. -*e*; pl. -*s*)

MODE INDICATIF

présent		passé composé			passé simple	
je	gèle	j'	ai	gelé	je	gelai
tu	gèles	tu	as	gelé		
il/elle	gèle	il/elle	a	gelé	il/elle	gela
nous	gelons	nous	avons	gelé		
vous	gelez	vous	avez	gelé		
ils/elles	gèlent	ils/elles	ont	gelé	ils/elles	gelèrent

imparfait		plus-que-parfait		
je	gelais	j'	avais	gelé
tu	gelais	tu	avais	gelé
il/elle	gelait	il/elle	avait	gelé
nous	gelions	nous	avions	gelé
vous	geliez	vous	aviez	gelé
ils/elles	gelaient	ils/elles	avaient	gelé

futur simple		futur antérieur			futur proche		
je	gèlerai	j'	aurai	gelé	je	vais	geler
tu	gèleras	tu	auras	gelé	tu	vas	geler
il/elle	gèlera	il/elle	aura	gelé	il/elle	va	geler
nous	gèlerons	nous	aurons	gelé	nous	allons	geler
vous	gèlerez	vous	aurez	gelé	vous	allez	geler
ils/elles	gèleront	ils/elles	auront	gelé	ils/elles	vont	geler

conditionnel présent		conditionnel passé		
je	gèlerais	j'	aurais	gelé
tu	gèlerais	tu	aurais	gelé
il/elle	gèlerait	il/elle	aurait	gelé
nous	gèlerions	nous	aurions	gelé
vous	gèleriez	vous	auriez	gelé
ils/elles	gèleraient	ils/elles	auraient	gelé

MODE SUBJONCTIF		MODE IMPÉRATIF	
présent		présent	
que je	gèle		
que tu	gèles	2e pers. s.	gèle
qu'il/qu'elle	gèle		
que nous	gelions	1re pers. pl.	gelons
que vous	geliez	2e pers. pl.	gelez
qu'ils/qu'elles	gèlent		

Autres verbes qui se conjuguent sur ce modèle :

congeler, déceler, dégeler, harceler, modeler, peler, surgeler.

Attention ! Vérifie si ton verbe en *-eler* se conjugue comme appeler.

➡ p. 296

La difficulté pour ces verbes : *el* devient *èl* lorsqu'on entend le son [**è**] :

je g**è**le
↓
son [**è**]

nous g**e**lons
↓
son [**e**]

➡ Index des verbes, p. 288 et 289

Verbes réguliers en -ER

Cas des verbes en : *-eter / -emer / -ener / -eser / -ever*

Acheter

MODE INFINITIF	MODE PARTICIPE	
présent	**présent**	**passé**
acheter	achetant	acheté (f. -e; pl. -s)

MODE INDICATIF

présent		passé composé			passé simple	
j'	achète	j'	ai	acheté	j'	achetai
tu	achètes	tu	as	acheté		
il/elle	achète	il/elle	a	acheté	il/elle	acheta
nous	achetons	nous	avons	acheté		
vous	achetez	vous	avez	acheté		
ils/elles	achètent	ils/elles	ont	acheté	ils/elles	achetèrent

imparfait		plus-que-parfait		
j'	achetais	j'	avais	acheté
tu	achetais	tu	avais	acheté
il/elle	achetait	il/elle	avait	acheté
nous	achetions	nous	avions	acheté
vous	achetiez	vous	aviez	acheté
ils/elles	achetaient	ils/elles	avaient	acheté

futur simple		futur antérieur			futur proche		
j'	achèterai	j'	aurai	acheté	je	vais	acheter
tu	achèteras	tu	auras	acheté	tu	vas	acheter
il/elle	achètera	il/elle	aura	acheté	il/elle	va	acheter
nous	achèterons	nous	aurons	acheté	nous	allons	acheter
vous	achèterez	vous	aurez	acheté	vous	allez	acheter
ils/elles	achèteront	ils/elles	auront	acheté	ils/elles	vont	acheter

conditionnel présent		conditionnel passé		
j'	achèterais	j'	aurais	acheté
tu	achèterais	tu	aurais	acheté
il/elle	achèterait	il/elle	aurait	acheté
nous	achèterions	nous	aurions	acheté
vous	achèteriez	vous	auriez	acheté
ils/elles	achèteraient	ils/elles	auraient	acheté

MODE SUBJONCTIF		MODE IMPÉRATIF	
présent		**présent**	
que j'	achète	2e pers. s.	achète
que tu	achètes		
qu'il/qu'elle	achète		
que nous	achetions	1re pers. pl.	achetons
que vous	achetiez	2e pers. pl.	achetez
qu'ils/qu'elles	achètent		

Autres verbes qui se conjuguent sur ce modèle :

achever, amener, crever, élever, emmener, enlever, lever, mener, peser, promener, ramener, relever, semer, soulever.

Attention ! Un autre verbe en -eter se conjugue probablement comme jeter.

→ p. 299

La difficulté pour ces verbes : le **e** devient **è** lorsqu'on entend le son [**è**] :

j'ach**è**te → son [**è**]

nous ach**etons** → son [**e**]

→ Index des verbes, p. 288 et 289

Verbes réguliers en -ER

Cas des verbes en : *-eter*

Jeter

MODE INFINITIF	MODE PARTICIPE	
présent	**présent**	**passé**
jeter	jetant	jeté (f. -e; pl. -s)

MODE INDICATIF

présent		passé composé			passé simple	
je	jette	j'	ai	jeté	je	jetai
tu	jettes	tu	as	jeté		
il/elle	jette	il/elle	a	jeté	il/elle	jeta
nous	jetons	nous	avons	jeté		
vous	jetez	vous	avez	jeté		
ils/elles	jettent	ils/elles	ont	jeté	ils/elles	jetèrent

imparfait		plus-que-parfait		
je	jetais	j'	avais	jeté
tu	jetais	tu	avais	jeté
il/elle	jetait	il/elle	avait	jeté
nous	jetions	nous	avions	jeté
vous	jetiez	vous	aviez	jeté
ils/elles	jetaient	ils/elles	avaient	jeté

futur simple		futur antérieur			futur proche		
je	jetterai	j'	aurai	jeté	je	vais	jeter
tu	jetteras	tu	auras	jeté	tu	vas	jeter
il/elle	jettera	il/elle	aura	jeté	il/elle	va	jeter
nous	jetterons	nous	aurons	jeté	nous	allons	jeter
vous	jetterez	vous	aurez	jeté	vous	allez	jeter
ils/elles	jetteront	ils/elles	auront	jeté	ils/elles	vont	jeter

conditionnel présent		conditionnel passé		
je	jetterais	j'	aurais	jeté
tu	jetterais	tu	aurais	jeté
il/elle	jetterait	il/elle	aurait	jeté
nous	jetterions	nous	aurions	jeté
vous	jetteriez	vous	auriez	jeté
ils/elles	jetteraient	ils/elles	auraient	jeté

MODE SUBJONCTIF		MODE IMPÉRATIF	
présent		**présent**	
que je	jette	2e pers. s.	jette
que tu	jettes		
qu'il/qu'elle	jette		
que nous	jetions	1re pers. pl.	jetons
que vous	jetiez	2e pers. pl.	jetez
qu'ils/qu'elles	jettent		

Autres verbes qui se conjuguent sur ce modèle :

cacheter, déchiqueter, dépaqueter, empaqueter, épousseter, étiqueter, feuilleter, projeter, rejeter.

Attention ! Le verbe *acheter* ne se conjugue pas sur ce modèle.

→ p. 298

La difficulté pour ces verbes : **t** devient ***tt*** lorsqu'on entend le son [**è**] devant :

je j**e**tte
↓
son [**è**]

nous **jetons**
↓
son [**e**]

→ Index des verbes, p. 288 et 289

Verbes réguliers en -ER

Payer

Cas des verbes en : *-yer*

MODE INFINITIF	MODE PARTICIPE	
présent	présent	passé
payer	payant	payé (f. -e; pl. -s)

Autres verbes qui se conjuguent sur ce modèle : aboyer, appuyer, balayer, bégayer, déblayer, effrayer, ennuyer, envoyer, essayer, essuyer, nettoyer, noyer.

MODE INDICATIF

présent	passé composé	passé simple
je paie (paye)	j' ai payé	je payai
tu paies (payes)	tu as payé	
il/elle paie (paye)	il/elle a payé	il/elle paya
nous payons	nous avons payé	
vous payez	vous avez payé	
ils/elles paient (payent)	ils/elles ont payé	ils/elles payèrent

imparfait	plus-que-parfait	
je payais	j' avais payé	
tu payais	tu avais payé	
il/elle payait	il/elle avait payé	
nous payions	nous avions payé	
vous payiez	vous aviez payé	
ils/elles payaient	ils/elles avaient payé	

futur simple	futur antérieur	futur proche
je paierai (payerai)	j' aurai payé	je vais payer
tu paieras (payeras)	tu auras payé	tu vas payer
il/elle paiera (payera)	il/elle aura payé	il/elle va payer
nous paierons (payerons)	nous aurons payé	nous allons payer
vous paierez (payerez)	vous aurez payé	vous allez payer
ils/elles paieront (payeront)	ils/elles auront payé	ils/elles vont payer

conditionnel présent	conditionnel passé	
je paierais (payerais)	j' aurais payé	
tu paierais (payerais)	tu aurais payé	
il/elle paierait (payerait)	il/elle aurait payé	
nous paierions (payerions)	nous aurions payé	
vous paieriez (payeriez)	vous auriez payé	
ils/elles paieraient (payeraient)	ils/elles auraient payé	

MODE SUBJONCTIF	MODE IMPÉRATIF
présent	présent
que je paie (paye)	
que tu paies (payes)	2e pers. s. paie (paye)
qu'il/qu'elle paie (paye)	
que nous payions	1re pers. pl. payons
que vous payiez	2e pers. pl. payez
qu'ils/qu'elles paient (payent)	

La difficulté pour ces verbes : ***y*** devient parfois ***i***. À certains temps, les deux graphies sont acceptées.

→ Index des verbes, p. 288 et 289

Le seul verbe irrégulier en -ER

Aller

MODE INFINITIF	MODE PARTICIPE	
présent	présent	passé
aller	allant	allé (f. -e; pl. -s)

Aucun autre verbe ne se conjugue comme *aller*.

MODE INDICATIF

présent		passé composé			passé simple	
je	vais	je	suis	allé/allée	j'	allai
tu	vas	tu	es	allé/allée		
il/elle	va	il/elle	est	allé/allée	il/elle	alla
nous	allons	nous	sommes	allés/allées		
vous	allez	vous	êtes	allés/allées		
ils/elles	vont	ils/elles	sont	allés/allées	ils/elles	allèrent

imparfait		plus-que-parfait		
j'	allais	j'	étais	allé/allée
tu	allais	tu	étais	allé/allée
il/elle	allait	il/elle	était	allé/allée
nous	allions	nous	étions	allés/allées
vous	alliez	vous	étiez	allés/allées
ils/elles	allaient	ils/elles	étaient	allés/allées

futur simple		futur antérieur			futur proche		
j'	irai	je	serai	allé/allée	je	vais	aller
tu	iras	tu	seras	allé/allée	tu	vas	aller
il/elle	ira	il/elle	sera	allé/allée	il/elle	va	aller
nous	irons	nous	serons	allés/allées	nous	allons	aller
vous	irez	vous	serez	allés/allées	vous	allez	aller
ils/elles	iront	ils/elles	seront	allés/allées	ils/elles	vont	aller

conditionnel présent		conditionnel passé		
j'	irais	je	serais	allé/allée
tu	irais	tu	serais	allé/allée
il/elle	irait	il/elle	serait	allé/allée
nous	irions	nous	serions	allés/allées
vous	iriez	vous	seriez	allés/allées
ils/elles	iraient	ils/elles	seraient	allés/allées

MODE SUBJONCTIF		MODE IMPÉRATIF	
présent		présent	
que j'	aille		
que tu	ailles	2e pers. s.	va
qu'il/qu'elle	aille		
que nous	allions	1re pers. pl.	allons
que vous	alliez	2e pers. pl.	allez
qu'ils/qu'elles	aillent		

NOTE : Le verbe *aller* sert aussi d'auxiliaire pour former le futur proche.

→ Index des verbes, p. 288 et 289

Grandir

MODE INFINITIF	MODE PARTICIPE	
présent	présent	passé
grandir	grandissant	grandi (f. *-e*; pl. *-s*)

MODE INDICATIF

présent	passé composé	passé simple
je grandis	j' ai grandi	je grandis
tu grandis	tu as grandi	
il/elle grandit	il/elle a grandi	il/elle grandit
nous grandissons	nous avons grandi	
vous grandissez	vous avez grandi	
ils/elles grandissent	ils/elles ont grandi	ils/elles grandirent

imparfait	plus-que-parfait
je grandissais	j' avais grandi
tu grandissais	tu avais grandi
il/elle grandissait	il/elle avait grandi
nous grandissions	nous avions grandi
vous grandissiez	vous aviez grandi
ils/elles grandissaient	ils/elles avaient grandi

futur simple	futur antérieur	futur proche
je grandirai	j' aurai grandi	je vais grandir
tu grandiras	tu auras grandi	tu vas grandir
il/elle grandira	il/elle aura grandi	il/elle va grandir
nous grandirons	nous aurons grandi	nous allons grandir
vous grandirez	vous aurez grandi	vous allez grandir
ils/elles grandiront	ils/elles auront grandi	ils/elles vont grandir

conditionnel présent	conditionnel passé
je grandirais	j' aurais grandi
tu grandirais	tu aurais grandi
il/elle grandirait	il/elle aurait grandi
nous grandirions	nous aurions grandi
vous grandiriez	vous auriez grandi
ils/elles grandiraient	ils/elles auraient grandi

MODE SUBJONCTIF	MODE IMPÉRATIF
présent	présent
que je grandisse	
que tu grandisses	2e pers. s. grandis
qu'il/qu'elle grandisse	
que nous grandissions	1re pers. pl. grandissons
que vous grandissiez	2e pers. pl. grandissez
qu'ils/qu'elles grandissent	

Autres verbes qui se conjuguent sur ce modèle, parmi les 120 verbes réguliers en *-ir/-issant*:

abrutir, accomplir, adoucir, affaiblir, affranchir, applaudir, avertir, bâtir, blanchir, bondir, choisir, convertir, dégourdir, démolir, divertir, enfouir, engloutir, enrichir, envahir, épanouir, établir, faiblir, farcir, finir, fleurir, fournir, franchir, garantir, garnir, gémir, gravir, grossir, guérir, jaillir, jaunir, moisir, noircir, nourrir, obéir, périr, punir, raccourcir, rafraîchir, rajeunir, ralentir, réagir, réfléchir, remplir, réussir, rôtir, rougir, saisir, salir, trahir, unir, vieillir.

Attention !
Pour suivre ce modèle, un verbe à l'infinitif en -ir doit aussi former son participe présent en -issant (grandir/grandissant). Si ce n'est pas le cas, il s'agit d'un verbe irrégulier en -ir.

→ p. 303 à 306

→ Index des verbes, p. 288 et 289

Courir

MODE INFINITIF	MODE PARTICIPE	
présent	présent	passé
courir	courant	couru (f. -e; pl. -s)

Autres verbes qui se conjuguent sur ce modèle :
accourir,
parcourir,
secourir.

MODE INDICATIF

présent	passé composé	passé simple
je cours	j' ai couru	je courus
tu cours	tu as couru	
il/elle court	il/elle a couru	il/elle courut
nous courons	nous avons couru	
vous courez	vous avez couru	
ils/elles courent	ils/elles ont couru	ils/elles coururent

imparfait	plus-que-parfait
je courais	j' avais couru
tu courais	tu avais couru
il/elle courait	il/elle avait couru
nous courions	nous avions couru
vous couriez	vous aviez couru
ils/elles couraient	ils/elles avaient couru

futur simple	futur antérieur	futur proche
je courrai	j' aurai couru	je vais courir
tu courras	tu auras couru	tu vas courir
il/elle courra	il/elle aura couru	il/elle va courir
nous courrons	nous aurons couru	nous allons courir
vous courrez	vous aurez couru	vous allez courir
ils/elles courront	ils/elles auront couru	ils/elles vont courir

conditionnel présent	conditionnel passé
je courrais	j' aurais couru
tu courrais	tu aurais couru
il/elle courrait	il/elle aurait couru
nous courrions	nous aurions couru
vous courriez	vous auriez couru
ils/elles courraient	ils/elles auraient couru

Attention !
Deux **r** (**rr**) au futur simple et au conditionnel présent, un seul **r** ailleurs.

MODE SUBJONCTIF	MODE IMPÉRATIF
présent	présent
que je coure	
que tu coures	2e pers. s. cours
qu'il/qu'elle coure	
que nous courions	1re pers. pl. courons
que vous couriez	2e pers. pl. courez
qu'ils/qu'elles courent	

➞ Index des verbes, p. 288 et 289

Ouvrir

MODE INFINITIF	MODE PARTICIPE	
présent	présent	passé
ouvrir	ouvrant	ouvert (f. *-e*; pl. *-s*)

Autres verbes qui se conjuguent sur ce modèle : couvrir, découvrir, entrouvrir, offrir, souffrir.

MODE INDICATIF

présent		passé composé			passé simple	
j'	ouvre	j'	ai	ouvert	j'	ouvris
tu	ouvres	tu	as	ouvert		
il/elle	ouvre	il/elle	a	ouvert	il/elle	ouvrit
nous	ouvrons	nous	avons	ouvert		
vous	ouvrez	vous	avez	ouvert		
ils/elles	ouvrent	ils/elles	ont	ouvert	ils/elles	ouvrirent

imparfait		plus-que-parfait		
j'	ouvrais	j'	avais	ouvert
tu	ouvrais	tu	avais	ouvert
il/elle	ouvrait	il/elle	avait	ouvert
nous	ouvrions	nous	avions	ouvert
vous	ouvriez	vous	aviez	ouvert
ils/elles	ouvraient	ils/elles	avaient	ouvert

futur simple		futur antérieur			futur proche		
j'	ouvrirai	j'	aurai	ouvert	je	vais	ouvrir
tu	ouvriras	tu	auras	ouvert	tu	vas	ouvrir
il/elle	ouvrira	il/elle	aura	ouvert	il/elle	va	ouvrir
nous	ouvrirons	nous	aurons	ouvert	nous	allons	ouvrir
vous	ouvrirez	vous	aurez	ouvert	vous	allez	ouvrir
ils/elles	ouvriront	ils/elles	auront	ouvert	ils/elles	vont	ouvrir

conditionnel présent		conditionnel passé		
j'	ouvrirais	j'	aurais	ouvert
tu	ouvrirais	tu	aurais	ouvert
il/elle	ouvrirait	il/elle	aurait	ouvert
nous	ouvririons	nous	aurions	ouvert
vous	ouvririez	vous	auriez	ouvert
ils/elles	ouvriraient	ils/elles	auraient	ouvert

MODE SUBJONCTIF présent		MODE IMPÉRATIF présent	
que j'	ouvre		
que tu	ouvres	2ᵉ pers. s.	ouvre
qu'il/qu'elle	ouvre		
que nous	ouvrions	1ʳᵉ pers. pl.	ouvrons
que vous	ouvriez	2ᵉ pers. pl.	ouvrez
qu'ils/qu'elles	ouvrent		

NOTE : *Cueillir* et *accueillir* se conjuguent sur le modèle de *ouvrir*, sauf pour le participe passé : *cueilli*, *accueilli*.

➡ Index des verbes, p. 288 et 289

Partir

MODE INFINITIF	MODE PARTICIPE	
présent	présent	passé
partir	partant	parti (f. *-e*; pl. *-s*)

MODE INDICATIF

présent	passé composé	passé simple
je pars	je suis parti/partie	je partis
tu pars	tu es parti/partie	
il/elle part	il/elle est parti/partie	il/elle partit
nous partons	nous sommes partis/parties	
vous partez	vous êtes partis/parties	
ils/elles partent	ils/elles sont partis/parties	ils/elles partirent

imparfait	plus-que-parfait	
je partais	j' étais parti/partie	
tu partais	tu étais parti/partie	
il/elle partait	il/elle était parti/partie	
nous partions	nous étions partis/parties	
vous partiez	vous étiez partis/parties	
ils/elles partaient	ils/elles étaient partis/parties	

futur simple	futur antérieur	futur proche
je partirai	je serai parti/partie	je vais partir
tu partiras	tu seras parti/partie	tu vas partir
il/elle partira	il/elle sera parti/partie	il/elle va partir
nous partirons	nous serons partis/parties	nous allons partir
vous partirez	vous serez partis/parties	vous allez partir
ils/elles partiront	ils/elles seront partis/parties	ils/elles vont partir

conditionnel présent	conditionnel passé	
je partirais	je serais parti/partie	
tu partirais	tu serais parti/partie	
il/elle partirait	il/elle serait parti/partie	
nous partirions	nous serions partis/parties	
vous partiriez	vous seriez partis/parties	
ils/elles partiraient	ils/elles seraient partis/parties	

MODE SUBJONCTIF	MODE IMPÉRATIF
présent	présent
que je parte	
que tu partes	2e pers. s. pars
qu'il/qu'elle parte	
que nous partions	1re pers. pl. partons
que vous partiez	2e pers. pl. partez
qu'ils/qu'elles partent	

Autres verbes qui se conjuguent sur ce modèle:

repartir, ressortir, sortir.

NOTE:
Les verbes *mentir*, *démentir*, *sentir*, *consentir* et *ressentir* se conjuguent aussi sur le modèle de *partir*, sauf dans les temps composés. Ils sont formés avec l'auxiliaire *avoir*.

Exemple:
j'ai menti.

→ Index des verbes, p. 288 et 289

Venir

MODE INFINITIF	MODE PARTICIPE	
présent	présent	passé
venir	venant	venu (f. -e; pl. -s)

Autres verbes qui se conjuguent sur ce modèle :

devenir, intervenir, parvenir, redevenir, revenir, se souvenir, survenir.

MODE INDICATIF

présent		passé composé			passé simple	
je	viens	je	suis	venu/venue	je	vins
tu	viens	tu	es	venu/venue		
il/elle	vient	il/elle	est	venu/venue	il/elle	vint
nous	venons	nous	sommes	venus/venues		
vous	venez	vous	êtes	venus/venues		
ils/elles	viennent	ils/elles	sont	venus/venues	ils/elles	vinrent

imparfait		plus-que-parfait		
je	venais	j'	étais	venu/venue
tu	venais	tu	étais	venu/venue
il/elle	venait	il/elle	était	venu/venue
nous	venions	nous	étions	venus/venues
vous	veniez	vous	étiez	venus/venues
ils/elles	venaient	ils/elles	étaient	venus/venues

futur simple		futur antérieur			futur proche		
je	viendrai	je	serai	venu/venue	je	vais	venir
tu	viendras	tu	seras	venu/venue	tu	vas	venir
il/elle	viendra	il/elle	sera	venu/venue	il/elle	va	venir
nous	viendrons	nous	serons	venus/venues	nous	allons	venir
vous	viendrez	vous	serez	venus/venues	vous	allez	venir
ils/elles	viendront	ils/elles	seront	venus/venues	ils/elles	vont	venir

conditionnel présent		conditionnel passé		
je	viendrais	je	serais	venu/venue
tu	viendrais	tu	serais	venu/venue
il/elle	viendrait	il/elle	serait	venu/venue
nous	viendrions	nous	serions	venus/venues
vous	viendriez	vous	seriez	venus/venues
ils/elles	viendraient	ils/elles	seraient	venus/venues

MODE SUBJONCTIF		MODE IMPÉRATIF	
présent		présent	
que je	vienne		
que tu	viennes	2e pers. s.	viens
qu'il/qu'elle	vienne		
que nous	venions	1re pers. pl.	venons
que vous	veniez	2e pers. pl.	venez
qu'ils/qu'elles	viennent		

NOTE :
Les verbes *appartenir*, *contenir*, *convenir*, *détenir*, *entretenir*, *maintenir*, *obtenir*, *prévenir*, *provenir*, *retenir*, *soutenir* et *tenir* se conjuguent sur le modèle de *venir*, sauf dans les temps composés : ils sont formés avec l'auxiliaire *avoir*.

Exemple :
j'ai tenu.

→ Index des verbes, p. 288 et 289

Devoir

MODE INFINITIF	MODE PARTICIPE	
présent	présent	passé
devoir	devant	dû (f. *due*; pl. *dus/dues*)

Autre verbe qui se conjugue sur ce modèle :

redevoir.

MODE INDICATIF

présent	passé composé	passé simple
je dois	j' ai dû	je dus
tu dois	tu as dû	
il/elle doit	il/elle a dû	il/elle dut
nous devons	nous avons dû	
vous devez	vous avez dû	
ils/elles doivent	ils/elles ont dû	ils/elles durent

imparfait	plus-que-parfait
je devais	j' avais dû
tu devais	tu avais dû
il/elle devait	il/elle avait dû
nous devions	nous avions dû
vous deviez	vous aviez dû
ils/elles devaient	ils/elles avaient dû

futur simple	futur antérieur	futur proche
je devrai	j' aurai dû	je vais devoir
tu devras	tu auras dû	tu vas devoir
il/elle devra	il/elle aura dû	il/elle va devoir
nous devrons	nous aurons dû	nous allons devoir
vous devrez	vous aurez dû	vous allez devoir
ils/elles devront	ils/elles auront dû	ils/elles vont devoir

conditionnel présent	conditionnel passé
je devrais	j' aurais dû
tu devrais	tu aurais dû
il/elle devrait	il/elle aurait dû
nous devrions	nous aurions dû
vous devriez	vous auriez dû
ils/elles devraient	ils/elles auraient dû

MODE SUBJONCTIF	MODE IMPÉRATIF
présent	présent
que je doive	
que tu doives	2e pers. s. dois
qu'il/qu'elle doive	
que nous devions	1re pers. pl. devons
que vous deviez	2e pers. pl. devez
qu'ils/qu'elles doivent	

NOTE :
Le verbe *recevoir* se conjugue sur le modèle de *devoir*, sauf pour le participe passé : *reçu*. (N'oublie pas le ç devant *-o* et *-u*.)

→ Index des verbes, p. 288 et 289

Pouvoir

MODE INFINITIF	MODE PARTICIPE	
présent	présent	passé
pouvoir	pouvant	pu (ce PP est invariable)

Aucun autre verbe ne se conjugue comme *pouvoir*.

MODE INDICATIF

présent	passé composé	passé simple
je peux *ou* je puis	j' ai pu	je pus
tu peux	tu as pu	
il/elle peut	il/elle a pu	il/elle put
nous pouvons	nous avons pu	
vous pouvez	vous avez pu	
ils/elles peuvent	ils/elles ont pu	ils/elles purent
imparfait	**plus-que-parfait**	
je pouvais	j' avais pu	
tu pouvais	tu avais pu	
il/elle pouvait	il/elle avait pu	
nous pouvions	nous avions pu	
vous pouviez	vous aviez pu	
ils/elles pouvaient	ils/elles avaient pu	
futur simple	**futur antérieur**	**futur proche**
je pourrai	j' aurai pu	je vais pouvoir
tu pourras	tu auras pu	tu vas pouvoir
il/elle pourra	il/elle aura pu	il/elle va pouvoir
nous pourrons	nous aurons pu	nous allons pouvoir
vous pourrez	vous aurez pu	vous allez pouvoir
ils/elles pourront	ils/elles auront pu	ils/elles vont pouvoir
conditionnel présent	**conditionnel passé**	
je pourrais	j' aurais pu	
tu pourrais	tu aurais pu	
il/elle pourrait	il/elle aurait pu	
nous pourrions	nous aurions pu	
vous pourriez	vous auriez pu	
ils/elles pourraient	ils/elles auraient pu	

Attention ! Deux **r** (**rr**) au futur simple et au conditionnel présent.

MODE SUBJONCTIF	MODE IMPÉRATIF
présent	présent
que je puisse	
que tu puisses	
qu'il/qu'elle puisse	*n'existe pas*
que nous puissions	
que vous puissiez	
qu'ils/qu'elles puissent	

→ Index des verbes, p. 288 et 289

Savoir

MODE INFINITIF	MODE PARTICIPE	
présent	présent	passé
savoir	sachant	su (f. -e; pl. -s)

Aucun autre verbe ne se conjugue comme *savoir*.

MODE INDICATIF

présent	passé composé	passé simple
je sais	j' ai su	je sus
tu sais	tu as su	
il/elle sait	il/elle a su	il/elle sut
nous savons	nous avons su	
vous savez	vous avez su	
ils/elles savent	ils/elles ont su	ils/elles surent

imparfait	plus-que-parfait	
je savais	j' avais su	
tu savais	tu avais su	
il/elle savait	il/elle avait su	
nous savions	nous avions su	
vous saviez	vous aviez su	
ils/elles savaient	ils/elles avaient su	

futur simple	futur antérieur	futur proche
je saurai	j' aurai su	je vais savoir
tu sauras	tu auras su	tu vas savoir
il/elle saura	il/elle aura su	il/elle va savoir
nous saurons	nous aurons su	nous allons savoir
vous saurez	vous aurez su	vous allez savoir
ils/elles sauront	ils/elles auront su	ils/elles vont savoir

conditionnel présent	conditionnel passé	
je saurais	j' aurais su	
tu saurais	tu aurais su	
il/elle saurait	il/elle aurait su	
nous saurions	nous aurions su	
vous sauriez	vous auriez su	
ils/elles sauraient	ils/elles auraient su	

MODE SUBJONCTIF	MODE IMPÉRATIF
présent	présent
que je sache	
que tu saches	2e pers. s. sache
qu'il/qu'elle sache	
que nous sachions	1re pers. pl. sachons
que vous sachiez	2e pers. pl. sachez
qu'ils/qu'elles sachent	

➞ Index des verbes, p. 288 et 289

Voir

MODE INFINITIF	MODE PARTICIPE	
présent	présent	passé
voir	voyant	vu (f. -e; pl. -s)

Autres verbes qui se conjuguent sur ce modèle : entrevoir, prévoir, revoir.

MODE INDICATIF

présent	passé composé	passé simple
je vois	j' ai vu	je vis
tu vois	tu as vu	
il/elle voit	il/elle a vu	il/elle vit
nous voyons	nous avons vu	
vous voyez	vous avez vu	
ils/elles voient	ils/elles ont vu	ils/elles virent

imparfait	plus-que-parfait	
je voyais	j' avais vu	
tu voyais	tu avais vu	
il/elle voyait	il/elle avait vu	
nous voyions	nous avions vu	
vous voyiez	vous aviez vu	
ils/elles voyaient	ils/elles avaient vu	

futur simple	futur antérieur	futur proche
je verrai	j' aurai vu	je vais voir
tu verras	tu auras vu	tu vas voir
il/elle verra	il/elle aura vu	il/elle va voir
nous verrons	nous aurons vu	nous allons voir
vous verrez	vous aurez vu	vous allez voir
ils/elles verront	ils/elles auront vu	ils/elles vont voir

Attention ! Deux **r** (**rr**) au futur simple et au conditionnel présent.

conditionnel présent	conditionnel passé	
je verrais	j' aurais vu	
tu verrais	tu aurais vu	
il/elle verrait	il/elle aurait vu	
nous verrions	nous aurions vu	
vous verriez	vous auriez vu	
ils/elles verraient	ils/elles auraient vu	

MODE SUBJONCTIF	MODE IMPÉRATIF
présent	présent
que je voie	2e pers. s. vois
que tu voies	
qu'il/qu'elle voie	1re pers. pl. voyons
que nous voyions	2e pers. pl. voyez
que vous voyiez	
qu'ils/qu'elles voient	

➟ Index des verbes, p. 288 et 289

Vouloir

MODE INFINITIF	MODE PARTICIPE	
présent	présent	passé
vouloir	voulant	voulu (f. -e; pl. -s)

Aucun autre verbe ne se conjugue comme *vouloir*.

MODE INDICATIF

présent		passé composé			passé simple	
je	veux	j'	ai	voulu	je	voulus
tu	veux	tu	as	voulu		
il/elle	veut	il/elle	a	voulu	il/elle	voulut
nous	voulons	nous	avons	voulu		
vous	voulez	vous	avez	voulu		
ils/elles	veulent	ils/elles	ont	voulu	ils/elles	voulurent

imparfait		plus-que-parfait		
je	voulais	j'	avais	voulu
tu	voulais	tu	avais	voulu
il/elle	voulait	il/elle	avait	voulu
nous	voulions	nous	avions	voulu
vous	vouliez	vous	aviez	voulu
ils/elles	voulaient	ils/elles	avaient	voulu

futur simple		futur antérieur			futur proche		
je	voudrai	j'	aurai	voulu	je	vais	vouloir
tu	voudras	tu	auras	voulu	tu	vas	vouloir
il/elle	voudra	il/elle	aura	voulu	il/elle	va	vouloir
nous	voudrons	nous	aurons	voulu	nous	allons	vouloir
vous	voudrez	vous	aurez	voulu	vous	allez	vouloir
ils/elles	voudront	ils/elles	auront	voulu	ils/elles	vont	vouloir

conditionnel présent		conditionnel passé		
je	voudrais	j'	aurais	voulu
tu	voudrais	tu	aurais	voulu
il/elle	voudrait	il/elle	aurait	voulu
nous	voudrions	nous	aurions	voulu
vous	voudriez	vous	auriez	voulu
ils/elles	voudraient	ils/elles	auraient	voulu

MODE SUBJONCTIF		MODE IMPÉRATIF	
présent		présent	
que je	veuille		
que tu	veuilles	2e pers. s.	veuille
qu'il/qu'elle	veuille		
que nous	voulions	1re pers. pl.	*
que vous	vouliez	2e pers. pl.	veuillez
qu'ils/qu'elles	veuillent		

*Jamais utilisé

→ Index des verbes, p. 288 et 289

Connaître

MODE INFINITIF	MODE PARTICIPE	
présent	présent	passé
connaître	connaissant	connu (f. -e; pl. -s)

MODE INDICATIF

présent	passé composé	passé simple
je connais tu connais il/elle connaît nous connaissons vous connaissez ils/elles connaissent	j' ai connu tu as connu il/elle a connu nous avons connu vous avez connu ils/elles ont connu	je connus il/elle connut ils/elles connurent
imparfait	**plus-que-parfait**	
je connaissais tu connaissais il/elle connaissait nous connaissions vous connaissiez ils/elles connaissaient	j' avais connu tu avais connu il/elle avait connu nous avions connu vous aviez connu ils/elles avaient connu	
futur simple	**futur antérieur**	**futur proche**
je connaîtrai tu connaîtras il/elle connaîtra nous connaîtrons vous connaîtrez ils/elles connaîtront	j' aurai connu tu auras connu il/elle aura connu nous aurons connu vous aurez connu ils/elles auront connu	je vais connaître tu vas connaître il/elle va connaître nous allons connaître vous allez connaître ils/elles vont connaître
conditionnel présent	**conditionnel passé**	
je connaîtrais tu connaîtrais il/elle connaîtrait nous connaîtrions vous connaîtriez ils/elles connaîtraient	j' aurais connu tu aurais connu il/elle aurait connu nous aurions connu vous auriez connu ils/elles auraient connu	

MODE SUBJONCTIF	MODE IMPÉRATIF
présent	présent
que je connaisse que tu connaisses qu'il/qu'elle connaisse que nous connaissions que vous connaissiez qu'ils/qu'elles connaissent	2e pers. s. connais 1re pers. pl. connaissons 2e pers. pl. connaissez

Autres verbes qui se conjuguent sur ce modèle :

apparaître, disparaître, paraître, reconnaître.

La difficulté pour ces verbes : le ***i*** prend un accent circonflexe lorsqu'il est placé devant ***t***.

→ Index des verbes, p. 288 et 289

Croire

MODE INFINITIF	MODE PARTICIPE	
présent	présent	passé
croire	croyant	cru (f. -e; pl. -s)

Autre verbe qui se conjugue sur ce modèle : accroire.

MODE INDICATIF

présent		passé composé			passé simple	
je	crois	j'	ai	cru	je	crus
tu	crois	tu	as	cru		
il/elle	croit	il/elle	a	cru	il/elle	crut
nous	croyons	nous	avons	cru		
vous	croyez	vous	avez	cru		
ils/elles	croient	ils/elles	ont	cru	ils/elles	crurent

imparfait		plus-que-parfait		
je	croyais	j'	avais	cru
tu	croyais	tu	avais	cru
il/elle	croyait	il/elle	avait	cru
nous	croyions	nous	avions	cru
vous	croyiez	vous	aviez	cru
ils/elles	croyaient	ils/elles	avaient	cru

futur simple		futur antérieur			futur proche		
je	croirai	j'	aurai	cru	je	vais	croire
tu	croiras	tu	auras	cru	tu	vas	croire
il/elle	croira	il/elle	aura	cru	il/elle	va	croire
nous	croirons	nous	aurons	cru	nous	allons	croire
vous	croirez	vous	aurez	cru	vous	allez	croire
ils/elles	croiront	ils/elles	auront	cru	ils/elles	vont	croire

conditionnel présent		conditionnel passé		
je	croirais	j'	aurais	cru
tu	croirais	tu	aurais	cru
il/elle	croirait	il/elle	aurait	cru
nous	croirions	nous	aurions	cru
vous	croiriez	vous	auriez	cru
ils/elles	croiraient	ils/elles	auraient	cru

MODE SUBJONCTIF		MODE IMPÉRATIF	
présent		présent	
que je	croie		
que tu	croies	2e pers. s.	crois
qu'il/qu'elle	croie		
que nous	croyions	1re pers. pl.	croyons
que vous	croyiez	2e pers. pl.	croyez
qu'ils/qu'elles	croient		

→ Index des verbes, p. 288 et 289

Dire

MODE INFINITIF	MODE PARTICIPE	
présent	présent	passé
dire	disant	dit (f. -e; pl. -s)

Autres verbes qui se conjuguent sur ce modèle :
interdire, prédire, redire.

MODE INDICATIF

présent	passé composé	passé simple
je dis	j' ai dit	je dis
tu dis	tu as dit	
il/elle dit	il/elle a dit	il/elle dit
nous disons	nous avons dit	
vous dites	vous avez dit	
ils/elles disent	ils/elles ont dit	ils/elles dirent
imparfait	**plus-que-parfait**	
je disais	j' avais dit	
tu disais	tu avais dit	
il/elle disait	il/elle avait dit	
nous disions	nous avions dit	
vous disiez	vous aviez dit	
ils/elles disaient	ils/elles avaient dit	
futur simple	**futur antérieur**	**futur proche**
je dirai	j' aurai dit	je vais dire
tu diras	tu auras dit	tu vas dire
il/elle dira	il/elle aura dit	il/elle va dire
nous dirons	nous aurons dit	nous allons dire
vous direz	vous aurez dit	vous allez dire
ils/elles diront	ils/elles auront dit	ils/elles vont dire
conditionnel présent	**conditionnel passé**	
je dirais	j' aurais dit	
tu dirais	tu aurais dit	
il/elle dirait	il/elle aurait dit	
nous dirions	nous aurions dit	
vous diriez	vous auriez dit	
ils/elles diraient	ils/elles auraient dit	

MODE SUBJONCTIF	MODE IMPÉRATIF
présent	présent
que je dise	
que tu dises	2e pers. s. dis
qu'il/qu'elle dise	
que nous disions	1re pers. pl. disons
que vous disiez	2e pers. pl. dites
qu'ils/qu'elles disent	

➡ Index des verbes, p. 288 et 289

Écrire

MODE INFINITIF	MODE PARTICIPE	
présent	présent	passé
écrire	écrivant	écrit (f. -e; pl. -s)

Autres verbes qui se conjuguent sur ce modèle : décrire, inscrire, prescrire, récrire, retranscrire, transcrire.

MODE INDICATIF

présent		passé composé			passé simple	
j'	écris	j'	ai	écrit	j'	écrivis
tu	écris	tu	as	écrit		
il/elle	écrit	il/elle	a	écrit	il/elle	écrivit
nous	écrivons	nous	avons	écrit		
vous	écrivez	vous	avez	écrit		
ils/elles	écrivent	ils/elles	ont	écrit	ils/elles	écrivirent

imparfait		plus-que-parfait		
j'	écrivais	j'	avais	écrit
tu	écrivais	tu	avais	écrit
il/elle	écrivait	il/elle	avait	écrit
nous	écrivions	nous	avions	écrit
vous	écriviez	vous	aviez	écrit
ils/elles	écrivaient	ils/elles	avaient	écrit

futur simple		futur antérieur			futur proche		
j'	écrirai	j'	aurai	écrit	je	vais	écrire
tu	écriras	tu	auras	écrit	tu	vas	écrire
il/elle	écrira	il/elle	aura	écrit	il/elle	va	écrire
nous	écrirons	nous	aurons	écrit	nous	allons	écrire
vous	écrirez	vous	aurez	écrit	vous	allez	écrire
ils/elles	écriront	ils/elles	auront	écrit	ils/elles	vont	écrire

conditionnel présent		conditionnel passé		
j'	écrirais	j'	aurais	écrit
tu	écrirais	tu	aurais	écrit
il/elle	écrirait	il/elle	aurait	écrit
nous	écririons	nous	aurions	écrit
vous	écririez	vous	auriez	écrit
ils/elles	écriraient	ils/elles	auraient	écrit

MODE SUBJONCTIF		MODE IMPÉRATIF	
présent		présent	
que j'	écrive		
que tu	écrives	2e pers. s.	écris
qu'il/qu'elle	écrive		
que nous	écrivions	1re pers. pl.	écrivons
que vous	écriviez	2e pers. pl.	écrivez
qu'ils/qu'elles	écrivent		

➟ Index des verbes, p. 288 et 289

Faire

MODE INFINITIF	MODE PARTICIPE	
présent	présent	passé
faire	faisant	fait (f. -e; pl. -s)

MODE INDICATIF

présent		passé composé			passé simple	
je	fais	j'	ai	fait	je	fis
tu	fais	tu	as	fait		
il/elle	fait	il/elle	a	fait	il/elle	fit
nous	faisons	nous	avons	fait		
vous	faites	vous	avez	fait		
ils/elles	font	ils/elles	ont	fait	ils/elles	firent

imparfait		plus-que-parfait		
je	faisais	j'	avais	fait
tu	faisais	tu	avais	fait
il/elle	faisait	il/elle	avait	fait
nous	faisions	nous	avions	fait
vous	faisiez	vous	aviez	fait
ils/elles	faisaient	ils/elles	avaient	fait

futur simple		futur antérieur			futur proche		
je	ferai	j'	aurai	fait	je	vais	faire
tu	feras	tu	auras	fait	tu	vas	faire
il/elle	fera	il/elle	aura	fait	il/elle	va	faire
nous	ferons	nous	aurons	fait	nous	allons	faire
vous	ferez	vous	aurez	fait	vous	allez	faire
ils/elles	feront	ils/elles	auront	fait	ils/elles	vont	faire

conditionnel présent		conditionnel passé		
je	ferais	j'	aurais	fait
tu	ferais	tu	aurais	fait
il/elle	ferait	il/elle	aurait	fait
nous	ferions	nous	aurions	fait
vous	feriez	vous	auriez	fait
ils/elles	feraient	ils/elles	auraient	fait

MODE SUBJONCTIF		MODE IMPÉRATIF	
présent		présent	
que je	fasse		
que tu	fasses	2e pers. s.	fais
qu'il/qu'elle	fasse		
que nous	fassions	1re pers. pl.	faisons
que vous	fassiez	2e pers. pl.	faites
qu'ils/qu'elles	fassent		

Autres verbes qui se conjuguent sur ce modèle :
défaire, refaire, satisfaire.

→ Index des verbes, p. 288 et 289

Lire

MODE INFINITIF	MODE PARTICIPE	
présent	présent	passé
lire	lisant	lu (f. -e; pl. -s)

Autres verbes qui se conjuguent sur ce modèle:

élire, relire.

MODE INDICATIF

présent	passé composé	passé simple
je lis	j' ai lu	je lus
tu lis	tu as lu	
il/elle lit	il/elle a lu	il/elle lut
nous lisons	nous avons lu	
vous lisez	vous avez lu	
ils/elles lisent	ils/elles ont lu	ils/elles lurent

imparfait	plus-que-parfait	
je lisais	j' avais lu	
tu lisais	tu avais lu	
il/elle lisait	il/elle avait lu	
nous lisions	nous avions lu	
vous lisiez	vous aviez lu	
ils/elles lisaient	ils/elles avaient lu	

futur simple	futur antérieur	futur proche
je lirai	j' aurai lu	je vais lire
tu liras	tu auras lu	tu vas lire
il/elle lira	il/elle aura lu	il/elle va lire
nous lirons	nous aurons lu	nous allons lire
vous lirez	vous aurez lu	vous allez lire
ils/elles liront	ils/elles auront lu	ils/elles vont lire

conditionnel présent	conditionnel passé	
je lirais	j' aurais lu	
tu lirais	tu aurais lu	
il/elle lirait	il/elle aurait lu	
nous lirions	nous aurions lu	
vous liriez	vous auriez lu	
ils/elles liraient	ils/elles auraient lu	

MODE SUBJONCTIF	MODE IMPÉRATIF
présent	présent
que je lise	
que tu lises	2e pers. s. lis
qu'il/qu'elle lise	
que nous lisions	1re pers. pl. lisons
que vous lisiez	2e pers. pl. lisez
qu'ils/qu'elles lisent	

➟ Index des verbes, p. 288 et 289

Mettre

MODE INFINITIF	MODE PARTICIPE	
présent	**présent**	**passé**
mettre	mettant	mis (f. -e; pl. *mis/mises*)

MODE INDICATIF

présent		passé composé			passé simple	
je	mets	j'	ai	mis	je	mis
tu	mets	tu	as	mis		
il/elle	met	il/elle	a	mis	il/elle	mit
nous	mettons	nous	avons	mis		
vous	mettez	vous	avez	mis		
ils/elles	mettent	ils/elles	ont	mis	ils/elles	mirent

imparfait		plus-que-parfait		
je	mettais	j'	avais	mis
tu	mettais	tu	avais	mis
il/elle	mettait	il/elle	avait	mis
nous	mettions	nous	avions	mis
vous	mettiez	vous	aviez	mis
ils/elles	mettaient	ils/elles	avaient	mis

futur simple		futur antérieur			futur proche		
je	mettrai	j'	aurai	mis	je	vais	mettre
tu	mettras	tu	auras	mis	tu	vas	mettre
il/elle	mettra	il/elle	aura	mis	il/elle	va	mettre
nous	mettrons	nous	aurons	mis	nous	allons	mettre
vous	mettrez	vous	aurez	mis	vous	allez	mettre
ils/elles	mettront	ils/elles	auront	mis	ils/elles	vont	mettre

conditionnel présent		conditionnel passé		
je	mettrais	j'	aurais	mis
tu	mettrais	tu	aurais	mis
il/elle	mettrait	il/elle	aurait	mis
nous	mettrions	nous	aurions	mis
vous	mettriez	vous	auriez	mis
ils/elles	mettraient	ils/elles	auraient	mis

MODE SUBJONCTIF		MODE IMPÉRATIF	
présent		**présent**	
que je	mette		
que tu	mettes	2e pers. s.	mets
qu'il/qu'elle	mette		
que nous	mettions	1re pers. pl.	mettons
que vous	mettiez	2e pers. pl.	mettez
qu'ils/qu'elles	mettent		

Autres verbes qui se conjuguent sur ce modèle :

admettre,
commettre,
émettre,
omettre,
permettre,
promettre,
remettre,
soumettre,
transmettre.

→ Index des verbes, p. 288 et 289

Prendre

MODE INFINITIF	MODE PARTICIPE	
présent	présent	passé
prendre	prenant	pris (f. -e; pl. *pris/prises*)

MODE INDICATIF

présent	passé composé	passé simple
je prends	j' ai pris	je pris
tu prends	tu as pris	
il/elle prend	il/elle a pris	il/elle prit
nous prenons	nous avons pris	
vous prenez	vous avez pris	
ils/elles prennent	ils/elles ont pris	ils/elles prirent

imparfait	plus-que-parfait	
je prenais	j' avais pris	
tu prenais	tu avais pris	
il/elle prenait	il/elle avait pris	
nous prenions	nous avions pris	
vous preniez	vous aviez pris	
ils/elles prenaient	ils/elles avaient pris	

futur simple	futur antérieur	futur proche
je prendrai	j' aurai pris	je vais prendre
tu prendras	tu auras pris	tu vas prendre
il/elle prendra	il/elle aura pris	il/elle va prendre
nous prendrons	nous aurons pris	nous allons prendre
vous prendrez	vous aurez pris	vous allez prendre
ils/elles prendront	ils/elles auront pris	ils/elles vont prendre

conditionnel présent	conditionnel passé	
je prendrais	j' aurais pris	
tu prendrais	tu aurais pris	
il/elle prendrait	il/elle aurait pris	
nous prendrions	nous aurions pris	
vous prendriez	vous auriez pris	
ils/elles prendraient	ils/elles auraient pris	

MODE SUBJONCTIF	MODE IMPÉRATIF
présent	présent
que je prenne	
que tu prennes	2e pers. s. prends
qu'il/qu'elle prenne	
que nous prenions	1re pers. pl. prenons
que vous preniez	2e pers. pl. prenez
qu'ils/qu'elles prennent	

Autres verbes qui se conjuguent sur ce modèle:

apprendre, comprendre, entreprendre, reprendre, surprendre.

Attention ! Pour d'autres verbes en -dre, va consulter rendre.

→ p. 320

→ Index des verbes, p. 288 et 289

Verbes irréguliers en -RE

Rendre

MODE INFINITIF	MODE PARTICIPE	
présent	présent	passé
rendre	rendant	rendu (f. -e; pl. -s)

MODE INDICATIF

présent		passé composé			passé simple	
je	rends	j'	ai	rendu	je	rendis
tu	rends	tu	as	rendu		
il/elle	rend	il/elle	a	rendu	il/elle	rendit
nous	rendons	nous	avons	rendu		
vous	rendez	vous	avez	rendu		
ils/elles	rendent	ils/elles	ont	rendu	ils/elles	rendirent

imparfait		plus-que-parfait		
je	rendais	j'	avais	rendu
tu	rendais	tu	avais	rendu
il/elle	rendait	il/elle	avait	rendu
nous	rendions	nous	avions	rendu
vous	rendiez	vous	aviez	rendu
ils/elles	rendaient	ils/elles	avaient	rendu

futur simple		futur antérieur			futur proche		
je	rendrai	j'	aurai	rendu	je	vais	rendre
tu	rendras	tu	auras	rendu	tu	vas	rendre
il/elle	rendra	il/elle	aura	rendu	il/elle	va	rendre
nous	rendrons	nous	aurons	rendu	nous	allons	rendre
vous	rendrez	vous	aurez	rendu	vous	allez	rendre
ils/elles	rendront	ils/elles	auront	rendu	ils/elles	vont	rendre

conditionnel présent		conditionnel passé		
je	rendrais	j'	aurais	rendu
tu	rendrais	tu	aurais	rendu
il/elle	rendrait	il/elle	aurait	rendu
nous	rendrions	nous	aurions	rendu
vous	rendriez	vous	auriez	rendu
ils/elles	rendraient	ils/elles	auraient	rendu

MODE SUBJONCTIF		MODE IMPÉRATIF	
présent		présent	
que je	rende		
que tu	rendes	2e pers. s.	rends
qu'il/qu'elle	rende		
que nous	rendions	1re pers. pl.	rendons
que vous	rendiez	2e pers. pl.	rendez
qu'ils/qu'elles	rendent		

Autres verbes qui se conjuguent sur ce modèle :

attendre, confondre, correspondre, défendre, dépendre, descendre, détendre, détordre, entendre, épandre, étendre, fendre, fondre, mordre, morfondre, perdre, pondre, prétendre, redescendre, refendre, répandre, répondre, revendre, tendre, tondre, tordre, vendre.

Attention ! Les verbes *apprendre*, *comprendre*, *entreprendre*, *reprendre* et *surprendre* se conjuguent sur le modèle de *prendre*.

➡ p. 319

➡ Index des verbes, p. 288 et 289

ANNEXE

2 Traces dans les accords

Des traces pour les accords dans les GN

Pour vérifier les accords dans les groupes du nom (GN), laisse des traces de ton raisonnement. Voici comment faire.

1. Repère les GN.

- Repère chaque nom, puis écris N dessous.
- Trouve le déterminant qui accompagne le nom, puis écris D dessous.
- Si un ou des adjectifs décrivent ce nom, écris A dessous.
- Souligne chaque groupe du nom au complet, puis écris GN sous le trait.

Exemple :

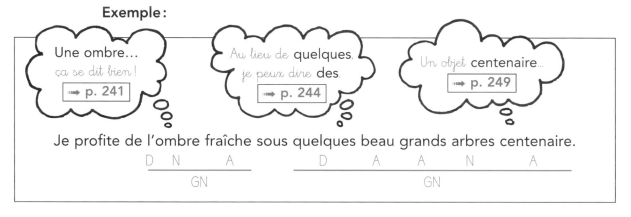

Une ombre… ça se dit bien ! ➟ p. 241

Au lieu de quelques, je peux dire des. ➟ p. 244

Un objet centenaire… ➟ p. 249

Je profite de l'ombre fraîche sous quelques beau grands arbres centenaire.
D N A — GN
D A A N A — GN

2. Trouve le genre et le nombre de chaque nom. Écris-les sous le nom, puis à côté de **GN**.

Exemple :

Je profite de l'ombre fraîche sous quelques beau grands arbres centenaire.
D N f.s. A — GN f.s.
D A A N m.pl. A — GN m.pl.

3. Vérifie les marques de genre et de nombre dans tout le groupe du nom : celles du nom, du déterminant et du ou des adjectifs.

N'oublie pas tes corrections ! Tu n'as pas laissé toutes ces traces pour rien…

Exemple :

Je profite de l'ombre fraîche sous quelques beau^x grands arbres centenaire^s.
D N f.s. A — GN f.s.
D A A N m.pl. A — GN m.pl.

Des traces pour l'accord de l'adjectif attribut du sujet

Pour vérifier l'accord de l'adjectif attribut avec le GN-S ou le Pron.-S, laisse des traces. Voici comment faire.

1. Repère les adjectifs qui ne sont pas dans un GN, souligne-les d'un trait pointillé, puis écris A dessous. → p. 256
2. Vérifie si chacun de ces adjectifs se trouve dans un GV construit avec le verbe *être* ou un autre verbe attributif. Pour le savoir, remplace ce verbe par *être*; si la phrase se dit, il s'agit d'un verbe attributif. Écris Vattr dessous.
3. Mets le GN-S (ou le Pron.-S) entre crochets. Écris son genre et son nombre dessous.
4. Vérifie si l'adjectif attribut a le même genre et le même nombre que le GN-S (ou le Pron.-S). Note-les sous l'adjectif.
5. Corrige l'adjectif si nécessaire.

Exemples:

est
[L'équipe] semble confiantes de gagner.
GN-S f.s. Vattr A f.s.

étaient
[Mes amies] paraissaient enchantée(s) à l'idée d'aller au cinéma.
GN-S f.pl. Vattr A f.pl.

N'oublie pas tes corrections! Tu n'as pas laissé toutes ces traces pour rien...

Des traces pour l'accord sujet-verbe

Pour vérifier l'accord du verbe, laisse des traces de ton raisonnement. Voici comment faire.

1. Repère chaque verbe conjugué.

- Écris V dessous.
- Au-dessus du verbe, laisse *une* des trois **preuves** suivantes:
  1) la forme du verbe au passé ou au futur;
  2) le verbe conjugué avec *je, tu, il* ou *elle*;
  3) le verbe encadré par *ne ... pas*.

Exemple:

> ne pas
> Des planètes du système solaire sont visibles à l'œil nu.
> V
>
> ne pas — il regarde
> Elles brille. Je les regardes.
> V — V

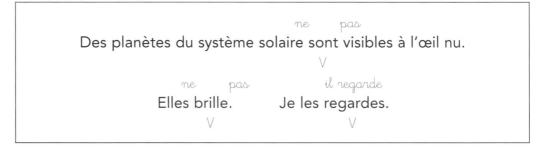

2. Repère le sujet de chaque verbe.

- Place le GN-S (ou le Pron.-S) entre crochets et écris GN-S (ou Pron.-S) dessous.
- Au-dessus, laisse *une* des trois **preuves** suivantes:
  1) l'expression *C'est ... qui* encadrant le GN-S;
  2) un *pronom qui peut remplacer* le GN-S;
  3) l'expression *Qu'est-ce qui* ou *Qui est-ce qui* à la place du GN-S.
- Au-dessus du sujet, indique sa personne et son nombre.

Remarques :

- Si le sujet est un GN avec expansions, souligne le nom noyau.
- Les pronoms *je, tu, il, on, ils* sont toujours sujets. Tu n'as pas à laisser de traces au-dessus.
- Pour les autres pronoms, tu prouves qu'ils sont sujets à l'aide d'une des deux autres preuves.

Exemple :

Elles
3e pers. pl. ne pas
[Des planètes du système solaire] sont visibles à l'œil nu.
GN-S V

C'est qui
3e pers. pl. 1re pers. s.
ne pas il regarde
[Elles] brille. [Je] les regardes.
Pron.-S V Pron.-S V

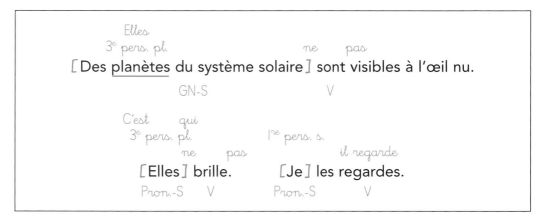

3. Vérifie l'accord du verbe avec son sujet.

- Relie le sujet au verbe par une **flèche** comme dans l'exemple.
- Vérifie la terminaison du verbe.
  1) Est-ce la bonne pour ce verbe ?
  2) Est-elle à la même personne que le sujet ?
- Apporte les corrections nécessaires.

N'oublie pas tes corrections ! Tu n'as pas laissé toutes ces traces pour rien...

Exemple :

Elles
3e pers. pl.
ne pas
[Des planètes du système solaire] sont visibles à l'œil nu.
GN-S V

C'est qui
3e pers. pl. 1re pers. s. il regarde
ne pas
[Elles] brillent. [Je] les regardes.
Pron.-S V Pron.-S V

Des traces pour l'accord du participe passé

Pour vérifier l'accord du participe passé, laisse des traces de ton raisonnement. Voici comment faire.

1. Repère les participes passés.
- Pense à ses diverses positions dans la phrase. → p. 273 et 274
- Utilise le test de substitution : remplace le PP par un autre en *-i* ou *-u* : *fini, mordu, perdu*…
- Souligne les PP et écris PP dessous.

Attention ! Ne confonds pas les PP en **-é** avec l'infinitif en **-er**.

2. Détermine dans quel cas chaque PP est utilisé :
- ***avoir* + PP :** continue la démarche à l'étape **3*b***, page suivante ;
- **tous les autres cas :** accorde le PP comme à l'étape **3*a*** ci-dessous.

3*a*. **Accorde le participe passé comme un adjectif** dans les **trois cas** suivants. → p. 274

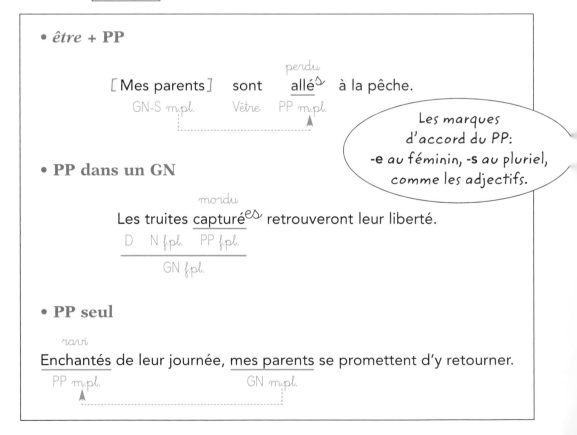

- ***être* + PP**

perdu
[Mes parents] sont allé*s* à la pêche.
GN-S m.pl. Vêtre PP m.pl.

- **PP dans un GN**

mordu
Les truites capturé*es* retrouveront leur liberté.
D N f.pl. PP f.pl.
GN f.pl.

- **PP seul**

ravi
Enchantés de leur journée, mes parents se promettent d'y retourner.
PP m.pl. GN m.pl.

Les marques d'accord du PP : **-e** au féminin, **-s** au pluriel, comme les adjectifs.

Un CD devant avoir, c'est rare ! Presque tous les PP avec avoir sont invariables.

3b. *avoir* + PP

– Vérifie s'il y a un complément direct (CD) devant le verbe en utilisant ***V + quelque chose (QQCH)*** ou ***V + quelqu'un (QQ'UN)***, ou une autre manipulation. ➡ p. 220 et 221

Pas de CD devant le verbe : le participe passé est invariable. ➡ p. 275

a) Encadre le verbe *avoir* devant le PP et écris Vavoir dessous.

b) Sous le PP, écris invar.

Exemples :

partager QQCH : ***une pomme.***

Nous [avons] partagé~~s~~ une pomme. (fini)
Vavoir PP invar. CD

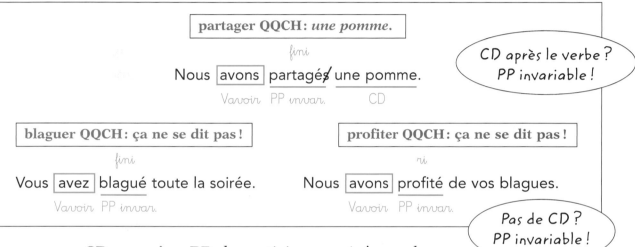

CD après le verbe ? PP invariable !

blaguer QQCH : ça ne se dit pas !

Vous [avez] blagué toute la soirée. (fini)
Vavoir PP invar.

profiter QQCH : ça ne se dit pas !

Nous [avons] profité de vos blagues. (ri)
Vavoir PP invar.

Pas de CD ? PP invariable !

CD + *avoir* + PP : le participe passé s'accorde.

a) Encadre le verbe *avoir* devant le PP et écris Vavoir dessous.

b) Repère le CD, écris CD dessous avec son genre et son nombre.

c) Vérifie si le PP a le genre et le nombre du CD placé devant le verbe.

d) Si nécessaire, corrige le PP.

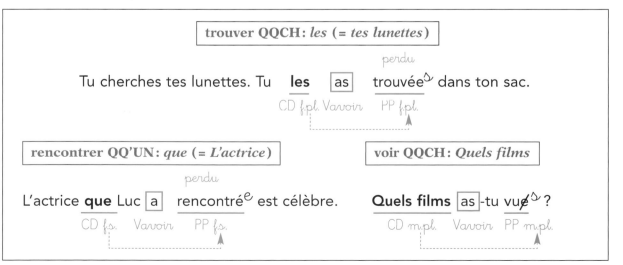

Exemples :

trouver QQCH : ***les (= tes lunettes)***

Tu cherches tes lunettes. Tu **les** [as] trouvée^s dans ton sac. (perdu)
CD f.pl. Vavoir PP f.pl.

rencontrer QQ'UN : ***que (= L'actrice)***

L'actrice **que** Luc [a] rencontré^e est célèbre. (perdu)
CD f.s. Vavoir PP f.s.

voir QQCH : ***Quels films***

Quels films [as]-tu vu~~e~~^s ?
CD m.pl. Vavoir PP m.pl.

Index